삼성 넘버원에서 온리원으로

삼성 넘버원에서
온리원으로

윤휘종·양형욱 지음

무한

PROLOGUE

2010년 2월 12일은 호암 이병철 삼성그룹 창업주가 태어난 지 꼭 100년이 되는 날이었다. 경제신문사에 근무하고 있는 필자들은 우리나라 산업의 중추가 된 삼성그룹을 담당하면서 오늘날 글로벌 기업으로 성장한 삼성을 있게 한 주인공인 호암의 삶을 짚어보는 기획시리즈를 준비하게 되었다. 이 과정에서 호암 이병철에 관한 자료와 서적들을 읽다보니 '정말 이런 분이 계셨나?' 라고 할 정도로 감탄하게 되었다. 그리고 그를 알면 알수록 감탄에서 존경으로 변하게 되었고 정말 본받고 싶다는 생각이 들었다. 40대 중반에 누군가를 존경한다는 것은 결코 쉬운 일이 아니라고 생각한다.

그러다가 도서출판 무한의 손호근 사장님으로부터 호암 이병철 선대 회장과 이건희 현 회장의 경영철학을 책으로 발간하자는 제안을 받게 되었다. 필자들은 삼성그룹의 창업주와 현 회장에 대한 지식이 워낙 일천해 망설이기도 하였으나 이들을 좀 더 깊이 연구해 보자는 각오로 감히 글을 쓰게 되었다.

필자들은 업무 특성상 해외출장을 자주 나가게 된다. 과거부터 지금까지 경제를 선점하고 있는 국가들에서부터 과거보다 지금 경제적으로 낙후된 국가들, 우리나라보다 천연자원이 풍부하고 땅이 비옥한데도 우리보다 못사는 국가 등등 수많은 국가들과 우리나라를 비교하게 된다. 이런 나라들과 비교해 우리가 세계 10위권의 경제력을 가질 수 있었던 것은 이병철, 이건희와 같은 기업인들이 수많은 역경을 딛고 경제 발전에 기여했기 때문이라고 생각한다.

소위 재벌들이라고 하면 아직도 부정적으로 보는 경향이 있다. 그러나 시대가 변하면서 이제는 '재벌'이란 단어보다 '기업인'이란 인식으로 변하고 있다. 또한 기업인들이 국가 경제에 기여하고 사회적인 책임과 수많은 기부를 하며 엄청난 투자와 젊은이들의 고용을 창출한다는 긍정적인 시각이 많이 확산되고 있다.

이 세상에 완전한 사람은 없다. 하물며 이병철과 이건희 역시 사람이기 때문에 완전할 수 없다. 일부에서는 이들의 긍정적인 측면만 과대포장하고, 또 다른 쪽에서는 부정적인 측면만 부각시키면서 이들을 보는 평가가 극과 극을 이루고 있다. 필자들은 이들의 삶을 주요 이슈별로 짚어보면서 이들이 어떤 고민을 했고 어떤 실패를 했는지, 그리고 어떤 성공을 거두었는지를 살펴보는 것에 초점을 맞추었다. 이 책이 이병철과 이건희의 모든 것을 담아내지는 못했지만 이들이 어떻게 국가와 사회에 기여했는지 알 수 있는 계기가 되었으면 하는 바람에서 부끄럽지만 이

책을 내놓는다.

이 책은 일제 강점기의 척박한 환경에서 삼성이라는 기업을 일으켜 6·25전쟁과 4·19혁명, 5·16 군사쿠데타 등 한민족 최대의 격변기를 거치면서 두 기업인이 어떻게 우여곡절 끝에 거대한 기업을 일구고 성장시켰는지를 다음과 같은 테마를 통해 조명해봤다. 〈제1장 아버지만 한 아들 있다〉 편에서는 이병철과 이건희의 인간적인 측면을 조명했다. 〈제2장 실패는 성공의 마중물〉 편에서는 두 기업인이 어떤 실패와 위기를 이겨내며 기업을 성장시켰는지를 짚어봤다. 〈제3장 경청하면 세상이 보인다〉 편에서는 이들의 성공 비결이 무엇인지 그들의 철학과 인생관을 통해 찾아봤다. 〈제4장 불굴의 리더십〉 편에서는 수십만 명이 종사하는 거대 기업을 움직이는 그들의 독특하고도 비범한 시각을 분석해봤다. 〈제5장 100년 삼성의 영속 신화〉 편에서는 시대를 앞서간 두 리더가 가지고 있는 비전을, 〈제6장 천상에서 길을 일러주다〉에서는 그들의 어록을 통해 주위 사람들에게 전해주는 그들의 철학을 각각 제시했다.

끝으로, 신문을 제작하는 과정에서도 이 책을 쓸 수 있도록 배려를 해주신 전재호 파이낸셜뉴스 회장님과 남상인 국장님 및 이장규 부국장님, 이병철과 이건희에 대해 보다 많은 것을 알 수 있는 기회를 주신 손호근 사장님과 필자들의 정신없는 일정을 꾹 참아내며 졸고가 하나의 책으로 완성되도록 힘써주신 박수진 선생님, 이 책을 쓰는 동안 남편 노릇을 제대로 하지 못한 걸 잘 참아준 집사람에게 이 자리를 통해 진심으로 감사드린다.

 아울러 "아빠, 또 이병철 책 보는 거야?"라며 덩달아 이병철 선대회장에게 관심을 갖던 우리 아이들에게도 고마움을 표하며 우리 아이들이 '이런 분들이 계셔서 대한민국이 전쟁의 폐허를 딛고 30~40년 만에 세계 10위권의 경제대국이 되었다'는 자부심을 가졌으면 하는 바람이다.

CONTENTS

프롤로그 **004**

1장 아버지만 한 아들 있다
1. 품격과 격조 **012**
2. 완벽과 창의 **021**
3. 인애와 자애 **036**

2장 실패는 성공의 마중물이다
4. 실패와 반전 **046**
5. 도전과 재도전 **097**
6. 선도와 제패 **136**

3장 경청하면 세상이 보인다
7. 경청과 소통 **154**
8. 인재와 천재 **170**
9. 봉사와 상생 **184**

4장 불굴의 리더십도 부전자전
10. 통찰과 초월 **206**
11. 변화와 혁신 **222**

5장 100년 삼성의 영속 신화
12. 영속과 창조 **266**
13. 뉴삼성의 주역 이재용 **294**

6장 천상에서 길을 일러주다
14. 담담여수와 미감유창 **300**

1. 품격과 격조

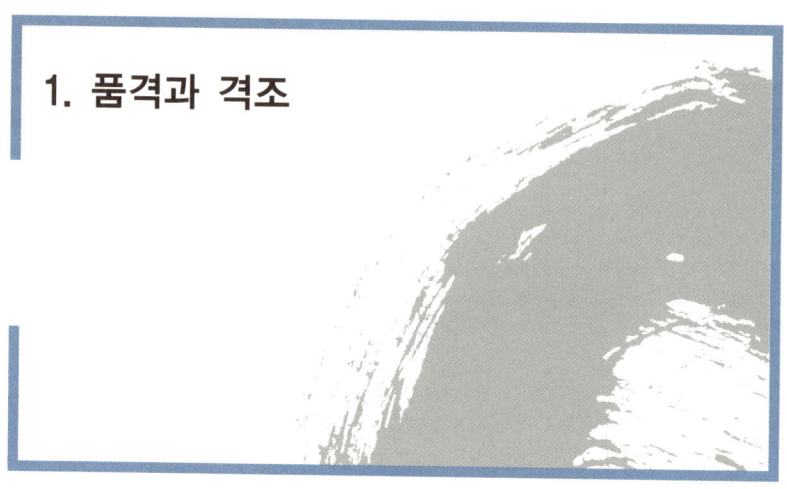

 깔끔하게 빗어 넘긴 머리에 언제나 양복을 즐겨 입고 살이 찌지도, 마르지도 않은 적당한 체격. 국악을 사랑하고 붓글씨로 마음을 단련하며 골프로 체력과 정신건강을 다스린 사람. 삼성그룹의 창업주 호암 이병철 하면 떠오르는 이미지들이다.
 이러한 이병철을 보고 전용순(전 상공회의소 회장, 신민당 대표) 씨는 1955년을 전후해 그에게 호암(湖巖)이란 호를 지어 주었다. '호수처럼 맑은 물을 잔잔하게 가득 채우고 큰 바위처럼 흔들리지 않는 준엄함을 가져라'는 뜻이다. 이 칭호는 1955년 제일제당과 제일모직 설립으로 거부의 칭호를 막 듣기 시작할 때 지어졌으며 이후 그의 기업인생에서 나침반이 되었다.
 양반집에서 태어난 호암 이병철은 품위와 멋을 즐겼다. 그는 언제나 깔끔한 양복을 입고 있었으며 절제된 행동과 규칙적인 생활을 했다. 그를 만난 사람들은 옷에서부터 만년필, 담배 파이프, 혁대 등에 이르기까지 항상 최고만을 고집한 것으로 기억하고 있다.

그러나 최고만을 고집한다는 것이 요즘처럼 명품을 선호한다는 것은 아니었다. 그는 물건의 가격보다 가치를 소중히 여겼던 것이다. 2003년에 작고한 故신용호 교보생명보험 전 명예회장은 호암을 회상하며 '호암은 멋을 아는 분'이라고 평가했다. 호암의 멋에 대한 기준을 알 수 있는 대표적인 사례가 있다. 호암은 큰 부자가 되기 전이나 그 후에도 일본 동경의 '바로몽'이란 한 양복점에서 주로 옷을 맞춰 입었다. 이곳은 아주 작고 허름한 양복점이어서 그리 비싸지 않았지만 양복장이의 솜씨만은 예사롭지 않았다. 이 집 주인은 중국 상하이에서 양복점을 하다 동경에 정착한 착실한 중국 사람이다. 호암이 이곳에서 양복을 자주 맞춰 입은 것은 솜씨뿐 아니라 그의 성실한 자세를 귀하게 여겼기 때문이었다. 다른 재벌들처럼 화려한 곳에서 옷을 맞춰 입은 게 아니라 주인의 솜씨와 인간 됨됨이까지 보면서 독특한 멋을 찾아낸 것이다.

호암의 다양한 취미생활을 보면 그의 멋에 대한 사랑을 엿볼 수 있다. 호암이 애지중지한 만년필 중에 프랑스제 '워터맨'이란 브랜드가 있다. 비교적 고가에 속하지만 일반인들도 익숙한 브랜드다. 가격만으로 보면 대기업 회장이 애지중지할 정도의 명품은 아니다. 그러나 호암은 워터맨 만년필을 아꼈으며 수제품이 아닌 공산품이지만 워터맨의 품질이 제각기 다르다는 것을 알 정도였다.

호암은 붓글씨에도 조예가 깊었다. 어릴 적 서당에 다니며 『논어』를

1951년 일본을 방문하여 사업을 계획하던 호암 이병철

비롯한 한문 공부를 배웠던 영향이다. 그는 말년에 집무실에서 오전 한때를 서예로 보내곤 했다. 어려서부터 연필이 아닌 붓으로 글씨를 익힌 그에게 서예는 옛날을 생각하게 하고 마음을 차분하게 만드는 의미가 있었다. 호암이 붓글씨로 쓴 글귀는 주로 『논어』와 같은 글귀를 땄으며 삼성의 각 회사 사장들이 휘호를 요청하면 그 회사의 특성에 맞는 성구(成句)를 쓰기도 했다.

호암은 건축물이나 조경에도 품격을 갖춰야 한다고 생각했다. 그가 공장을 설립할 때도 단순히 건물만 덩그러니 짓는 게 아니었다. 그곳에서 생활할 직원들의 마음이 평안해질 수 있도록 조경에도 신경을 썼다. 1955년 제일모직 설립 당시 호암은 여종업원의 기숙사에 최상급의 쾌적한 시설을 갖추었다. 호암은 이곳에 당시에는 전무했던 스팀 난방을 설치했고 샤워실, 세탁실, 다리미실, 휴게실 등에도 경비를 아끼지 않았다. 복도에는 회(檜)나무를 깔아 차분한 안정감이 들도록 했다. 1955년은 전쟁 직후였다. 온 나라는 전쟁으로 폐허가 돼 있었다. 이런 상황에서 공원들을 위해 스팀 난방과 각종 편의시설을 설치하고 조경까지 갖추었다는 것은 사치스럽다는 생각이 들 정도였다.

그러나 호암은 이에 개의치 않고 식수(植樹)에 돈을 아끼지 않았을 뿐 아니라 연못과 분수도 마련했다. 공장부지 전체가 잘 다듬어진 정원이라고 생각될 정도였다. 호암은 이 비용으로 약 3만 환(우리나라의 옛 화폐 단위)을 투입하였다. 당시에는 사원 기숙사에 거액의 자금을 투입한 사업가가 없었기 때문에 주위에서는 낭비라는 비판까지 나올 정도였다. 그러나 호암은 이런 비판에 대해 다음과 같이 대답했다.

"일을 하는 환경이 나쁘면 작업을 하기 싫어지고 능률이 떨어집니다. 능률이 떨어질 뿐 아니라 좋은 제품이 만들어지지도 않지요. 단, 좋은 제품을 만들기 위해서만 생산직 여직원의 생활환경을 쾌적하게 만들려는 것은 아닙니다. 세상이 아무리 혹독하다고 해도 다른 사람에게 피해를 끼치면서까지 돈을 벌려는 사람은 별로 없을 것입니다. 우리나라에는 '내 자식이 귀여우면 남의 자식도 귀한 줄 알아야 한다'는 속담이 있습니다. 바로 그런 마음으로 좋은 환경을 조성하려는 것입니다."

뿐만 아니라 용인자연농원(현 삼성에버랜드), 호텔신라, 삼성미술관 등에도 멋과 품격을 중히 여기는 호암의 생각이 반영되었다.

2001년 작고한 케서린 그레이엄 워싱턴포스트 전 명예회장은 호암 이병철에 대해 '겉으로는 냉정하고 철저하게 보이지만 마음은 누구보다 섬세했다'고 회고했다. 그는 호암에게 풍겨 나오는 품격을 느꼈다고 한다. 특히 사유재산을 신성한 위탁물이라고 믿고 평생 모았던 재산을 헌납해 삼성문화재단을 만들고, 자신이 귀하게 여기던 소장품들을 전 국민들이 볼 수 있게 호암미술관을 통해 내놓은 것은 호암이 누구보다 멋을 알고 그 멋을 자기만 즐기는 게 아니라 모든 사람들이 공유할 수 있도록 하겠다는 철학이 바탕이 된 것이라고 평가했다.

현대그룹을 일군 정주영 전 현대그룹 명예회장은 일생을 호암과 함께 다양한 사업을 벌이며 우리나라의 현대화에 큰 기여를 한 인물이다. 정주영 명예회장은 호암과 동시대를 살면서 누구보다 호암과 자주 만난 사람 가운데 하나다. 그는 호암에 대해 '자기 스스로를 단련시켜왔던 분'이라고 평가했다. 정주영은 '호암의 단정한 옷매무새는 자신에 대한 엄격함을 밖으로 드러내는 하나의 상징'이라며 사업을 하다보면 성공할 때도 있고 실패할 때도 있지만 호암은 자기 스스로 엄격하기 때문에 항상 자기의 모습을 되돌아보고 스스로를 단련시켰던 분이라고 회상했다.

"사람의 얼굴은 하나의 풍경이요, 한권의 책이다. 결코 거짓말을 하지 않는다."

프랑스의 소설가인 오노레드 발자크가 남긴 얼굴에 대한 절묘한 표현이다. 얼굴이 한 사람의 요약인 것만은 사실이다. 사람의 얼굴은 희로애락을 담고 있다. 얼굴에는 기쁨, 슬픔, 분노, 부끄러움, 놀라움, 공포 등 다양한 감정의 변화도 그대로 표현된다. 얼굴에는 한 사람의 살아온 삶의 흔적이 자서전처럼 세세하게 새겨지기도 한다.

이건희 삼성 회장

이런 관점에서 이건희 삼성전자 회장을 보면 어떨까. 가까이서 살펴본 이건희 회장의 얼굴은 한마디로 '침묵의 바다'를 연상시켰다. 겉으론 숨 막힐 정도로 잔잔하고 절제되어 있다. 그러나 커다랗고 맑은 눈을 통해 비춰지는 마음속 깊이와 통찰력은 바다 속을 꿰뚫고도 남음이 있어 보였다.

물론, 이 회장은 누구나 그렇듯이 나이에 따라 얼굴의 모습도 조금씩 달라졌다.

10대의 이 회장은 동그란 눈에 하얀 피부를 가진 귀공자를 연상시켰다. 20대의 이 회장은 반항아의 인상이 강했다. 일본과 미국을 넘나드는 유학생활의 영향인 듯, 고독감도 짙게 묻어났다.

30~40대의 이 회장은 준수한 외모에 대의를 위해 열정을 불태우는 '열혈남아'의 모습이 동시에 나타났다. 또한 삼성을 부친보다 크게 키우려는 열정에 무서울 게 없는 '산업 투사'의 인상도 엿보였다.

50~60대의 이 회장은 프랑스 조각가인 오귀스트 로댕의 '생각하는 사람'을 연상시키고 있다. 이 회장은 젊은 시절 말을 많이 할 때도 있었다. 그러나 나이가 들수록 많이 듣고, 많이 생각하는 모습이다. 게다가 섬세하면서도 창조적인 감성까지 한층 더해지는 모습이다.

얼굴 중 이 회장의 얇은 입술은 늘 굳게 닫혀 있다. 이 회장은 평소 말은 많이 하지 않는다. 하지만 작정하면 4개월간 '신경영 대장정'에 나서 해외에서 강연을 지속할 만큼 본인의 의사를 논리적으로 표현해 관철시킨다. 이 회장의 말 한마디는 삼성뿐 아니라 사회적으로도 강한 울림을 남기는 것으로 유명하다.

이 회장은 유독 귀가 크다. 이 회장의 좌우명이 '경청'인 것도 그의 큰 귀와 무관치 않다.

하얀 피부도 얼굴의 특징 중 하나다. 지인들은 그의 가식이나 거짓을 경계하는 성품을 보여주는 단면으로 하얀 피부를 꼽는다. 물론 하얀 피부는 차가운 인상을 주기도 한다.

그의 눈은 맑고, 깊다. 말 없이 응시하는 그의 눈은 상대의 머리 속을 꿰뚫고 지나가는 느낌을 줄 만큼 강렬하다는 게 지인들의 공통된 의견이다.

언제나 2 대 8 가르마로 정갈하게 빗어 넘긴 머리는 그의 절제된 품성을 그대로 보여준다.

170㎝의 키에 비해 다소 넓은 어깨는 학창시절 레슬링으로 다져졌기 때문이다. 이런 어깨는 언뜻 동작이 느려 보이게 한다. 그러나 그는 어깨의 넓이만큼의 권위와 품격도 한껏 배어난다.

그의 혈액형은 AB형이다. 주량은 포도주 한 잔 정도지만, 나이를 고려해 술을 삼가고 있다. 그는 젊은 시절 피우던 담배도 건강을 위해 금연을 하고 있다. 그의 취미는 독서와 자동차다. 그는 젊은 시절, 승마와 골프도 즐겼지만, 현재 건강상의 이유로 중단한 상태다.

그의 드레스코드는 성품만큼이나 격조가 있다. 양복은 단추가 두 줄로 달린 더블 브레스트 슈트를 애용한다. 더블 브레스트 슈트는 유행을 타지 않으면서 귀족스런 멋을 풍긴다. 어깨가 큰 체형에도 안성맞춤이다. 그는 공식 행사장에 갈 땐 검은색 계열에 줄이 쳐진 스트라이프 스타일을 선호한다. 하지만 해외 출장을 떠날 땐 노타이 차림에 베이지색이나 하늘색 더블 슈트도 선호한다. 물론 삼성 생산 현장을 방문할 땐 작업복이나 방진복도 마다하지 않는 소탈함을 보인다.

그렇다면 지인들이 보는 이건희 회장의 모습은 어떤가.

『이건희 개혁 10년』에 따르면, 이경숙 전 숙명여대 총장은 이건희 회장에 대해 '사려 깊은 철학자'로 표현했다. 박용성 대한체육회장은 이건희 회장을 '방향만 제시하는 현대형 지장'으로 평가했다.

이어령 전 문화부 장관은 이건희 회장을 만났을 때의 느낌에 대해『이건희 에세이 생각 좀 하며 세상을 보자』에서 아래와 같이 말했다.

"내가 열 마디 할 때 이건희 회장은 한마디를 하지만 그 한마디가 내 열 마디를 누른다.(…) 나는 로뎅의 '생각하는 사람'처럼 고개를 숙이고 있는 그분의 옆 얼굴에서 기업인이 아닌 외롭고 깊은 침묵 속에서 끝없이 무엇인가를 창조해가는 과학자나 예술가의 한 단면을 보았다."

故박경리 작가도 이건희 회장을 만난 기억을『이건희 에세이 생각 좀 하며 세상을 보자』에서 아래와 같이 인상 깊게 묘사했다.

"깊은 곳에 가라앉아서 세상을 응시하는 듯한 눈빛이었다. 웃는 모습은 스스러워하듯, 그러나 천진했다. 이건희 회장을 만났을 때의 인상이다."

요약해 보면, 이건희 회장은 부친인 호암과 닮은 듯 다른 색깔을 가진 경영인으로 보여진다. 호암이 꼿꼿한 기상의 '조선 선비'에 비유된다면, 이건희 회장은 외견상 '철학자+예술가+과학자+투사' 형태의 '멀티 이미지의 경영인'으로 비춰진다.

2. 완벽과 창의

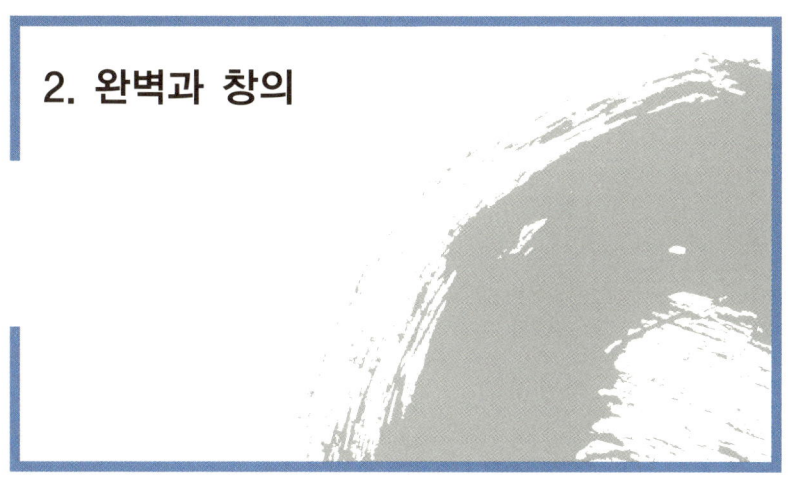

　호암 이병철은 결벽증에 가까울 정도로 까다로운 성격을 가졌다. 완벽을 추구하는 호암의 성격은 일상생활에서 그대로 나타났다. 그는 아침 6시에 일어나 세수를 마치고 그날 해야 할 일을 꼼꼼하게 메모했다. 호암은 메모광으로도 통한다. 도저히 이해할 수 없는 일도 메모를 하고 업무상 확인해야 할 일도 메모를 한다. 갑자기 좋은 아이디어가 떠오를 때도 메모를 한다. 그리고 그 메모는 체계화되어 업무를 꼼꼼하게 처리할 수 있게 해준다.

　아침에 메모를 한 뒤에는 소량의 아침 식사를 한다. 커피만 마시는 경우도 있다. 그는 식사 양을 정해 두고 아무리 식욕이 넘치더라도 그 이상은 섭취하지 않았다. 그가 일본을 방문했을 때에도 점심식사는 가벼운 메밀국수 정도로 마쳤다. 식사를 마친 뒤 9시 경에는 중앙일보와 동양방송이 있던 매스컴센터에 출근했다. 회장인 그에게 지각한다고 누구하나 잔소리하는 사람이 없었지만 그는 자신의 출근시간을 정해 두고 반드시 지켰다.

점심 식사는 12시 30분에 했다. 점심에는 외부 사람들과 식사를 하며 경영상의 대화를 나눈다. 심지어 계열사 사장들과 식사를 할 때에는 '마의 오찬 모임'으로 불릴 정도로 세밀하고 꼼꼼하게 질문을 하느라 사장들은 식사도 제대로 하지 못할 정도였다. 식사 후에 다시 일과를 본 뒤 6시쯤에는 귀가를 했다. 가족들과 함께 저녁을 하면서 단란한 시간을 보내는 경우가 많았다.

이처럼 규칙적이고 꼼꼼한 호암의 성격은 일상적인 생활뿐 아니라 사업에서도 그대로 나타났다. 그는 사업을 시작하기로 마음을 먹으면 그 분야의 전문가들보다도 더 깊이 그 분야를 파고들기로 유명했다.

1938년 3월 1일 삼성상회를 설립했을 때의 일이다. 삼성상회는 주로 대구 일원의 사과를 비롯한 그 밖의 청과류와 포항에서 반입되는 건어물 등을 만주와 중국으로 수출하는 것이 주요 업무였다. 호암은 1층 구석에 사무실을 마련하였으며 1~3층은 진열대와 창고로, 4층은 제면용 건조실로 사용했다. 이곳에서 호암은 마산의 곡물거래 사업을 하던 시절 얻은 교훈을 살려 청과물의 작황이나 어황을 조사하는 일을 게을리하지 않았다. 이처럼 꼼꼼하게 시장조사를 한 결과 상품의 가격 등락이 심한 상황 속에서도 호암은 사업을 키울 수 있었다.

1948년 삼성물산공사를 설립할 때도 그의 치밀함은 여지없이 드러났다. 삼성물산 창업 이전인 1947년 5월, 호암은 가족과 함께 거처를 서울

1938년 설립된 삼성상회의 모습. 호암은 첫 사업의 실패를 딛고 훗날 삼성의 모체가 된 삼성상회를 설립해 본격적인 사업의 길로 들어섰다.

로 옮겼다. 그리고 치밀한 시장조사에 들어갔다. 국제무역의 동향과 신생국가인 한국의 산업이나 국민생활에 가장 필요한 게 무엇인지 조사했다. 호암은 이 같은 조사를 바탕으로 1948년 11월 종로2가 영보(永保)빌딩 근처에 있는 2층 건물 100여 평을 빌려 '삼성물산공사'란 간판을 걸었다. 삼성물산공사는 홍콩, 싱가포르 등 동남아시아에 오징어와 한천 등을 수출하고 면사를 수입하는 일부터 시작했다. 사업은 날로 번창해 얼마되지 않아 강재(鋼材) 등의 원자재에서부터 일용잡화에 이르기까지 다양화됐다. 삼성물산공사는 설립 다음해인 1949년 무역업 랭킹 7위를 차지하는 거대 회사로 성장하게 됐다.

사업 규모가 커질수록 호암의 치밀함도 더 깊어져 갔다. 호암이 제조업 진출을 결심할 무렵, 그는 또다시 치밀한 사전 조사에 착수했다. 당시는 전쟁 직후여서 모든 물자가 부족했다. 이 가운데 호암은 어떤 사업을 제조업으로 해야 할지 곰곰이 생각했다. 제지, 의약품, 설탕 등이 후보군으로 선정됐다. 이들 품목은 국내 생산이 거의 전무하지만 국민생활이나 산업 활동에 긴요한 중요 물질이었기 때문이다.

호암은 이 세 가지 산업 분야를 집중적으로 조사했다. 제지는 해방 전에 남북한에 걸쳐 몇몇 공장이 있었으나 그 규모는 모두 작았다. 그것마저 전쟁으로 파괴되어 수요의 대부분을 미국의 원조물자로 메우고 있었다. 제약 분야도 사정은 비슷했다. 해방 전에는 일본 의약품이 시장을 거의 독점하고 있었으며 민족계 제약회사가 만들고 있었던 것이라고는 외상약이나 대수롭지 않은 내복약 등 초보적인 약품이 고작이었다. 해방 후 군수약품 등 구미 약품이 일본 약품을 대체하여 범람하였고, 전쟁 중에는 유행성 질환이 심해 페니실린 등 항생물질에 대한 수요가 급증하고 있었다.

그러나 국내 제약 산업은 싹이 틀 징조조차 보이지 않고 있었다. 제당 분야는 해방 전에는 사탕무를 원료로 하는 대일본제당공장이 평양에 있었을 뿐, 남한의 설탕 생산은 전무했다.

호암은 깊은 고민과 분석과 검토를 거듭한 뒤 일본 미쓰이(三井)물산에 제약, 제지, 제당에 관한 기획과 견적을 의뢰했다. 제당은 3개월 만에 입수했는데 제약은 6개월, 제지는 8개월이 걸린다고 했다. 세 가지 모두 긴요하고 수입대체 효과가 큰 것이지만 당시로서는 1개월이라는 시간조차 더없이 귀중했다. 결국 호암은 제당 사업을 시작하기로 결정했다. 그리하여 호암은 전쟁이 끝나가던 1953년 4월, 당시 임시 수도였던 부산의 삼성물산 사무실에 제당회사 창립사무소를 설치하고 2개월 후인 6월 발기인 총회를 거쳐 마침내 8월 1일 '제일제당공업회사'를 설립했다.

호암의 치밀한 성격을 볼 수 있는 또 다른 사례는 그가 제일모직 공장을 설립할 때다. 호암은 제일제당 설립으로 우리나라에 제조업의 기틀을 마련한 뒤 새로운 수입대체산업으로 섬유 산업 진출을 검토했다.

그가 섬유 산업에 진출한다고 하자 사내외에서 반대가 만만치 않았다. 사내 임원들은 자본, 기술, 시장 등 어느 모로 보나 위험부담이 크기 때문에 섬유 산업 진출을 반대했다. 외부의 반응은 더 냉랭했다. '400년의 전통을 가진 영국 모직과 경쟁한다는 발상부터가 어리석다'느니, '제당에서 요행으로 성공하더니 세상만사를 너무 손쉽게 생각한다'느니 하는 말이 떠돌았다.

그러나 호암은 이런 반응에 아랑곳하지 않고 착실하게 사업을 준비했다. 당시 호암이 모직 생산을 위한 서독의 기계 도입을 준비하자 미국의 유명 모직기계 메이커인 화이팅사의 중역이 미 대사관 측의 소개로 호암을 찾아왔다.

"당신은 미국의 원조 달러로 왜 유럽 기계를 사려고 하는 겁니까? 성능이 우수한 화이팅사의 기계가 있는데……."

"당신 회사 기계가 좋다는 것은 나도 잘 알고 있습니다. 그러나 그것은 한 종류의 제품을 대량생산할 경우에 한합니다. 우리나라처럼 품질과 디자인 등이 다양한 제품을 한 공장에서 만들기 위해서는 유럽의 각종 기계를 안배해서 쓰려는 나의 방식이 맞다고 생각합니다."

그날 이후에도 화이팅사의 중역은 줄기차게 호암을 찾아와 자신들의 기계를 구매해달라고 설득했다. 그러나 호암은 기계의 조립에서부터 설치, 공장건설 등을 모두 스스로 해결하겠다며 완곡히 거절했다. 그러자 화이팅사의 중역은 무례하게도 새가 퍼덕이는 시늉을 하며 이렇게 말했다.

"한국 자력으로 건설한 공장에서 3년 이내에 제대로 제품이 생산된다면, 나는 하늘을 날겠소."

그러자 호암은 그에게 사신의 책상 서랍에서 메모를 꺼내 보여주었다. 그 메모에는 모직공장 건설에 필수불가결한 조건이라고 생각되는 온도, 습도 등 기상조건에서부터 전력, 노동력, 교통, 용수(用水), 수질은 물론 종업원에 대한 기술지도, 훈련에 이르기까지 48개 항목에 걸친 문제점과 대응책이 하나하나 적혀 있었다. 호암의 메모하는 버릇이 빛을 발한 것이다. 화이팅사 중역은 호암이 보여준 메모를 보고 깜짝 놀랐다. 그리고 다시는 찾아오지 않았다.

이처럼 치밀한 준비 끝에 호암은 1955년 대구에 제일모직 공장 정지공사에 들어갔으며 그로부터 6개월 만에 소모(梳毛)공장을 완공하였다. 다음해인 1956년 초에는 방모, 직포, 염색, 가공 등의 공장을 차례대로 완공하였으며 1956년 5월 2일, 완성된 공장의 각 부문에 대한 마지막 점검을 마치고 시운전에 들어갔다. 주위의 차가운 반응 속에서도 불가능을 현실로 만든 것은 바로 호암의 치밀하고도 꼼꼼한 성격 때문이었다.

　호암이 말년 때 반도체 사업에 착수할 때에는 그의 치밀한 성격이 극명하게 드러났다. 반도체 사업에 진출할 것을 결심하자 호암은 반도체 사업의 거시적인 부분부터 검토했다. 당시 반도체 사업은 미국과 일본이 주도하고 있었다. 미국과 일본은 반도체 기술을 바탕으로 컴퓨터, 통신, 우주, 해양공학 등 고부가가치 산업으로 국부를 쌓고 있었다. 이런 상황에서 한국이 후발주자로 반도체 사업에 뛰어드는 것이 적합한지부터가 우려되었다. 설령 반도체 사업에 뛰어든다 하더라도 미국과 일본의 기술 수준을 추격할 수 있을지, 막대한 투자재원 조달은 가능한지, 고도의 기술 두뇌와 기술 인력을 확보할 수 있을지, 첨단 제조사업에 투입할 전문 인력은 확보할 수 있는지, 입지조건에 적합한 공장 부지는 있는지 등등 생각할수록 답이 없는 어려운 문제였다.

　그러나 호암은 포기하지 않았다. 그는 수많은 미국과 일본의 전문가들을 만났다. 반도체(半導體)라는 단어의 의미부터 배웠다. 호암은 임직원들을 수시로 불러 "왜 전도체가 아니고 반도체냐?"는 가장 기초적인 질문부터 했다. 하나씩 하나씩 지식을 쌓아가면서 공부를 하다가 막히면 전문가에게 자문을 구했다. 나이 70이 넘은 사람이 당시 접하기 힘든 첨단 기술의 용어부터 접근한다는 것은 사실상 불가능해 보였다. 그러나 새로운 사업을 하겠다는 의지에 치밀하고 결벽증에 가까운 호암의 성격은 이를 가능하게 했다.

　1982년 5월, 호암은 수많은 미국과 일본의 전문가, 국내 전문가들의 의견을 거의 다 들었다. 관련 자료도 손에 닿는 대로 수집해 탐독했다. 그 결과, 호암은 삼성이 시작하면 전혀 성공 가능성이 없는 것은 아니라고 확신했다. 그리고 기본 구상을 가다듬어 1982년 10월에 호암은 반도체·컴퓨터사업팀을 조직하기에 이르렀다. 이들은 이미 개발된 제품들의 성능, 원가, 가격, 시장동향 등을 조사했다. 아울러 반도체와 컴퓨터 사업의 단기·장기 계획을 세우며 매일매일 검토를 했다.

그로부터 몇 개월 후인 1983년 2월, 호암은 도쿄에서 반도체 사업 진출을 위한 마지막 점검을 끝내고 드디어 반도체 투자의 단안을 내렸다. 호암은 홍진기 중앙일보 회장에게 삼성이 1983년 3월 15일을 기해 VLSI 사업에 투자한다는 것을 전화로 통보하고 이를 내외에 공식적으로 선언하도록 했다. 1년 이상의 철저한 기초조사와 밤낮을 가리지 않은 연구 검토 끝에 내린, 호암의 치밀하고도 끈기 있는 집념이 없었다면 불가능한 결단이었다.

호암이 철두철미한 성격의 완벽주의자였다면 이건희 회장은 몰입과 창의적 기질을 겸비한 '크리에이터(Creator)형 경영자'로 평가되고 있다.

이건희 회장은 평소 사색을 많이 하는 성격이다. 한 가지 화두를 잡으면 해답을 얻을 때까지 시간에 구애받지 않고 집무실인 한남동 승지원에서 칩거하면서 생각을 거듭한다는 사실은 잘 알려져 있다.

이런 이유에서 이건희 회장은 '사색의 경영자' 또는 '철학적 경영자'

란 얘기를 듣곤 한다.

　이 회장의 관심 대상은 특정분야에 국한되지 않았다. 뭐든 한번 파고들면 끝장을 봐야 하는 마니아 기질이 강했다. 일명 일본말로 '오타쿠'에 해당하는 유형이다.

　이 회장이 몰입한 분야는 영화, 동물, 자동차, 항공, 환경, 반도체, TV, 에너지, 문학, 예술 등 폭넓다. 그만큼 이건희 회장의 생각은 가늠하기 힘들 정도로 넓다. 웬만한 전문가도 그의 식견을 따라잡기가 쉽지 않다. 단순히 넓기만 한 게 아니라, 깊이까지 있기 때문이다.

　이 회장은 언제나 특정분야에 흥미를 느끼면 어김없이 깊이 파고들면서 광적으로 매달린다. 한마디로 이건희 회장은 넓게 보고, 깊게 파면서 해박한 지식을 쌓아왔다. 이런 지식을 기반으로, 기발한 아이디어와 경영혜안을 창조해내는 게 이 회장이다.

　개에 대한 일화는 이 회장의 몰입과 창의적 생각의 단면을 쉽게 엿볼 수 있게 한다. 이 회장은 단순히 개를 좋아하는 수준을 넘어 최고의 전문가 경지에까지 올랐다.

　이 회장이 개를 접한 것은 어린 시절부터다. 그는 부산사범부속초등학교 5학년이던 1953년에 일본으로 유학할 때도 개를 통해 고향과 가족에 대한 그리움을 달랬다고 한다. 어린 시절 부모와 떨어져 살거나 해외유학을 떠나야 했던 그에게 있어 개는 의지할 수 있는 유일한 친구이자 가족이었을 것이다.

　이 회장은 1942년 대구에서 출생한 이후 부친의 고향인 의령에서 할머니 밑에서 자랐다. 당시 부친인 호암은 대구에서 삼성상회를 운영하느라 자식을 돌볼 여력이 없었기 때문이다. 당시 호암이 이건희 회장을 만나는 일은 1년에 한두 차례에 불과했다고 한다.

사정이 이렇자, 이 회장은 할머니를 어머니로 오인할 정도였다. 다행히, 이건희 회장은 여섯 살 무렵부터 서울 혜화동에서 온 가족과 함께 살게 됐다. 그러나 그것도 잠시였다. 3년 후 한국전쟁이 발발하면서 온가족은 흩어졌다. 이건희 회장의 고독한 행군이 또다시 시작되는 순간이자, 개와 친해지는 계기를 제공하는 순간이다.

이 회장이 고독을 달래기 위해 개를 키우던 수준을 벗어난 시기는 미국 워싱턴대학 경영대학원을 졸업한 뒤 귀국할 때다. 이 때 그의 나이가 25세다. 그는 진돗개에 푹 빠졌다. 한국인인 이 회장에게 있어 토종 진돗개는 매력적인 존재였다. 문제는 명성과 달리 진돗개는 세계적으로 순수 혈통을 인정받지 못했다는 점이다. 아예 세계 견종협회에서조차 진돗개를 인정하지 않는 실정이었다. 한마디로 진돗개는 '안방 명견'에 불과한 처지였다. 이런 안타까운 상황은 이 회장을 움직이게 했다. 그는 1969년 무작정 진돗개의 고향인 진도를 찾아갔다. 그는 이곳저곳을 찾아다니면서 진돗개 30마리를 확보했다. 그는 집에 돌아와서 150마리까지 수를 늘리는 노력 끝에, 순종 한 쌍을 얻었다. 이어 1975년에 진돗개애호협회를 만들었다.

1979년에는 일본에서 열린 세계축견연맹(FCI) 행사에 진돗개 암수 한 마리씩을 선보였다. 반응은 아주 좋았다.

이런 이 회장의 활동이 밑알이 되어 3년 후 한국애견연맹은 FCI에 진돗개를 정식 등록했다. 이후 진돗개는 영국 케널클럽이 공인한 197번째

명견으로 등록되는 쾌거도 이뤘다. 진돗개의 세계화에 정열을 쏟은 이 회장의 노력이 결실을 맺은 것이다. 하지만 이 회장은 구태여 진돗개의 명견 등록에 기여한 사실을 외부에 내세우는 것을 원치 않고 있다.

이 회장은 애완견의 범위를 단순 취미에서 공익 차원의 안내견사업으로까지 넓혔다. 삼성 안내견학교가 바로 그것이다. 이 회장의 주도로 삼성은 경기도 용인 에버랜드에 국내 유일의 맹인안내견학교를 운영하고 있다. 이곳에선 20명의 사육사가 80여 마리의 안내견과 구조견을 양성하고 있다.

이 회장은 학창시절에 그리 눈에 띄지 않는 조용한 성격의 소유자였다고 한다. 말수가 적고, 내성적인 성격에 가까웠다는 게 주위의 전언이다.

그러나 말을 하기 시작하면 쉽게 반박하기가 어려운 수준의 지식과 논리를 쏟아내 동기생들을 당황스럽게 했다고 한다. 이 회장은 단편적이거나 일시적인 말을 하기보다는 깊이 생각한 뒤 쏟아내는 스타일이기 때문이다.

그는 학창시절 때때로 동기생과 다른 생각이나 주장을 내놓는 일이 다반사였다고 한다. 예컨대, 외자 유치, 일자리 창출, 기업의 이익창출의 중요성 등 세상을 보는 안목이 남달랐다. 그가 그때부터 개인보다는 국가를 생각하는 큰 그림을 그리는 생각을 펼치곤 했다는 방증이다.

이런 이건희 회장의 성격은 삼성을 경영하면서도 그대로 나타났다. 그는 평소 사장단 회의에서 말을 별로 하지 않지만, 한 가지 사안에 대해 따지기 시작하면 상대의 밑천이 들러날 때까지 몰아세웠다. 아침에 시작한 회의가 밤까지 이어지거나, 한 사람을 상대로 몇 시간씩 질문을 쏟아내기도 했다.

그의 어법은 간단하다. "왜?, 그래서, 그런데……"라는 식으로 끊임없는 질문 공세를 펴서 본질을 찾는 식이었다. 이런 질문 공세 속에서 본질을 파악하는 동시에 창조적 생각까지 이끌어내는 게 그만의 대화 스타일이다.

이 회장은 남을 속이거나 비난받는 일을 극도로 싫어했다. 그는 정직한 사람을 좋아한다. 그 자신도 정직을 생활의 신조로 여기고 있다. 실제 이 회장은 2010년 2월 이병철 삼성그룹 창업주의 탄생 100주년을 기념하는 행사에 "거짓말 없는 세상이 되기를 바란다"면서 "모두가 정직하길 바란다"고 말했다.

이뿐 아니라, 이 회장은 과거 세탁기 뚜껑 불량 등 눈 가리고 아웅식의 사례에 대해 강하게 호통 쳤다. 무엇보다, 그는 불량품이 있는데도 보고하지 않은 경영진의 무사안일과 거짓보고에 대해 강한 불만을 표시했다.

이 회장의 성격 중 두드러진 부분은 평범하지 않은 강력한 카리스마다. 젊은 시절부터 현재까지 잃지 않는 강력한 카리스마는 거함 삼성을 흔들림 없이 항진하게 만든 원동력이라는 평가다.

이처럼 이 회장이 젊은 시절부터 삼성가를 호령해온 카리스마의 단면은 2010년 10월 서울 서초동 삼성전자 사옥 4층 강당에서 열린 삼성전자의 창립 40주년 기념식에서도 재현됐다.

이날 행사에는 전현직 최고경영자(CEO)를 포함해 300여 명의 내외 인사들이 참석했다. 1969년 설립된 삼성전자가 사람의 나이로 치면 '불혹'

인 40주년을 맞은 경사스런 날이기 때문이다.

삼성전자는 지난 1972년 가정용 전자제품을 중심으로 기업의 성장기반을 마련한 후 1974년 한국반도체를 인수해 반도체 산업에 뛰어들면서 고도성장에 돌입했다. 지난 1988년 11월 1일에는 삼성반도체통신을 통합했다. 이어 1995년에는 액정표시장치(LCD) 1라인을 첫 가동하면서 생활가전, 디지털미디어, 반도체, 정보통신, LCD를 사업의 핵심축으로 하는 '종합전자회사'로 탈바꿈했다.

공자가 『논어』〈위정편(爲政篇)〉에서 말하길 '나이 40은 세상일에 정신을 빼앗겨 갈팡질팡하거나 판단을 흐리는 일이 없게 된다'고 했다. 이처럼 삼성전자는 우여곡절의 시간들을 흔들림 없이 달려온 끝에 나이 40세에 글로벌 일류 기업으로 우뚝 섰다.

외견만 봐도, 지난 1969년 경기도 수원에서 직원 36명의 전자부품 제조사로 미약하게 출발했던 삼성전자는 40년간 매출을 315만 배(3,700만 원→130조 원)로 불린 기적적인 행보로 보였다. 무엇보다, 삼성전자는 지난 2004년 순익 100억 달러를 달성하면서 '순익 100억 달러 클럽'에 가입한 데 이어, 2009년에 사상 최초로 '매출 100조 원-영업이익 10조 원'도 돌파하는 기염을 토했다. 한국이 '한강의 기적'을 이뤘듯, 삼성도 짧은 기간 기적적인 성장을 달성한 것이다.

당시 삼성전자 40주년 기념식장에는 김광호 전 삼성전자 부회장, 윤종용 삼성전자 상임고문, 이윤우 삼성전자 부회장, 최지성 삼성전자 사장, 최도석 삼성카드 사장, 박종우 삼성전기 사장, 윤부근 삼성전자 사장 등 기라성같은 전현직 삼성 회장·사장들이 대거 모습을 드러내 축제분

위기를 돋구었다.

그러나 삼성전자 성공신화의 일등공신인 이건희 회장은 정작 모습이 보이지 않았다. 마치 생일잔치에 주인공이 빠진 채 객들만 가득 모인 느낌이었다. 참석한 전현직 사장들도 환한 얼굴 한구석엔 삼성전자의 40주년 행사를 이건희 회장과 함께하지 못한 아쉬움이 묻어났다. 이건희 회장은 이때까지만 해도 삼성 특검 재판으로 인해 경영 일선에서 물러난 뒤, 외부 공식 활동을 자제해왔기 때문에 삼성전자 40주년 행사에도 불참했다.

하지만 이런 이건희 회장 불참으로 인한 아쉬움에 대한 반전은 삼성전자 40주년 홍보 영상을 통해 순식간에 이뤄졌다. 삼성전자가 지난 40년간 걸어온 길을 한눈에 알 수 있게 보여주는 홍보영상 중에서 이건희 회장이 깜짝 등장했기 때문이다. 이 영상 속에서 이 회장의 카리스마는 건재했다.

부리부리한 눈과 하얀 피부의 젊은 이 회장은 회의실에 앉아 경영진들에게 높은 톤의 카랑카랑한 경상도 사투리로 "마누라와 자식 빼고는 다 바꾸란 말이야……"라고 호통을 치고 있다.

예상치 못한 놀라운 장면이었다. 현재의 낮은 음성과 느린 걸음, 무표정한 얼굴 등으로 인식되는 이건희 회장의 평소 이미지와 달랐다. 제3자가 들어도 섬뜩함을 느낄 수 있는 카리스마와 울림이 강한 메시지였다.

삼성맨들이 누차 얘기하던 지난 1993년 '서슬 퍼런 신경영'의 단면을 생생하게 엿볼 수 있는 장면이기도 했다.

동영상에서 이 회장은 작업복 차림으로 경영진을 대동해 TV, 세탁기,

냉장고, 반도체 등 생산 공장을 둘러보는 현장경영의 열정적인 모습도 담아냈다. 역시 지금과는 180° 다른 젊은 이 회장의 패기 넘치는 모습이다. 이는 얼굴에 열정이 불타고, 발걸음엔 자신감이 넘치는 '전사'를 연상케 하기에 충분했다.

3. 인애와 자애

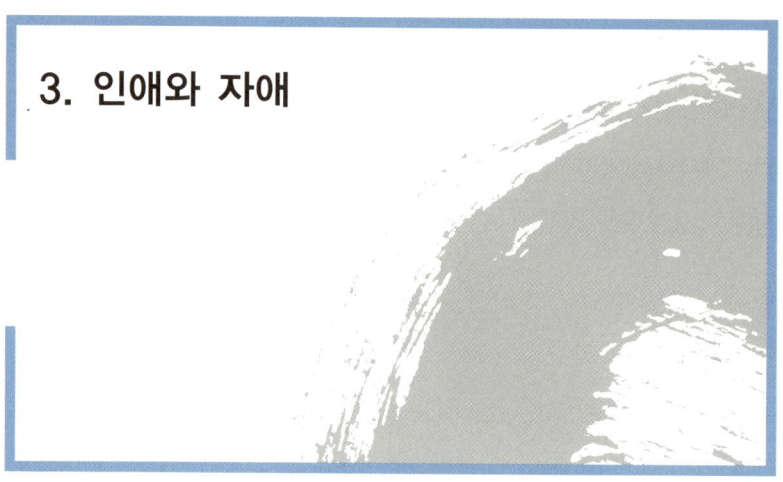

　호암 이병철은 생전에 모두 여덟 명의 자녀를 두었다. 호암은 당시 조혼이란 사회적인 관습에 따라 그의 나이 17세이던 1926년 12월 5일(음력) 사육신 가운데 한 명인 박팽년의 후손 박두을 여사(순천 박씨)와 혼인했다. 그는 1929년 장녀 인희를 시작으로 장남 맹희, 차남 창희, 차녀 숙희, 3녀 순희, 4녀 덕희, 3남 건희, 5녀 명희 등 3남 5녀를 두었다.

　호암은 평생을 사업에 전념하였기 때문에 가족들에 대한 그의 소회나 기록은 거의 찾아볼 수 없다. 더군다나 호암이 경상도 출신이고 당시 엄격한 가부장적 제도 하에서 성장했다는 것을 감안하면 개인적으로 가족들에게 따뜻하게 해주었지만 이를 밖으로 내세우지는 않았을 것으로 추측된다.

　흔히 경상도 남자들은 무뚝뚝하고 가정에 소홀한 것처럼 보인다. 게

다가 양반집에서는 내외(內外)가 엄격했기 때문에 양반가문의 성인 남성이 다른 사람들이 보는 가운데 가족들에게 따뜻하게 대해 주는 경우는 거의 드물었다.

　호암은 가족들에 대한 기록을 거의 하지 않았으나 여러 사진을 남겨 그의 가족 사랑을 엿볼 수 있다. 그가 태어난 1910년부터 우리나라는 한일병탄이라는 역사적 암흑기에 접어들었다. 1945년 해방이 되었으나 우리나라는 남과 북으로 갈라져 커다란 혼란을 겪었다. 1950년에는 민족의 비극인 6·25전쟁이 터져 온 나라가 잿더미가 되었으며 1960~1970년대 본격적인 성장을 하기 시작했다. 우리 민족의 최대 격변기를 살면서도 호암은 피난지 대구를 비롯한 곳곳에서 가족들과 사진을 찍어 그의 가족 사랑을 보여주었다.

　일반에 공개된 호암의 사진 가운데 1960년대 말 이후의 것에는 손자, 손녀들과 함께 찍은 사진들이 많은 것도 눈에 띈다. 1972년에는 손자 재용과 찍은 사진에서 호암은 재용을 무릎 위에 앉혀 놓고 찍었으며 1976년에는 미소를 지으며 손녀 부진을 무릎 위에 앉혀 놓고 사진을 찍었다.

　말년에 호암은 골프장에서 인희, 건희, 명희 등과 함께 행복한 시절을 보내며 사진을 남겨 자상한 아버지였음을 보여주고 있다. 특히 호암은 5녀인 명희를 아꼈던 것으로 알려져 있다.

　이건희 회장도 경상도 사나이 특유의 무뚝뚝한 스타일이다 보니, 평

소에 가족들에게 다정다감한 아버지의 모습은 아니다. 그는 워낙 과묵한 성격인데다 유교적 가풍이 강한 집안 분위기상 가족에게 살갑게 애정표현을 하는 일이 쉽지 않았다.

그렇다고 마음마저 무정한 것은 아니었다. 오히려 속정은 이건희 회장이 보통 사람보다 훨씬 깊다는 게 지인들의 전언이다.

이런 이건희 회장의 속정이 겉으로 드러나면서 삼성의 경영자이기 이전에 아버지이자, 남편이라는 사실을 보여주는 일화가 있다.

2010년 1월 라스베이거스 '소비자가전쇼(CES) 2010' 전시장이었다. 이 회장은 'CES 2010' 행사장에 두 딸인 이부진 호텔신라 전무와 이서현 제일모직 전무의 손을 잡은 채 깜짝 등장했다. 그리고 이 전 회장은 말했다.

"우리 딸들 광고 좀 하겠습니다."

이 전 회장은 이렇게 전시장을 두 딸과 손을 잡은 채 다정히 걸었다. 이 전 회장의 딸에 대한 애틋한 '부성애'가 짙게 묻어나는 장면이다. '한국 경제의 거목'인 이 전 회장도 여느 아버지와 다르지 않았다.

당시 'CES 2010' 행사장은 이 회장의 깜짝 방문에 국내외 취재진이 몰려들어 카메라 플래시를 터뜨리면서 아수라장이 됐다. 이런 상황에서도 이 회장의 곁에는 부인 홍라희 여사와 아들 이재용 삼성전자 부사장, 이부진 호텔신라 전무, 이서현 제일기획 전무 등 가족들이 줄곧 동행했다. 누가 봐도 행복한 가족의 모습이다. 어쩌면 이 회장은 신비의 장막에 가려진 삼성가의 화려한 권위보다는 평범하고, 애틋한 가족을 세상에 보여주고 싶었는지 모른다.

2010년 1월 9일 미국 라스베이거스 'CES 2010'에 참석한 이건희 삼성 회장(앞줄 왼쪽 두 번째)이 두 딸인 이부진 호텔신라 전무(앞줄 왼쪽 첫 번째)와 이서현 제일모직 전무(앞줄 왼쪽 세 번째)의 손을 꼭 잡고 있다.

2010년 1월 9일 미국 라스베이거스 'CES 2010'에 참석한 이건희 회장(앞줄 왼쪽 세 번째)이 최지성 삼성전자 사장(앞줄 왼쪽 첫 번째)으로부터 설명을 듣고 있다.

이 회장은 다소 느린 걸음이지만 환한 얼굴로 행사장 곳곳을 관람했다. 물론 이 회장은 가는 곳마다 두 딸의 손을 놓지 않았다. 어쩌면 이 회장이 그간 악재에 휘둘리면서 함께 고생한 가족에 대한 미안함을 보상하려는 행동의 일환으로 해석되기도 했다.

이 회장이 해외 공식 행사에 모습을 드러낸 것은 지난 2008년 4월 삼성 경영 일선에서 잠시 퇴진한 후 처음이다. 더욱이 온 가족이 공식행사에 나온 것은 이번이 처음이다.

가족과 동행한 이 회장은 자식이나 다름없는 주력기업 삼성전자 전시장을 찾았다. 이 회장은 이곳에서 "삼성전자 발광다이오드(LED) TV의 테두리가 금속으로 돼 있어 어린이들에게 위험하지 않겠느냐"면서 "연구원들에게 연구하게 하라"고 지시했다. 역시 이 회장의 시각은 달랐다. 그는 자식의 단점을 찾아 고쳐 주듯, 아주 세세한 부분까지 날카롭게 파고들었다.

동행한 윤부근 삼성전자 영상디스플레이사업부 사장은 이 회장의 지적에 대해 조리있게 설명했다. 윤 사장은 "(LED TV의 뒷부분을 보여주면서) 둥글게 처리를 했기 때문에 다칠 염려는 없다"고 설명했다.

이를 지켜본 이 회장은 고개를 끄덕이면서 윤 사장의 어깨를 두드렸다. 무언의 수긍으로 여겨졌다.

동행한 최지성 삼성전자 대표이사 사장도 거들었다. 최 사장은 "이 정도로 LED TV의 두께를 얇게 했다"면서 자부심을 보였다. 이에 이 회장은 "일본이 곧 따라오겠지"라면서 여운을 남겼다. 여기엔 "일본을 이겼더라도 방심해선 안된다"는 '일본 경계론'이 담겨 있다.

2010년 1월 9일 미국 라스베이거스 'CES 2010'에 참석한 이건희 회장(앞줄 왼쪽 세 번째)이 윤부근 삼성전자 영상디스플레이사업부 사장(앞줄 왼쪽 첫 번째)에게 전시제품에 대해 지적하고 있다.

2010년 1월 9일 미국 라스베이거스 'CES 2010'에 참석한 이건희 회장(앞줄 오른쪽 첫 번째)이 3차원(3D) 안경을 쓴 채 3D TV를 감상하고 있다.

이 회장은 장소를 이동해 e북 전시장에서 윤부근 사장으로부터 "모니터가 성장한계에 이르러 e북을 신성장동력으로 삼고 있다"는 내용을 들은 뒤 고개를 끄덕였다.

다시 휴대폰 전시장으로 걸음을 뗀 이 회장은 '옴니아2' 휴대폰을 손으로 만져 봤다.

컴퓨터 전시장에선 남성우 삼성전자 부사장으로부터 안내를 받았다. 프린터 전시장으로 이동한 이 회장은 "작고 가볍고 성능이 좋아야지 하나라도 빠지면 경쟁력이 삐끗할 수 있다"고 당부했다. 이에 최지성 사장은 "대부분의 코스트(원가)가 크기를 줄이는데 든다"고 언급하면서 추가적인 경쟁력 강화 의지를 보였다.

이 회장은 디지털 액자 전시장에서 잠시 떨어져 걸었던 부인 홍라희 여사와 합류했다.

여전히 두 딸의 손을 잡은 상태였다. 물론 이 회장의 뒤편엔 아들 이재용 부사장도 말없이 뒤따랐다. 마치 이 회장은 가족 나들이를 나온 듯, 연신 흐뭇한 표정이었다.

이 회장은 발길을 옮기던 중 퍼스널 프로젝터에 대해 "이것의 두께를 5분의 1 이하로 얇게 했으면 좋겠다"고 조언했다. 사실, 퍼스널 프로젝터의 시장 확대에서 두께를 줄이는 일이 관건이다. 이미 이 회장은 이를 정확히 간파하고 있는 눈치였다.

이어 동행한 이재용 부사장이 이 회장에게 "기자들이 많아서 다른 매장을 둘러보는 것이 해당사에 폐를 끼치는 일"이라고 만류했다. 이는 장거리 해외 출장 속에서 과도한 전시장 관람으로 인해 이건희 회장의 건강에 악영향을 줄지 모른다는 이재용 부사장의 깊은 배려였다는 게 측근의 전언이다.

그러나 이 회장은 "아니다. 전부 둘러봐야겠다. LG까지 가겠다"면서 강한 의지를 보였다.

이 회장은 삼성전자 전시장을 빠져나와 하이얼 전시장, 파나소닉 전시장을 연이어 둘러본 뒤 샤프 전시장을 찾아 4가지 색을 갖춘 쿼드픽셀 TV를 관심 있게 둘러봤다. 물론 이 회장은 삼성 제품과의 비교 평가도 빼놓지 않았다. 동행한 삼성 경영진은 바짝 긴장할 수밖에 없었다.

이어 소니 전시장에 방문한 이 회장은 3차원(3D) TV용 안경을 써본 후 안경다리를 만지면서 "안경은 여기가 편해야 한다"고 말했다. 이어 주머니에서 무테안경을 꺼내 최지성 사장에게 건넨 후 "이것과 비교해 보라"고 제안했다. 무테안경을 받아든 최 사장은 3D안경과 비교한 뒤 "이번에 안경 공부를 많이 했다"면서 고개를 끄덕였다. 이런 이 회장의 3D TV 안경에 대한 각별한 당부를 계기로 삼성은 3D TV용 안경 개발에 한층 심혈을 기울였다. 이후 삼성전자가 출시한 3D TV 안경엔 '이건희 안경'이란 별칭이 붙었다. 물론 '이건희 안경'이 포함된 삼성전자의 3D TV는 폭발적인 인기를 끄는 결과를 가져왔다.

이렇게 'CES 2010' 행사장 곳곳을 누빈 이 회장은 가족들과 함께 다음 현지 일정을 위해 이동했다.

특히 이 회장이 'CES 2010' 행사장을 찾은 시점은 이 회장의 68번째 생일과 맞물렸다. 이 회장이 해외 호텔에서 생일을 맞이하기는 이례적인 일이었다.

삼성 오너 일가는 'CES 2010' 기간에 미국 라스베이거스에서 조촐한 생일 축하 시간을 가지면서 웃음꽃을 피웠다. 삼성가에서 웃음소리를 들은 게 얼마 만일까. 그간 삼성가는 내우외환으로 끊임없는 어둠의 터널을 지나야 했다. 한마디로 웃을 일이 없던 삼성가에 오랜만에 '봄'이 찾아온 것이다. 이 회장은 이렇게 찾아온 '삼성가의 봄'을 사랑하는 가족과 함께 맞이하면서 자애로운 아버지의 모습을 대외에 보여줬다.

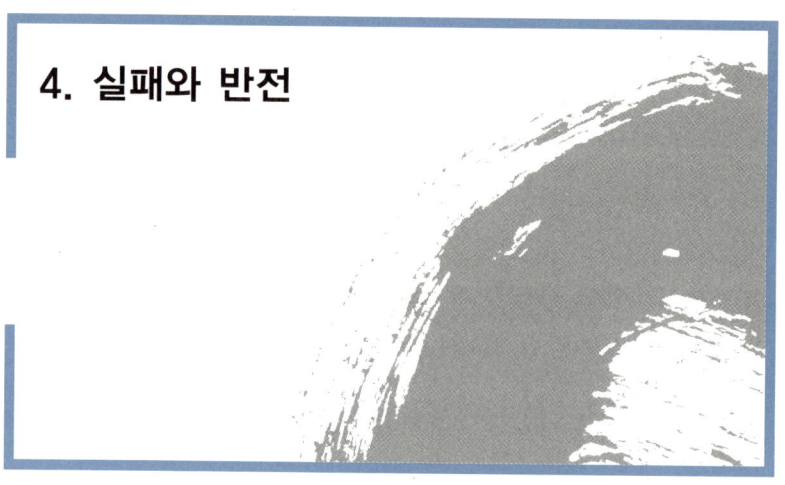

4. 실패와 반전

1936년 사업투신을 결심하고 부친으로부터 사업자금으로 논 300석의 재산을 받아 마산에서 협동정미소를 창업한 호암 이병철은 1987년 영면하기까지 50년이 넘는 인생을 오직 사업에만 전념하였다. 이 과정에서 호암은 무수한 위기를 거쳤다. 일부 사업은 끝내 이루지 못하고 포기하기도 하였지만 호암은 결코 좌절하지 않고 끈질기게 사업의 성공을 위하여 노력을 기울였다.

1936년, 오랫동안의 방황 끝에 사업에 투신하기로 결심한 호암은 부친에게 자신의 의지를 알렸다. 그러자 부친은 두말없이 아들의 결심을 인정해 주었다.

"마침 너의 몫으로 연 수익 300석쯤의 재산을 나누어 주려던 참이다. 스스로 납득이 가는 일이라면 결단을 내려 보는 것도 좋다."

당시 300석이라면 먹고 살기에는 넉넉하지만 사업자금으로는 부족한 정도였다. 많지는 않았지만 호암은 사업에 착수하기 위해 사전 조사에 나섰다.

서울을 근거지로 하면 업종 선택도 폭이 넓고 친구들도 있어 쉬울 것 같지만 서울에서 사업을 하기에는 자금이 부족했다. 대구, 부산, 평양에서 사업을 하는 것도 알아보았지만 이 세 도시에서는 이미 일본인들이 상권을 차지하고 있어 호암의 자금력으로는 끼어들 여지가 없었다. 이런저런 이유로 호암은 고향과 가까운 마산에서 사업을 하기로 결심했다.

지금의 마산은 대규모 공업도시이지만 당시에는 물 맑고 기후가 온화한 아담한 항구도시였다. 그리고 마산은 경남 일대의 농산물이 모이는 집산지이기도 했다. 수백만 석의 쌀이 마산으로 모였다가 다시 일본으로 실려 나갔다. 만주에서 수입된 대두, 고량 등도 움직임이 제법 컸다. 그런 탓에 도정료를 선불하고도 상당 기간 차례를 기다리는 것이 예사였다. 정미소의 빈터에는 도정을 기다리는 벼 가마니가 산더미를 이룰 정도였다.

호암은 마산에서 가장 큰 규모의 정미소를 차리면 성공할 것으로 확신하고 집안끼리 알고 지내던 합천의 정현용과 박정원을 만나 공동사업을 제의했다. 때마침 두 사람도 사업을 하기로 결심해 세 사람은 각각 1만 원씩 출자하기로 했다. 호암이 굳이 동업을 한 것은 자금 부족 때문만은 아니었다. 일본인은 늘 조선 사람이 단결력이 없다고 무시했고, 호암은 그런 멸시를 보기 좋게 꺾어 보고 싶었던 것이다.

그리하여 1936년 봄 '협동정미소(協同精米所)'가 탄생했다. 이 상호

속에는 합심협동(合心協同)한다는 호암의 결의가 담겨 있었다. 당시 호암의 나이 26세의 일이다.

협동정미소를 운영하면서 호암은 은행 융자를 얻기 위해 한국산업은행의 전신인 식산은행(殖産銀行) 마산지점에서 히라다(平田)라는 일본인 지점장을 찾았다. 호암의 담보는 충분했고 사업계획도 전혀 문제가 없었다. 그러나 히라다 지점장은 이것저것 꼬치꼬치 질문을 했다. 곡물가격이 변동하고 있는 원인은 무엇인지, 일본 곡물시장의 동향은 어떻게 보는지 등등. 그의 말투는 부드러웠지만 그 속에는 조선인을 무시하는 듯한 감정이 전달되었다. 그러나 호암은 이런 불쾌함을 참고 성실하게 대답해 융자를 받는데 성공했다. 호암의 사업력을 보여준 첫 번째 사선이었다. 히라다 지점장 역시 이 같은 호암의 태도에 반해 그 후 호암을 전폭적으로 신뢰해 사업을 적극 뒷받침하는데 도움이 되었다.

호암이 정미사업을 시작한 1936년은 정국이 어지러웠던 때였다. 일본이 대륙 침공의 도화선에 불을 댕겼던, 이른바 만주사변이 발발한 지 4년째 되는 해였고 중일전쟁을 거쳐 태평양전쟁으로 줄달음치기 시작한 무렵이기도 했다. 정세가 불안해지면서 경제에도 영향을 주기 시작했다. 당시 국민경제에 가장 큰 영향을 주고 있었던 곡물가격 변동 추이를 보자. 1926년에는 쌀 한 섬에 33원 67전이었으나 쌀값이 폭락해 1933년에는 20원 56전을 기록했다. 1926년을 100으로 보았을 때 1933년에는 61을 기록한 것이다. 게다가 한국의 미곡거래소는 마산에서 멀리 떨어져 있는 인천에 있었다. 당시 통신이나 방송이 전무하다시피 한 상황에서 시시각각으로 급변하는 곡물가격을 마산에 있는 호암이 정확히 파악하는 것은 불가능했다.

　이런 상황에서 호암의 도정사업은 한계에 부딪치게 되었다. 1년 동안 자본금의 3분의 2를 날리게 된 것이다. 동업자인 박정원은 사업을 그만두자고 제의했다. 그러나 호암은 일단 시작한 이상 다소의 풍파 때문에 좌절해서는 안된다며 만류했다. 또 다른 동업자인 정현용 역시 호암과 의견이 같았다. 그리하여 세 사람은 앞으로 1년간 더 정미소를 운영해 보고 역시 적자가 나면 박정원의 출자금을 그대로 반환해 주기로 했다.

　당시 위기감을 느낀 호암은 손해난 원인을 분석하기 시작했다. 그 결과 군중심리에 따라 쌀값이 오를 때 사고 내릴 때 팔고 있었다는 점이 발견됐다. 마치 오늘날 주식시장의 '개미'들처럼 주가가 폭락하면 주식을 팔고 급등하면 꼭대기에서 매입해 결국 돈만 날리는 셈이었던 것이다. 호암은 지금까지와 반대로 시세가 올라갈 때 팔고 내려갈 때 사 보았다. 이것은 말처럼 쉽지만은 않다. 이상적인 거래방식이지만 모두가 이렇게 한다면 아무도 손해 보는 사람이 없을 것이다. 그렇기 때문에 가격이 오를 때 팔고 내릴 때 사는 타이밍 결정이 쉽지 않았다. 그러나 호암은 과도한 욕심을 버리고 추세를 보며 과거와 반대의 작전을 펼쳤다.

　이와 함께 호암은 정미소의 운영 합리화에도 박차를 가했다. 당시 정미소에서는 200여 명이 작업에 종사했는데 업무 체계가 잡혀 있지 않아 바쁜 것처럼 보이기만 했지, 실제로 효율은 떨어졌다. 언뜻 보면 매우 바빠서 사업이 번성하고 있는 것처럼 보이지만 어수선한 분위기만 조성됐다. 호암은 이런 업무체계를 다잡았다. 각각의 업무 진행과정에 맞추어 임무를 분담해 줬다.

이 같은 노력의 결과는 대성공이었다. 그 다음 해 결산에서 3만 원의 원래 출자금을 제외하고도 2만 원의 이익을 본 것이다.
　정미소로 사업에 자신감이 붙은 호암은 마침 일본인이 경영하던 마산일출자동차회사가 매물로 나오자 이 회사를 인수했다. 정미소 사업을 하다보니 운송에 대한 문제가 대두되었던 것이다. 자동차회사를 인수하면 운송수단을 확보하지 못해 겪었던 어려움을 해결할 수 있을 뿐만 아니라 다른 상인들의 운송 물량도 확보할 수 있을 것이란 판단도 들었다. 당시 마산일출자동차회사는 10대의 트럭을 보유하고 있었으며 호암은 여기에 새 차 10대를 더 구매해 트럭 20대를 보유한 운송회사로 만들었다. 당시의 자동차 한 대 값은 요즘의 비행기 한 대 값과 맞먹는 정도였으니 호암이 사업을 시작하는 규모가 남들과 달랐다는 점을 이때부터 알 수 있다.
　호암은 정미소와 여기서 나온 곡물을 운송할 수 있는 운수사업이 궤도에 오르자 이번에는 토지를 매입하기 시작했다. 그는 면밀한 수지계산서를 첨부하여 식산은행 마산지점의 히라다 지점장을 만났다. 히라다 지점장은 토지를 담보로 감정가격의 80%까지 융자를 할 수 있고 이자는 7.3%라고 제시했다. 호암은 이 같은 조건으로 땅을 물색하던 중 김해평야 40만 평의 논을 처분하려는 일본인이 있다는 말을 듣고 바로 달려가 계약을 체결했다. 호암은 그 일본인에게 착수금으로 1만 원을 지불했다. 열흘쯤 지난 뒤 히라다 지점장으로부터 연락이 왔다. 잔금 9만 원을 이미 땅 주인에게 지불했고, 그러고도 2만 원이 남아 호암의 계좌에 넣어 두었다는 것이다. 이때 호암이 산 논은 평당 25전으로, 40만 평이니까 총액은 10만 원이 된다. 호암은 1만 원의 착수금을 이미 지불했으니 은행에서 9

만 원을 빌릴 작정이었다. 그런데 은행에서는 그 논을 감정한 결과 총 11만 원을 융자할 수 있다는 계산이 나왔다. 매입 대금을 은행 융자로 전액 지불하고도 오히려 돈이 남게 된 것이다. 호암은 깜짝 놀랐다. 잘만 하면 거부가 될 수도 있을 것으로 생각했다. 그리하여 호암은 은행 융자를 통해 인근의 땅을 매입하기 시작했다. 이 같은 토지 투자 사업은 순조롭게 진행되어 1년 후 호암은 200만 평의 대지주가 되어 있었다.

그러나 갑자기 재난이 닥쳐왔다. 어느 날 식산은행에서 일체의 대출을 중단한다는 통보가 온 것이다. 1937년 7월 중국의 루거우차오(蘆溝橋) 사건이 일어나 중일전쟁으로 확대되면서 일본 정부가 비상조치를 내린 영향이다. 전적으로 은행 융자에 의지했던 호암의 토지투자는 이미 호암의 능력 밖에 있게 되었다. 돈줄이 막힌 호암은 결국 200만 평의 땅을 시세보다 싸게 팔고도 부채를 해결할 수 없어 정미소와 운수회사까지 남에게 넘겨 부채를 청산할 수밖에 없게 되었다. 모든 빚을 청산하고 난 뒤 남은 것은 전답 10만 평과 현금 2만 원이었다. 이 현금은 공동 출자자와 함께 청산했다. 결국 호암에게는 현금 1만 원만 남게 되었다. 1만 원으로 협동정미소를 시작했으니 다시 원점으로 돌아온 것이다.

호암은 이 일을 겪은 후 어린 시절 서당에서 배웠던 선인들의 가르침을 마음 깊이 되새겼다.

'삼리(三利)가 있으면 반드시 삼해(三害)가 있다.'

'교만한 자치고 망하지 않은 자 아직 없다.'

또한 호암은 '경영(經營)'이란 말의 의미도 비로소 이해하게 되었다. 경(經)은 밧줄, 또는 노끈, 날실을 의미하는 것이다. 즉, 똑바로 밧줄을 쳐

둔다는 의미다. 영(營)은 그렇게 쳐놓은 밧줄 주위를 감싼다는 의미다. 결국 경영이란 새로운 집을 세우거나 길을 닦을 때에 미리 실시하는 계측, 영역확인, 계획인 것이다. 경영에서 가장 필요한 것은 사전조사와 계획이라는 의미다.

동시에 호암은 이 첫 실패를 통해 사업은 반드시 시기와 정세에 맞추어야 한다는 사실을 깨달았다. 처음으로 호암에게 사업의 철학이 생긴 것이다.

후일 호암은 그의 자서전을 통해 "사업을 할 때는 첫째, 국내외 정세의 변동을 적확(的確)하게 통찰해야 하며 둘째, 무모한 과욕을 버리고 자기 능력과 그 한계를 냉철하게 판단해야 하고 셋째, 요행을 바라는 투기는 절대로 피해야 하며 넷째, 직관력의 연마를 중시하는 한편 제2, 제3의 대비책을 미리 강구해 놓아 대세가 기울어 실패라는 판단이 서면 미련 없이 깨끗이 청산하고 차선의 길을 선택해야 한다는 것을 깨달았다"고 회상했다.

이 실패는 향후 호암의 인생에 커다란 시금석이 되었다. 비록 첫 사업에서는 실패했지만 오히려 인생에 커다란 교훈을 얻게 된 것이다.

호암에게 실패는 또 찾아왔다. 그가 끝내 이루지 못한 비료사업이었다.

1960년대로 들어서면서 대한민국은 소비재산업에서 한 단계 도약해 본격적인 발전을 할 수 있는 환경이 조성되었다. 호암은 우리나라가 발전하기 위해서는 무엇보다 농업이 발전해야 한다고 생각했다. 당시까지만 해도 우리나라는 여전히 농업을 비롯한 1차 산업의 비중이 컸으며 대다수의 비료를 해외에서 수입하는 바람에 외화 손실이 컸다.

1960년 초 호암은 한국에 비료공장을 건설하기로 결심을 하고 이승만 대통령을 만났다. 호암이 사업상 대통령을 찾기는 처음이었다. 이 대통령을 만난 호암은 비료공장 건설에 관한 계획과 기본구상을 다음과 같이 말했다.

"우리나라에서도 점차 근대산업이 일어나고 있지만, 아직도 많은 물자를 국산화하지 못하고 수입에 막대한 외화를 소비하고 있습니다. 지금 우리 기업가가 해야 할 일은 수입대체산업을 하나라도 더 진흥시켜 달러를 절약하는 일입니다. 그래서 비료공장을 세우고자 합니다. 단일 수입 품목으로는 지금 가장 많이 외화를 쓰고 있는 것이 비료입니다."

호암은 우리나라가 비료를 자급자족하려면 4,000~5,000만 달러를 투자하는 국제적인 수준의 현대적인 대규모 공장을 여러 개 건설할 필요가 있다고 역설했다.

이 대통령은 깜짝 놀란 눈치였으나 호암이 유럽에서 차관을 도입하겠다고 하자 차관계획을 선뜻 승낙해 주었다.

이 대통령의 재가로 호암은 그 해 2월 1일 유럽 방문길에 올랐다. 호암은 서독의 경제차관과 만나 비료공장 건설을 위한 서독 정부의 적극적인 협조를 약속 받았다. 또 크루프 본사를 찾아 부사장에게 연간 생산량 30만 톤 규모의 비료공장 건설을 위한 차관협조를 요청했다. 그 역시 선뜻 승낙해 주었다. 크루프의 부사장은 "서독과 한국은 똑같이 민족분단의 비운을 겪고 있습니다. 반공의 입장도 같습니다. 그 반공의 원동력은 경제적 번영에 있다고 믿고 있지만, 서독 한 나라나 선진국 몇 나라의 번영만으로는 자유진영을 지킬 수 없습니다. 개발도상의 여러 자유국가가 함께 번영할 수 있어야 공산침략을 막을 수 있습니다. 다행히 서독은 80억 달러가 넘는 외화를 보유하고 있습니다. 이 돈을 은행에 잠재워 두느니 자유우방의 경제발전에 이바지할 수 있다면, 이보다 더 의의 있는 일이 또 있겠습니까"라고 말하였다.

이 말에 감명 받은 호암은 한 달 안에 사업계획서를 보내주기로 약속하고 상담을 끝냈다. 다음으로 호암은 이탈리아로 떠났다. 이탈리아 몬테카티니 비료회사는 유럽 각처에 화학공장, 비료공장, 발전소, 광산 등 100여 개의 사업체를 거느린 국제적인 대재벌이었다. 호암은 비료공장 건설계획을 설명하고 차관을 요청했다. 이곳에서도 몬테카티니 측은 호암의 요청을 선뜻 수락하며 가급적 빨리 사업계획서와 수지예산서, 은행 지불보증서를 보내달라고 했다.

이처럼 비료공장 건설을 위한 준비가 해외에서 술술 풀리고 있을 때 한국에서 대규모 학생데모가 발생했다는 소식이 전해졌다. 4·19가 일어났고 불과 몇 달 전 비료공장을 직접 재가했던 이 대통령이 하야했다는 사실을 파리의 정일권 대사로부터 전해 들었다. 호암의 가장 큰 걱정은 모처럼 건설의 실마리가 풀리기 시작한 비료공장 계획이 수포로 돌아가지 않을까 하는 것이었다.

고민에 빠진 호암은 바로 귀국할까 생각했지만 당초 계획대로 미국에 가기로 했다. 미국에서의 차관교섭이 남아 있었기 때문이다. 그러나 미국 상무성과 세계은행 부총재의 반응은 냉담했다. 한국은 지금 4·19로 사회가 혼란하고 자원도 없어 상환능력이 불투명하다는 것이 이유였다. 호암은 세계은행의 본분이 자원 없는 나라가 아니냐며 차관을 요구했으나 거절당했다.

    호암은 총선거 전날인 7월 26일 귀국했으나 얼마 지나지 않아 날벼락 같은 소식이 들려왔다. 삼성 산하의 15개 전 사업체가 모두 탈세혐의를 받게 되었다는 것이다. 호암은 난생 처음 검찰에 출두했다. 검찰에서는 그 동안 탈세로 모은 재산이 얼마인지, 왜 탈세했는지 등을 취조했다.

    호암은 당시 검사에게 소신을 갖고 답했다. 전쟁 당시의 세제가 불합리하다는 것을 논리적으로 설명했다. 당시의 세제는 전시의 세제가 개정되지 않고 그대로 유지되어 있었다. 법인세, 사업소득세, 물품세 등에다 영업세, 부가제세까지 합치면 세율이 수익의 120%에 이르게 되는 구조였다. 호암은 이런 상황에서 기업을 하면 어느 누구라도 탈세를 할 수밖에 없는 구조임을 강조했다.

    검찰도 이 같은 법 구조적 문제를 감안, 삼성을 포함해 당시 탈세혐의를 받은 50여 개 사에 대해 벌금이 아닌 추징금으로 200억 환을 내라는 처분을 내렸다. 삼성 관계사는 6개 업체이며 추징금은 50여 억 환이었다.

    호암은 간부들과 상의 끝에 추징금을 내기로 하였다. 당시에는 해방 이후부터 매점매속, 일본 귀속재산 불하, 정치권력과의 결탁 등으로 졸부가 된 사람도 있고 은행돈으로 손쉽게 사업가가 되어 기업은 파산 직전에 있으면서 애국적인 기업가인 척하는 사람도 있었다. 이런 상황에서 정부가 우량한 기업과 그렇지 않은 기업을 구분하지 못해 일괄적으로 추징금을 내렸지만 삼성이 여기에 동요하면 국가를 위한 길이 아니라는 판단에서였다.

    이런 상황에서 김영선 재무부 장관이 호암을 찾아왔다. 호암이 서독과 이탈리아에서 비료공장 차관교섭을 성사시켰다는 것을 들은 것이다. 김 장관은 호암에게 비료공장 건설을 추진해 줄 것을 당부했다. 그러나 호암은 "현재 부정축재자라는 낙인이 찍힌 몸입니다. 아무리 나라를 위해서라지만 그런 공장을 세울 재력도 없고 기력도 없습니다"라며 완곡히 거절했다. 사업보국이란 뜻을 품고 국가를 위해 사업을 해왔던 호암으로서는 부정축재자라는 낙인이 억울하고 괴로웠던 것이다.

그러나 호암은 비료공장 자체가 중단되면 국가에 큰 손실이라고 생각하고 비료공장과 관계된 일체의 서류는 김영선 장관에게 넘겨주었다. 비록 삼성이 하지 않더라도 우리나라의 발전을 위해서는 누군가가 비료공장을 건설해야 한다는 것이 호암의 생각이었다. 그러나 이 서류는 후일 행방불명되고 말았다. 호암이 그토록 공을 들여 만들었던 비료공장의 계획 자체가 없어진 것이었다. 호암은 생각을 정리하기 위해 도쿄로 가면서 청운(青雲) 김상헌(金尙憲)이 읊었다는 시조를 떠올렸다.

'가노라 삼각산아, 다시 보자 한강수야. 고국산천을 떠나고자 하랴마는 시절이 하 수상하니 올동말동 하여라.'

호암이 도쿄에 머물던 1961년 5월 16일은 한국에 군사쿠데타가 발생하던 해였다. 당시 일본의 한 호텔에 머물던 호암은 혁명정부로부터 온 청년들로부터 당장 귀국하는 편이 신상에 이로울 것이라는 협박을 받게 된다. 서울에서 경제인 11명이 부정축재 혐의로 구속되었는데 그 중 한 사람이 "부정축재 1호(호암 이병철을 의미함)는 도쿄에 있는데, 우리 조무래기들만 체포하는 것은 불공평하다"는 말을 했다는 게 신문에 알려지면서 혁명정부가 호암을 불러오기 위한 것이었다.

호암은 당당하게 귀국하기로 하였다. 그리고 기업인들을 부정축재자나 죄인처럼 보는 시각을 바로 잡기 위해 당시 국가재건최고회의 이주일 장군 앞으로 서한을 보냈다. 물론 기업인들 가운데 부정한 방법으로 부를 쌓은 사람들도 있지만 모든 기업인들이 마치 부정축재자인 것처럼 보이는 것은 바로 잡아야 한다는 소신 때문이었다. 다음은 호암의 서한 내용이다.

"부정축재자를 처벌한다는 혁명정부 방침 그 자체에는 이의가 없습니다. 그러나 백해무익한 악덕 기업인들과, 변칙적이고 불합리한 세제 하에서도 국가경제 재건에 기여하면서 국민에게 일자리를 주어 생활을 안정시키고 세금을 납부하여 국가운영을 뒷받침해온 기업들은 엄격히 구별되어야 한다고 생각합니다. 염려하는 바는 오직 오늘날 혼란의 원인은 국민의 빈곤에 있는데, 그것을 어떻게 제거하는가 하는 문제에 대해 달리 대안이 없다는 것입니다. 경제의 안정 없이 빈곤을 추방할 수는 없습니다. 경제인을 처벌하여 경제활동이 위축된다면, 빈곤추방이라는 소기의 목적에 오히려 역행하는 결과가 되고 말 것입니다. 이것은 나를 비롯한 많은 기업인들의 처벌을 모면하기 위한 궤변이 결코 아닙니다. 나는 전 재산을 헌납하는 한이 있더라도, 그것이 국민의 빈곤을 해결하는 방법이 된다면 다행이라고 생각하는 바입니다."

이 같은 호암의 편지는 6월 11일 한국의 신문에 알려졌고 그 진의 여부를 확인하기 위한 일본의 언론사 기자 수십 명이 호암을 번갈아 찾아왔다. 호암은 귀국을 앞둔 6월 24일 오전 10시 테이코쿠호텔에서 AP, UPI 등의 기자들과 회견을 하며 소신을 다시 밝혔다.

"타의가 아닌 본의에서 나온 일입니다. 빈곤 제거를 위해서 전 재산을 국가에 헌납할 용의가 있습니다. 귀국하는 대로 이에 필요한 절차를 밟고 정부의 조치를 기다리겠습니다."

그리고 호암은 6월 26일 귀국했다. 공항에 내린 그는 혁명정부에서 온 한 청년과 함께 지프를 타고 칠흑같은 밤거리를 달려 서울 시내 한복판에 위치한 명동 메트로호텔에 갔다. 그 이튿날 호암은 다시 그 청년과 함께 시내 모처로 옮겼다. 그곳에서 호암은 군인 몇 사람과 함께 강직한 인상의 검은 안경을 쓴 사람을 만났다. 그가 5·16 군사쿠데타의 주역인 박정희라는 것을 알아차렸다.

박정희 국가재건최고회의 부의장이 먼저 인사를 건넸다.

"언제 돌아오셨습니까? 고생은 되지 않았습니까?"

강단 있지만 부드러운 그의 말을 듣자 비로소 호암은 안도감을 느꼈다. 그리고 자신의 소신을 솔직하게 털어놓았다. 부정축재자로 지칭되는 기업인들은 아무런 죄가 없으며 수익을 훨씬 넘는 세금을 징수할 수 있는 전시 비상사태의 세법이 계속 유지되고 있는 것이 문제라는 점을 논리적으로 설명했다. 그리고 11명의 기업인들만 부정축재자로 구속했지만 같은 법을 적용하면 모든 기업인들이 다 부정축재자라는 설명도 했다. 11위까지만 법으로 처벌하고 12위부터는 법으로 처벌하지 않는 법 적용 자체도 불공평하다고 지적했다. 그리고 무엇보다, 기업인들을 범법자로 만드는 세법을 고쳐야 우리나라가 자유로운 경쟁 환경에서 시장경제 활동이 살아날 수 있다는 소신도 밝혔다.

박정희와 만난 뒤 8월 12일, 혁명정부는 부정축재에 대한 추징 벌과금을 기업별로 통고하였다. 27개 기업주에게 378억 800만 환이 부과되었는데 삼성은 103억 400만 환으로 전체의 27%를 차지하였다. 그러나 부정축재에 대한 문제가 일단 매듭지어져 호암은 오히려 홀가분하게 생각했다. 당시 부정축재자를 놓고 정치문제화 되었기 때문에 법을 집행해야 하지만 법 자체가 현실과 동떨어진 채 기업인들에게 너무 가혹하다는 여론이 있었기 때문에 부정축재 문제는 그렇게 일단 해결된 것이다.

1961년 8월 16일, 호암은 전국경제인연합회의 전신인 한국 경제인협회의 초대 회장으로 선임되었다. 한국 경제인협회는 혁명정부의 제1차 경제개발계획에 대응하기 위해 경제인들의 조직체로, 이후에는 경제계의 대정부 창구역할을 담당하게 된다. 초대 협회장에 추대된 호암은 경제인들과 함께 국가경제를 발전시키기 위한 기간사업이 어떤 게 있는지를 논의하여 정유, 제철, 시멘트, 비료, 나일론, 합성수지, 전기기관, 케이블 등의 공장이 필요하다는 결론을 내리고 이를 국가재건최고회의에 보냈다. 최고회의는 경제인들의 제안에 따라 투자명령을 전달했으며 호암은 이 중 비료를 담당하기로 했다. 서독의 크루프, 이탈리아의 몬테카티니와의 차관도입 교섭을 성사시키고도 4·19와 5·16이라는 두 번의 커다란 정치적 변혁으로 좌절됐던 비료사업에 대한 그의 도전이 다시 시작된 것이다.

호암은 1961년 9월 초, 남궁연 경협 부회장과 함께 미국을 방문해 샌프란시스코 국제산업회의에 참석했다. 이 회의는 세계 80여 개 국가에서 150여 명의 기업인들이 모여 자유기업의 국제적 연대와 상호협조에 의한 경제발전의 촉진을 토의하기 위해 마련된 자리였다. 그러나 호암의 목적은 다른 데 있었다. 한국의 경제인 대표로서 정유와 비료공장 건설을 위한 투자유치를 교섭하려는 것이었다. 그는 미국의 여러 기업인들을 만나 한국에 적극적인 투자를 요청했다. 그의 노력은 그 해 11월 다시 미국을 방문하면서 이어졌다. 이번에는 워싱턴에서 미국 정부와 경제인들을 만나 차관공여나 투자협력을 요청한 것이었다. 이 여행에서 호암은 구체적인 도입계약을 체결하지는 못했다. 그러나 미국의 유력한 기업인 걸프(Gulf) 등 몇몇 기업의 계획서는 가지고 왔다. 걸프는 이후 울산 정유에 대담한 투자를 하게 된다.

호암은 기간산업을 세우기에 앞서 우선 대규모 공업단지를 조성하는 작업에 착수했다. 각종 공장을 유기적으로 한 곳에 모으면 공장 건설이나 운영에 훨씬 능률적이고 경제적이라는 판단에서였다. 일부에서는 "굳이 번거롭게 단지를 조성할 필요가 없다"는 부정적인 시각도 있었지만 호암은 울산에 현지조사까지 벌여 울산공업단지 계획을 최고회의에 제출했다. 일부 각료들마저 공업단지 건설에 부정적인 견해를 밝혔지만 다행히 그 계획은 그대로 채택되었다.

울산공업단지 조성이 확정되자 호암은 다시 비료공장 건설에 매진했다. 그는 일본, 미국, 서독 등으로부터 대형 플랜트 사업자들의 계획서를 면밀히 검토한 뒤 일본 신호제강(新戶製鋼)의 계획을 채택했다. 그러나 이 계획도 결실을 보지 못했다. 외자 5,500만 달러에 내자 50억 환을 투자하여 연간 30만 톤의 비료를 생산하는 대규모 최신공장을 건설한다는 계획이 너무도 어마어마하여 정부가 계획을 중단한 것이었다. 일부 다른 기간산업의 건설도 중단되었다. 이처럼 일관성 없는 정부의 정책으로 뜻하는 일이 제대로 풀리지 않은 데다 과로까지 겹치자 호암은 1년 임기만 채우고 한국 경제인협회장직을 사임했다. 이것이 호암으로서는 처음이자 마지막 공직이기도 했다.

1962년 6월 9일, 정부는 전격적으로 제2차 통화개혁을 단행한다. 혁명정부는 통화의 호칭을 환에서 원으로 바꾸고 10대 1의 평가절하를 단행했다. 당시의 통화개혁으로 금융사정은 악화됐다. 게다가 흉작까지 겹쳐 산업 활동은 또다시 황폐해졌다. 1963년에는 외화사정도 악화돼 원자재 수입까지 정부로부터 통제를 받게 되었다.

이 시점에서 호암은 잠시 고민에 잠겼다. 정치는 어지럽고 경제는 불안하다. 사회는 혼란스럽다. 이런 상황에서 사회분위기는 윤리와 도덕심을 마비시키고 무고한 사람을 중상하고 경제인을 시기하는 풍조를 조성하고 있었다.

그러나 이러한 고민도 호암의 도전정신을 꺾지는 못하였다. 농촌 태생인 호암은 비료가 모자라 고생하는 모습을 어려서부터 보아왔다. 농업의 생산성이 향상되려면 비료공장은 반드시 필요했다. 뿐만 아니라 비료의 자급이 이루어지면 거액의 외화도 절약할 수 있다. 이러한 생각을 지울 수는 없었다. 그리하여 호암은 1963년 10월의 선거에서 박정희 최고회의 의장이 대통령으로 당선되자 이듬해 박 대통령을 만났다. 그 자리에서 박 대통령은 정부의 적극적인 뒷받침을 위해 장기영 부총리 겸 경제기획원 장관을 불러 전폭적인 지지를 하라고 지시했다. 호암은 장 부총리에게 "연간 30만 톤 규모의 비료공장을 지으려면 첫째 정부 시책이 조령모개(朝令暮改)가 되어서는 안된다는 전제조건이 있어야 하고, 대외

교섭 등 모든 권한을 삼성에게 일임한다는 정부의 공식적인 약속이 필요하다"고 제안해 박 대통령에게까지 확답을 받았다.

이 같은 정부의 전폭적인 지원 아래 호암은 세 번째로 비료공장에 대한 도전을 하게 되었다. 호암은 우선 공장의 규모부터 검토했다. 주위에서는 25만 톤 규모로 시작하는 것이 좋겠다는 의견도 있었지만 호암은 우리나라 농작면적과 비료 사용량을 심층 검토한 끝에 적어도 10년 후의 수요동향을 예측하고 대규모로 짓기로 했다. 그래서 당시 30만 톤으로 세계 최대의 비료공장을 짓고 있던 소련보다 큰 33만 톤의 생산 공장을 짓겠다고 결심했다. 가격경쟁력을 갖추면 수출도 가능하기 때문이었다.

그러나 호암의 계획은 제3, 제4의 비료공장을 지원하고 있던 미국 대외원조국(United States Operation Mission, 유솜)에서 세계적인 공급과잉 현상이 발생하면 원리금 상환이 어렵다고 이의를 제기하면서 난관에 봉착하게 된다. 당시에는 미국 원조가 우리나라 경제에 큰 영향을 주고 있었기 때문에 유솜의 이의 제기로 비료공장 건설 사업이 커다란 위기를 맞게 된 것이다. 그러나 그 정도의 어려움에 굴복할 호암이 아니었다. 그는 유솜의 처장을 수십 번 만나 설득했다. 미국 대사와 참사관도 만나 협조를 요청했다. 정부도 유솜에 협력을 촉구했다. 어렵사리 비료사업에 착수하면서 만난 첫 번째 난관을 돌파한 것이다.

그러나 또 다른 난관이 그를 막고 있었다. 요소(尿素)비료에 필요한 암모니아를 생산할 수 있는 기술을 보유한 기업이 전 세계적으로 몇 개 없었기 때문이다. 호암은 어느 회사를 선택할지, 어느 회사의 생산설비를 도입해야 할지 고민하다가 외국에서 견적을 받아 검토한 뒤 일본으로 건너갔다. 그는 일본에서 마즈카미 미쓰이물산 사장, 이나야마 야타하제철 사장, 토시마 고베제강 사장 등을 초청하여 '정부가 삼성에 대규모 비료공장의 건설을 일임했다'는 문서와 각국의 견적서를 보여주며 일본 사업자들의 협력을 요청했다. 그 자리에서 이나야마 사장은 일본이 협력할 테니 일본에 맡겨달라고 간청했다.

문제는 이 소식이 일본에 알려지자 일본 비료업계가 강력하게 반발하게 된 것이었다. 한국은 일본 비료업계의 큰 시장인데 일본이 한국의 비료공장 건설을 지원하면 그 시장을 잃을 뿐더러 향후에는 해외시장에서 경쟁상대가 될 수도 있다는 것이었다. 심지어 일본 비료업계를 대표하여 쇼와전공의 안자이 사장이 호암을 찾아와 한국에 저렴한 가격으로 비료를 공급하겠다는 제안을 했다. 그러나 호암은 이를 한마디로 거절했다. 그러자 일본 비료업계 대표들이 차관을 주지 말라는 운동을 전개하였다.

그러나 전반적인 일본 재계는 비료업계와 달리 호의적이었다. 일본의 플랜트를 한국에 수출할 수 있었기 때문이다. 호암은 미쓰이물산, 미쓰비시상사, 고베제강 등 3사를 창구로 가격 및 차관조건을 협상하였다. 그리고 호암은 1964년 8월 20일, 마침내 플랜트 도입 및 차관에 대한 계약을 체결하였다.

계약서에 서명을 하면서 호암은 북받치는 감격을 누를 수 없었다. 어려서부터 눈에 익은 농민들의 고초를 덜어 줄 비료공장, 사업에 투신한 후 두 번이나 좌절되었던 비료공장, 그 비료공장이 비로소 실현될 단계에 이르렀기 때문이다. 사업의 규모 또한 우리나라 기업사상 신기원을 이룩할 것이었다.

조인식을 마치고 바로 서울로 돌아온 호암은 8월 27일 자본금 2억 원의 한국비료공업주식회사를 설립하고 사장에 취임했다. 호암은 어떤 일이 있어도 단기간에 공장을 완성할 결심이었다. 당연한 일이지만 공기가 짧을수록 건설비가 덜 들고 그만큼 비료의 원가가 저렴해진다. 33만 톤 규모의 비료공장 건설 소요기간은 약 40개월이 세계적인 표준이었다. 소련은 30만 톤 공장건설에 50개월의 공기를 예정하고 있었다. 한국비료는 18개월에 완성할 계획을 세웠다. 이례적이고 무모한 계획이었다. 호암 역시 기술적으로 무리가 따른다는 사실을 알고 있었다. 호암은 미쓰이물산의 미즈카미 사장에게 "공장은 18개월 내에 건설할 예정이며 전적으로 이 공기에 맞춰서 협력해 달라"고 부탁했다. 미즈카미 사장은 펄쩍 뛰면서 반대했지만 호암은 18개월 안에 공장건설을 마칠 예정이니 걱정하지 말고 협조해달라고 당부했다.

미쓰이물산과의 차관교섭을 매듭지은 호암은 일본 정부의 차관승인을 얻기 위한 교섭에 들어갔다. 당시 정식 국교를 맺지 않은 일본 입장에서는 초대형이라 할 수 있는 4,000만 달러가 넘는 차관을 얻어내는 일이 어려웠다. 그러나 호암은 그 동안 쌓아온 일본 정·재계 관계자들과의 우호로 호의적인 지원을 받을 수 있게 되었다. 그리고 일본의 니시야마 아시아국장이 실태조사차 내한했을 때 호암은 비료공장이 한·일 간의 우호증진에 크게 기여할 것이라고 누누이 설득해 차관승인을 받을 수 있게 되었다.

마침내 호암의 비료공장 건설은 시작되었다. 호암은 공장 부지를 울산에서 조성되고 있던 공업단지로 결정하고 단지 안에 35만 평의 용지를 구입했다. 이 단지는 호암이 경제인협회 초대회장으로 있을 때 정부에 건의하여 조성한 것이었다. 1965년 12월 10일, 드디어 공장부지의 정지 공사에 들어갔다. 한국비료 건설의 막이 오른 것이다.

현지 기공식에서 호암은 다음과 같은 인사말을 했다.

"우리나라의 비료문제에 대한 경제인으로서 본인의 관심과 비료공장 건설에 대한 기업인으로서의 사명감으로 일찍이 비료공장 건설을 결의한 바 있었지만 앞서는 4·19로, 최근엔 울산비료공업주식회사의 해산조치로 인하여 일단 좌절되었습니다. 그러나 우리 국민 중에 누가 해결하더라도 기어이 해결해야 할 국민적 과제이면서, 아무나 쉽사리 해결하기에는 너무나 거창한 과제였던 까닭에 미루어오던 이 사업을 위하여, 본인은 다시 한 번 헌신할 것을 굳게 결의하였습니다. 여기에 새로 세우려는 이 공장은 특정 개인의 것이라기보다는 농민을 비롯한 우리 국민 전체가 더 잘 살 수 있는 내일의 번영에 기여하기 위한 이 나라의 것이요, 우리 국민의 것임을 이해하고 인식해 줄 것을 간곡히 호소하는 바입니다."

1966년부터는 일본에서 기계류가 반입되기 시작했다. 한국비료에 필요한 기계는 약 30만 종에 중량은 18만 톤이나 되었다. 특히 암모니아탑은 중량이 200톤이나 되어 1만 5,000톤의 화물선을 전세 내어 일본에서 울산항까지 운반하였다. 그러나 하선이 불가능하여 새로 부두를 건설해야 했다. 부두에서 공장까지 운반하는 것도 쉽지 않아 만주에서 대규모 화물 운반에 경험이 있는 사람의 아이디어로 타이어 수백 개를 이은 롤러를 만들어 끌어가는 방법을 사용하기도 했다.

호암은 한국비료의 공장장 선임에 특별히 신경을 썼다. 큰 공장을 조속히 추진하려면 무엇보다 책임자가 중요하기 때문이다. 외국의 유학 경험이 있는 전문가를 채용할 것이란 외부의 예측과 달리 호암은 김재명을 정했다. 부산에서 제일제당 공장을 지을 때부터 늘 공장장으로서 공장건설을 앞장서 추진해온 사람이었다. 김재명은 호암의 기대대로 노무자들과 침식을 같이 하면서 불철주야 공사를 독려하여 공장을 단시일에 완공시켰다.

그렇게 한국비료 건설은 착공 1년 만에 윤곽이 잡혀갔다. 드디어 꿈에 그리던 비료공장의 완공이 막바지에 이른 것이다.

그러나 호암이 부푼 마음으로 일본에서 기계의 선적을 독려하고 있는데 느닷없이 서울에서 긴급연락이 날아왔다. 보세창고에 보관하던 OTSA라는 약품을 정부 허가 없이 시중에 매각하여 큰 소동이 일어났다는 것이다. 소위 말하는 '사카린 밀수사건'이 이것이었다.

호암은 당장 서울로 돌아왔다. OTSA는 요소비료의 제조공정 중 하나인 탄산가스의 흡수재생 과정에 쓰이는 것이었다. 그것이 보세창고의 수많은 자재들과 섞여 있다가 현장 사원의 부주의로 6톤(당시 5만 달러 상당)이 처분된 것이다.

이 사건은 생각보다 파장이 컸다. 한국 제일의 재벌이 밀수를 했다고 신문에선 연일 대서특필했으며 국회에서도 매일 이 문제를 거론했다. 처음엔 벌금으로 사건을 종결했던 검찰도 여론에 눌려 일사부재리의 원칙을 어겨가면서까지 수사에 나서 호암의 차남 창희(昌熙)를 비롯한 몇 사람의 삼성 사원을 구속하기에 이르렀다. 이 사건이 이토록 커진 이면에는 당시의 복잡한 정계 사정이 얽혀 있기도 했다. 호암은 끝내 이 문제에 대해 입을 다물었으나 이 사건이 있기 직전 당시 권력자 가운데 한 인물이 호암에게 '한국비료 주식의 30%를 증여하라' 는 요구가 있었고, 호암이 이에 응하지 않은 것으로 알려졌다.

이 사건으로 호암은 완전히 사면초가에 몰렸다. 차남까지 구속되고 여론은 매일매일 악화되었다. 그토록 꿈꾸던 비료공장에 대한 꿈이 조그마한 사건 하나 때문에 무너지는 순간이었다. 호암은 부친이 언제나 일러주던 '사필귀정(事必歸正)'의 뜻을 되새기며 마음의 평온을 잃지 않으려고 노력했다. 그러나 한국비료는 포기해야 했다. 누구의 강요도 없었다. 그리고 호암은 공장을 국가에 헌납하기로 결심했다. 누가 건설하여 운영하든 비료공장은 국가적 차원에서 필요한 것이었기 때문이다. 호암은 한국비료 반납을 공식 발표했다. 그러자 정부는 마치 기다렸다는 듯이 만족해 하면서 '완성 후에 헌납하라' 고 요구했다. 호암은 1966년 9월 16일을 살아생전 잊지 못했다. 그토록 꿈꿔왔던 숙원사업인 비료공장을 세 번째로, 그것도 이번에는 완성 직전에 포기할 수밖에 없었던 날이었기 때문이다.

비료공장을 포기했지만 호암은 '한국비료 건설은 나의 숙명이다' 라고 생각하고 공장 완공에 매진했다. 세상 사람들의 차가운 시선 속에서 사원들을 독려하고 작업을 계속 한다는 것은 참으로 힘든 일이었다. 그렇지만 호암은 이에 굴하지 않고 예전보다 더욱 자주 현장을 찾아갔다. 직원들이 동요하지 않고 일에 전념하기 위해서다.

마침내 한국비료는 1967년 1월부터 부분적인 시운전에 들어갔고, 3월에는 공장이 완공되어 정상가동에 들어갔다. 4월 20일 준공식에서 호암은 침통한 마음으로 준공기념사를 읽었다. 불가능한 일을 기어코 해내고야 말았다는 감동과, 그토록 꿈에 그리던 비료공장을 완공 직전에 포기해야만 한다는 슬픔이 교차했다. 공장이 준공되자 호암은 소유하고 있던 주식(전체의 51%)을 모두 정부에 기부하는 절차를 밟았다. 이렇게 한국비료 사건은 파란 많았던 호암의 생애에서 더할 나위 없이 쓰디쓴 아픔을 주고 말았다.

호암의 위기는 1970년대 초에도 있었다. 당시는 삼성이 한국비료 사건으로 고난의 시기를 간신히 벗어나 내부합리화를 실시하기 위한 준비에 나서고 있을 때였다. 국가적으로는 1967년의 제1회 한·일 정기 각료회의 개최에 의해 경제협력체제가 급속도로 전개되면서 자본과 기술에서의 협력이 결실을 맺어가던 시기였다. 제3차 경제개발 5개년계획이 발표되고 한국 경제는 소비재생산을 중심으로 삼던 산업구조에서 새로운 공업국가로 탈바꿈하는 단계를 맞이하고 있었다. 그 여력으로 중화학공업 시대에 비약하기 위해서는 조선, 기계, 화학공업의 기반을 구축해야 한다는 것이 호암의 생각이었다.

특히 당시의 조선업은 호황을 구가하고 있었다. 제2차 세계대전까지는 영국과 미국이 세계 조선업계의 패권을 쥐고 있었지만 1960년대 이후에는 일본, 스페인, 그리스가 패권을 이어받게 되었다. 조선업은 노동집약적인 산업으로 이행하는 단계에 있었고, 일본은 구미의 절반에 해당하는 임금과 기술력을 바탕으로 경쟁력을 강화하고 있었다. 게다가 1960년대부터 석유 사용량이 늘어나면서 유조선에 대한 수요가 급증하자 일본은 잇달아 새로운 기술을 개발하면서 세계 유조선 건조의 80%를 차지하기에 이르렀다.

　이런 움직임 속에서 호암도 조선 사업에 대한 진출을 결심했다. 당시 우리나라의 노임은 일본보다 3분의 1에 가까운 수준이었기 때문에 기술을 확보하게 되면 세계 시장에 진출할 수 있겠다는 전망이 나왔기 때문이다. 그러한 판단이 서자 호암은 즉시 실천에 옮겼다. 1973년 5월부터 일본의 대형 유조선 건조회사인 이시카와지마 하리마 중공업(IHI)의 다구치 회장을 만나 도움을 요청했다. 몇 차례의 협의 끝에 호암은 한일 합작을 통해 조선회사를 설립하기로 결심했다.

　그러나 이 해 9월에 개최된 석유개발기구(OPEC) 11개국의 회의에서 원유 가격 대폭 상승이 결의되었다. 아울러 서유럽 국가들이 소유하고 있던 석유회사의 국유화도 단행한다는 발표가 뒤따랐다. 이어 10월 16일에는 원유가격을 일제히 17% 인상한다는 내용이 발표되었고, 이틀 후인 18일에는 사우디아라비아가 미국에 대해 석유전쟁을 벌이겠다는 선전포고를 했다. 이른바 '오일쇼크'의 시작이었다.

　호암은 이런 일련의 사태를 상상조차 할 수 없었다. 게다가 오일쇼크가 처음 발생했을 때에는 그렇게 심각하게 받아들이지도 않았다. 물론 IHI의 다구치 회장과 협의를 벌이는 자리에서도 원유가격 인상에 따른 원유수송량 감소나 유조선 발주 감소 등은 예상했지만 합작회사 설립에 커다란 영향을 줄 정도는 아니었다. 호암은 1974년 5월, 경제기획원으로부터 조선소 건설을 위한 합작투자 인가를 받았는데 오일쇼크의 여파가 갈수록 심해지더니 결국 세계 경제를 불황의 늪으로 밀어 넣은 것이다.

이런 시기에 조선소를 건설한다는 것은 무모한 행위였다. 조선 사업을 통해 한국 경제를 또 한 차례 발전시키려 했던 호암이 '암초'를 만난 것이다. 그는 지금과 같은 상황에서 조선소를 건설한다는 것은 채산성이 없을 뿐더러 오히려 국가경제에 해를 끼칠 수 있다고 보고 일시적인 중단을 결정하기에 이른다.

호암은 언론사업에서도 위기를 겪게 된다. 그는 1963년 2월 동양TV방송(TBC)을 설립하고 전문경영인을 사장과 경영진으로 영입했다. 그 해 6월에는 라디오서울을 인천에 설립했다. 또 12월에는 시흥군 서면의 라디오송신탑을 준공하며 방송사업을 차근차근 진행해갔다. 그리고 마침내 1964년 5월 9일 개국을 했다. 이 해 가을, 호암의 절친한 벗이자 사돈이기도 한 홍진기가 사장으로 취임했다. 방송사업 역시 호암의 경영원칙에 따라 홍 사장에게 전적으로 맡겼다. 특히 그 당시 호암은 한국비료 공장 건설에 매진하고 있었던 시기여서 삼성이 방송사업에 관심을 가졌다기보다는 사회의 '도의'를 세우고 '목탁' 기능을 하기 위해 방송사업에 진출했던 것으로 풀이된다.

호암이 1965년 3월 17일 중앙일보사를 설립하고 사장으로 취임한 뒤 9월 22일 창간호를 발행했을 당시 취임사를 통해 그가 왜 언론사업에 진출했는지를 엿볼 수 있다.

"정신생활의 부정적인 측면이나 사회윤리의 타락이 위기적 상황을 초래하고 있는 것이 오늘의 실정입니다. 여기에 사회의 기풍을 발전의 방향으로 진작시키고 인간의 존엄성과 사회의 공정성에 대한 인식이 눈을 뜨게 함과 동시에 창조와 생산의 풍토를 형성하는 선구자로 만드는 것이

1965년 9월 22일 중앙일보 창간호를 읽고 있는 호암 이병철. 호암은 사업으로 경제와 사회를 번영시키려 했을 뿐 아니라 정신문화의 발전을 위해 중앙일보를 창간했다.

바로 중앙일보의 창간정신입니다."

동양TV방송 역시 이와 같은 맥락에서 국민들에게 건전한 풍토를 조성하기 위해 설립한 것이다. 동양TV방송은 1964년부터 서울과 부산에서 TV 전파를 쏘며 순탄한 길을 걸었다.

그러나 호암의 언론사업 역시 의외의 곳에서 위기를 맞게 된다. 6·25전쟁과 4·19혁명, 5·16 군사쿠데타 등 격변기에 사업을 전개한 호암이 거의 모든 정치적 변혁기에 외풍을 만난 것처럼 동양TV방송은 1979년 박정희 대통령 시해사건과 이어지는 1980년의 대규모 시위, 전두환 장군을 중심으로 한 신군부 집권의 후폭풍에 휘말린 것이다. 호암은 동양TV

방송의 사세가 확대되는 것에 맞춰 여의도에 연건평 1만 평에 10층의 최신 최고 시설을 갖춘 건물을 완성한다. 그러나 박 대통령 시해 이후 신군부가 정권을 장악하면서 1980년 '언론 대통합'이 발표됐다. 동양방송 역시 다른 민방과 함께 KBS에 흡수한다는 내용이었다.

정권이 바뀔 때마다 경험한 일이지만 정성을 다한 방송국을 내놓아야 한다는 아픔을 겪게 된 것이다.

동양방송 최후의 날인 그 해 11월 30일, 호암은 여의도 스튜디오 현장을 찾았다. 탤런트, 기술자, 직원들이 하나같이 눈물로 마지막 인사를 나누고 있었다. 그리고 밤 12시 정각, TV의 마지막 화면은 동양TV방송의 사기(社旗)가 게양대에서 서서히 내려오는 장면이었다. 호암을 비롯한 전원이 그것을 지켜보며 통곡을 했다. 건실한 기업을, 사회의 목탁인 언론기관을 정권의 강압적인 명령으로 폐업해야 한다는 아픔을 다시 한 번 뼈저리게 느낀 것이다.

이처럼 호암은 수많은 위기와 실패를 맞았지만 결코 꺾이거나 포기하지 않고 사업에 전념하였다. 아예 실패의 가능성을 두면 실패할 수 있다고 보고 실패라는 생각 자체를 하지 않았다. 그의 경영진 가운데 일부에서도 새로운 사업에 진출할 때마다 진심으로 걱정 어린 마음에서 실패의 가능성이 있다며 사업을 만류한 사람들이 있었으나 호암은 이들을 설득하며 때로는 강력한 리더십과 직관에 따라 밀어붙였다.

그 결과 호암은 제일제당, 제일모직, 삼성전자, 삼성중공업과 같은 대규모 기업을 성공적으로 창업하는데 성공하였다.

이건희 회장에게도 실패는 일생에 걸쳐 습관처럼 찾아왔다. 그러나 그는 항상 실패라는 습관을 '성공의 마중물'로 여겼다. 그는 늘 눈물로 역경과 실패를 맞이했지만, 웃는 얼굴로 성공이란 진주를 탄생시키는 반전의 리더십을 보여줬다. 삼성은 그가 만든 실패와 반전의 반복 속에서 창조한 결과물이다.

그러나 이 회장에게 있어서도 역경과 실패는 뼈를 깎아내는 고통을 안겨 줬다. 그런 고통 중 하나가 지난 2008년 4월의 일이다. 서울 태평로 삼성본관 지하 1층 국제회의실엔 국내외 취재진 50여 명이 문전성시를 이뤄 빈자리가 없다.

벌써부터 수십 대의 방송 카메라도 곳곳에 설치되고, 카메라 기자들도 좋은 자리를 잡기 위해 난리법석이다. 삼성 직원들도 국제회의실에서 긴장된 표정으로 자리정돈을 위해 동분서주하고 있다. 뭔가 굉장한 폭탄 선언이 있음을 직감하게 만드는 단면들이다. 현장 기자들은 이학수 삼성 부회장의 사과성명이나 경영일선 퇴진 정도의 발표가 있지 않을까 생각했다. 이때까지도 설마 이건희 회장이 직접 등장해 경영 퇴진 입장을 밝힐 줄은 상상도 하지 못했다.

5분여 후 국제회의실 앞쪽 문으로 굳은 표정의 이학수 부회장이 무거운 발걸음으로 느리게 들어섰다. 이어 김인주 사장, 이기태 부회장, 최지성 사장 등 20여 명의 사장단이 어두운 표정으로 고개를 숙인 채 줄줄이 입장했다.

그리고 말없이 질서정연하게 준비된 자리에 앉았다. 평소 세계 시장을 호령하던 기백 넘치는 스타급 사장들이지만, 이날만은 '패잔병'들처럼 침통한 표정으로 부동자세를 취한 채 꼼짝도 하지 않고 있었다. 모두 바닥만 응시했다. 뭔가 심상치 않았다.

5분여 후 이건희 삼성 회장이 창백한 얼굴로 느리게 들어선다. 지난 1993년 국내외를 누비면서 '신경영'을 외치던 이 회장의 카리스마 넘치는 얼굴이 아니었다. 이 회장이 들어서자, 앉아 있던 사장단이 일제히 일어섰다. 이 회장이 앞에 서서 객석을 향해 고개를 숙였다. 동시에 뒤에 나열한 사장단도 90도로 고개를 숙였다. 이는 국민과 삼성 임직원에 대해 고개를 숙인 것이었다.

검정색 계통의 스트라이프 정장에 하늘색 넥타이를 차려입은 이 회장은 연단에 선 뒤 호주머니에서 안경을 꺼내 썼다. 이 회장은 안경을 쓴 채 준비한 퇴임사를 낮은 목소리로 담담하게 읽어내려갔다.

그는 "아직 갈 길이 멀고 할 일도 많아 아쉬움이 크지만 지난날의 허물은 모두 제가 떠안고 가겠다"면서 경영 퇴진의 일성을 토해냈다.

그는 이어 "20년 전 저는 삼성이 초일류 기업으로 인정받는 날 모든 영광과 결실은 여러분의 것이라고 약속했다"며 "그 약속을 지키지 못하게 되어 정말 미안하다"고 흐느끼듯 말을 이어갔다.

이 회장이 작심한 듯 토해낸 첫마디는 조선시대 정조대왕이 일기장에 썼던 '날은 저무는데 갈 길은 멀다'란 뜻의 '일모도원(日暮途遠)'이란 표현과 일맥상통했다. 당시 정조는 지지부진한 개혁을 안타까워하며 이 말을 자주 썼다고 한다.

이건희 삼성 회장이 2008년 4월 22일 서울 태평로 삼성본관 지하 1층 국제회의실에서 특검 수사결과에 따른 삼성그룹 경영쇄신안을 발표하고 있다.

본래, 일모도원의 유래는 이렇다. 춘추시대의 오자서(伍子胥)는 초(楚)나라 사람이다. 그의 아버지 오사(伍奢)와 형 오상(伍常)은 소부 비무기(費無忌)의 참언으로 평왕(平王)에게 죽었다. 이에 오자서는 오(吳)나라로 도망가 후일 복수할 것을 기약하였다. 마침내 오나라의 행인(行人, 외교통상부 장관에 해당하는 관직)이 된 오자서는 오왕 합려를 설득해 초나라를 공격했다. 오자서가 직접 군사를 이끌고 초나라를 공격해 수도를 함락시켰지만, 원수인 평왕은 이미 죽고 없었다. 그 후계자 소왕(昭王)의 행방 또한 묘연해 잡을 수가 없었다. 그러자 오자서는 평왕의 무덤을 파헤치고 그 시신을 꺼내 300번이나 채찍질을 가한 후에야 그만두었다. 산중으로 피한 친구 신포서(申包胥)가 오자서의 행동을 지적하며, "일찍이 평왕의 신하로서 왕을 섬겼던 그대가 지금 그 시신을 욕되게 하였으니, 이보다 더 천리(天理)에 어긋난 일이 또 있겠는가?" 하였다. 이 말을 들은 오자서도 다음과 같이 말하였다. "해는 지고 갈 길은 멀어(吾日暮途遠)······."

어느새, 퇴임사를 마친 이 회장의 안경 너머 두 눈가엔 눈물이 고였다. 20년 전 세운 초일류 삼성 창조의 꿈을 못다 이룬 채 야인으로 돌아가는 이 회장의 회한이 눈물에 녹아 흘러내리는 듯 했다.

이 회장이 흘린 눈물의 진정한 의미는 뭘까. 일단 20여 년을 바쳐 일궈 온 삼성에서 뜻하지 않게 하차하는 서글픔이 작용했을 터다. 그가 꿈꾸던 세계 초일류기업 삼성을 이루지 못한 아쉬움도 녹아난 듯하다. 이 회장의 눈물 속엔 반기업정서를 무기로 마녀사냥식 '삼성 죽이기'에 나서거나 방관한 우리 사회에 대한 원망도 있어 보였다.

더불어 '기업은 100마일로 달리고, 법은 1마일로 달린다'는 미국 경영학자 '피터 드러커'의 주장처럼 법이 기업을 따라가지 못하면서 단죄하는 현실에 대한 안타까움도 복합적으로 작용한 모습이다.

고개를 숙인 채 돌아서서 나가는 이 회장의 뒷모습엔 못다 이룬 초일류 삼성의 꿈에 대한 아쉬움이 '그림자'처럼 따라가고 있다. 이렇게 삼성호는 '20년 선장' 이건희 회장을 떠나보냈다.

다음은 이건희 회장 경영퇴진 발표 내용 전문이다.

"여러분, 안녕하십니까? 저는 오늘 삼성 회장직에서 물러나기로 했습니다. 아직 갈 길이 멀고 할 일도 많은데 아쉬움이 크지만 지난날의

이건희 삼성 회장이 2008년 4월 22일 서울 태평로 삼성본관 지하 1층 국제회의실에서 특검 수사결과에 따른 삼성 경영쇄신안을 발표하고 있다.

2008년 4월 22일 서울 태평로 삼성본관 지하 1층 국제회의실에서 이건희 삼성 회장이 경영퇴진을 발표한 뒤 돌아서고 있다.

허물을 모두 제가 떠안고 가겠습니다. 그 동안 저로부터 비롯된 특검 문제로 국민 여러분께 많은 걱정을 끼쳐드렸습니다. 진심으로 사과드리면서 이에 따른 법적, 도의적 책임을 다하겠습니다. 삼성 가족 여러분, 20년 전 저는 삼성이 초일류기업으로 인정받는 날 모든 영광과 결실은 여러분의 것이라고 약속했습니다. 그 약속을 지키지 못하게 되어 정말 미안합니다. 국민 여러분께 간곡히 호소합니다. 오늘날의 삼성이 있기까지는 무엇보다 국민 여러분과 사회의 도움이 컸습니다. 앞으로 더 아끼고 도와주셔서 삼성을 세계 일류기업으로 키워 주시기 바랍니다. 감사합니다."

이날 이건희 회장이 자리를 떠난 뒤, 이학수 부회장이 나와 참담한 표정으로 삼성그룹 쇄신안을 발표했다. 이 부회장의 얼굴에도 말할 수 없는 비통함이 가득했지만, 애써 담담하게 일을 마무리하려는 노력이 엿보였다.

이날 발표된 삼성그룹 쇄신안 내용은 아래와 같다.

"저는 매우 참담한 심정입니다. 무엇보다 사회에 물의를 일으켜 죄송하고 회장을 제대로 보필하지 못한 책임이 큽니다. 삼성 전략기획실은 해체하기로 했습니다. 삼성은 각사의 독자적인 경영역량이 확보되었고, 사회적으로도 그룹 경영에 대해 이견이 다수 존재하는 것을 감안했습니다. 차명재산에 대해서는 이건희 회장 실명으로 전환하겠습니다. 누락된 세금은 모두 납부한 후 돈을 회장 가족을 위해 쓰지 않겠습니다. 유익한 일에 쓸 수 있는 방법을 찾겠습니다. 또한 삼성은 은행업에 진출하지 않겠습니다. 삼성생명과 증권, 화재 등 금융사에 대해서 경영 투명성을 높

이학수 삼성 부회장이 2008년 4월 22일 서울 태평로 삼성본관 지하 1층 국제회의실에서 특검 수사결과에 따른 삼성그룹 경영쇄신안에 대한 부연설명을 하고 있다. 이날 이 부회장은 이건희 회장, 김인주 사장과 함께 퇴진하겠다고 밝혔다.

이겠고, 삼성화재와 삼성증권 최고경영자도 물러나도록 하겠습니다. 지주회사 전환이나 순환출자 해소를 위해서는 시간이 필요합니다. 20조 원이 들어갈 것으로 보여, 그룹 전체의 경영권이 위협받을 수 있기 때문입니다. 다만 삼성카드가 보유한 에버랜드 주식은 4~5년 내에 매각하는 방안을 검토 중입니다."

이런 삼성 쇄신안에 따라 삼성은 이수빈 삼성생명 회장을 삼성을 대표하는 인물로 내세웠다. 종전 이건희 회장이 맡던 대표 역할을 임시로 맡게 된 것이다. 이수빈 회장은 삼성그룹 회장실 비서실 실장 출신으로 누구보다 이건희 회장의 의중을 정확히 아는 인물로, 삼성그룹을 대표하는 '얼굴'로 적격이었던 것이다.

이때 이건희 회장의 부인 홍라희 관장도 리움미술관과 문화재단 이사직을 사임했다. 아울러 이건희 회장의 아들인 이재용 전무의 경우 당시 삼성전자의 고객총괄 책임자(CCO)를 사임한 뒤 해외 순환 근무를 통해 해외 시장개척과 현장경험을 쌓게 됐다. 삼성 오너 일가가 일제히 경영일선에서 손을 떼는 순간이다. 이렇게 삼성은 역경의 시간을 고통스럽게 보내는 수순을 밟았다.

그러나 이런 위기에 굴복할 이건희 회장이 아니었다. 이 회장은 이후 2년여 만에 경영일선에 복귀해 반전의 리더십을 보여주는 수순을 밟았다. '위기는 하늘이 준 최상의 기회'란 이건희 회장의 평소 지론을 그대로 입증한 것이다.

이전에도 이건희 회장은 삼성을 이끌면서 위기의 순간이나 벽이 가로막힌 어려운 상황에서도 '반전의 리더십'을 통해 기회를 만들어내는 경영 수완을 발휘해왔다. 그 중 대표적인 사례가 반도체 사업이다. 이건희 회장은 주위의 편견과 반대를 극복하면서 과감한 추진력으로 삼성의 반도체신화를 창조했고, 고비였던 불황기마다 사활을 건 대규모 선제 투자를 통해 놀라운 성장을 일궈냈다.

이는 이건희 회장이 불황기 이후 다가올 미래에 대한 통찰력을 잃지 않았기 때문에 가능했던 일이었다.

존 켈치 미국 하버드대 교수는 "불황은 위기가 아니라 기회로 보아야 한다. 특히 작지만 탄탄한 기업은 거대기업을 넘어설 절호의 기회이다"라고 말했던 것처럼, 이건희 회장도 불황을 기회로 보는 반전의 리더십을 통해 역경을 극복해왔던 것이다.

호암 이병철 삼성그룹 창업주가 1954년 제일모직을 바탕으로 삼성그룹을 국내 최고로 육성했다면, 이건희는 반도체 사업을 바탕으로 삼성그룹을 세계 최고로 끌어올린 셈이다.

이건희 회장에게 있어 일생일대 승부수였던 반도체 사업 진행 과정에 대해 살펴보자.

이건희 회장이 반도체 사업을 이병철 창업주에게 건의한 것은 1974년 동양방송 이사 시절이었다. 지금 생각해 보면, 상당한 선견력이자 창조적 도전이었다.

하지만 호암은 이건희 회장의 무모해 보이는 제안에 대해 일언지하에 고개를 가로저었다. 아직 때가 아닌데다 위험부담도 크다는 판단에서다. '경영의 성인'인 호암이 보기엔 이건희 회장의 제안은 '무모한 모험'쯤으로 여겨졌을지 모를 일이다.

반도체 사업은 1개 생산라인을 만들기 위해 1~2조 원이 소요되는 데다, 초미세공정기술을 필요로 하기 때문에 섣불리 뛰어들었다간 삼성이 위태로워질 수 있었다.

이건희 회장도 반도체 사업에의 위험부담에 걱정을 했지만, 특유의 도전정신 아래 뜻을 굽히지 않았다. 그리고 호암을 설득해갔다. 설득의 논리는 TV와 냉장고 등에 들어가는 핵심부품인 반도체를 일본에서 수입해야 하기 때문에 세계경쟁에서 불리하다는 것이다. 또한 자원이 부족한 우리나라에게 모래를 활용해 고부가가치를 높일 수 있는 첨단 반도체 사업이 적합하다는 주장도 부연했다.

여기에 한국은 전통적으로 '젓가락'을 사용하는 민족으로 손재주가 좋고, 과거 고려청자와 조선 백자를 만든 우수한 기술력이 있기 때문에 반도체 사업에 승산이 있다는 논리였다.

이건희 회장은 장인인 홍진기 회장을 움직여 이병철 창업주를 설득하기도 했다. 홍진기 회장은 이병철 회장에게 "내가 외국에 나가 봐도 사위의 얘기가 맞습니다"라면서 이건희 회장에게 힘을 실어줬다.

당시 반도체 사업 진출에 대해 이건희 회장은 『이건희 에세이 생각 좀 하며 세상을 보자』에서 아래와 같이 회고했다.

"처음 입사한 그때부터 지금까지 많은 어려움을 겪고 결단의 순간을 거쳤지만, 지금 와서 보면 반도체 사업처럼 내 어깨를 무겁게 했던 일도 없는 것 같다. 사실 나는 어려서부터 전자와 자동차 기술에 남다른 관심을 가지고 있었다. 일본 유학 시절에도 새로 나온 전자제품들을 사다 뜯어 보는 것이 취미였다. 수많은 전자제품을 만져 보면서 나는 자원이 없는 우리나라가 선진국 틈에 끼여 경쟁하려면 머리를 쓰는 수밖에 없다고 생각하게 됐다. 특히 1973년에 닥친 오일 쇼크에 큰 충격을 받은 이후, 한국은 부가가치가 높은 하이테크 산업에 진출해야 한다는 확신을 가졌다. 1974년 마침 한국반도체라는 회사가 파산에 직면했다는 소식을 들었다. 무엇보다 반도체라는 이름에 끌렸다. 그 동안 내 나름대로 첨단 산업을 물색하면서 반도체 사업을 염두에 두고 있던 중이었다. 시대 조류가 산업사회에서 정보사회로 넘어가는 조짐을 보이고 있었고, 그 중 핵심인 반도체 사업이 우리 민족의 재주와 특성에 딱 들어맞는 업종이라고 생각하고 있었다. 우리는 젓가락 문화권이어서 손재주가 좋고, 주거생활 자체가 신발을 벗고 생활하는 등 청결을 중시한다. 이런 문화는 반도체 생산에 아주 적합하다. 반도체 생산은 미세한 작업이 요구되고 먼지 하나라도 있으면 안되는 고도의 청정 상태를 유지해야 하는 공정이기 때문이다. 이런 점은 사실 일본과 큰 차이가 없지만 내가 착안한 것은 식생활문화였다. 우리는 전 세계에서 유일하게 숟가락을 사용한다. 찌개와 탕을 먹기 위해서다. 밥상 가운데 찌개나 탕을 놓고 공동으로 식사한다. 그것은 결국 팀워크가 좋다는 것을 의미한다. 나는 이 점에서 일본에 비해 우리에게 강점이 있다고 보았다."

이건희 회장은 호암의 승낙을 제대로 얻어내지 못하자, 사재 4억 원을 털어 한국반도체를 인수하는 강수를 두었다. 1978년엔 삼성반도체주식회사로 간판을 바꿔 달았다.

당시 삼성 경영진은 한국반도체 인수에 강하게 반대했다. TV 하나 제대로 못 만드는 형편에서 최첨단으로 가는 것은 위험하다는 이유에서다. 삼성 경영진의 반대도 이건희 회장의 결단을 꺾을 수 없었다. 이건희 회장은 주사위를 이미 던졌고, 루비콘 강을 건넌 상태였다.

그러나 이건희 회장이 인수한 한국반도체를 실제로 조사해 보곤 실망이 컸다. 이름만 반도체지 트랜지스터나 만드는 수준이었기 때문이다. 언제 LSI(대규모 집적 회로), VLSI(초대형 집적회로)를 만들 수 있을지 막막했다. 일단 이건희 회장은 반도체 사업 초기에 기술확보부터 시작했다. 그러나 선진국에서 기술을 들여와야 하는데, 그것이 쉽지 않았다.

오일 쇼크의 여파로 각국이 기술 보호주의를 내세우고 있었기 때문이다. 심지어 미국은 일본의 산업 스파이가 반도체 기술을 훔쳐갔다면서 우리나라에까지 노골적으로 적대감을 드러내기까지 했다.

어떻게든 기술을 확보해야 했다. 이건희 회장은 직접 나섰다. 일본을 수시로 왕래했다. 거의 매주 일본으로 날아갔다. 일본 기술자를 만나 기술을 배우기 위해 혼신을 다했다. 일본 기술자를 그 회사 몰래 주말에 데려와서 우리 기술자들에게 밤새워 기술을 가르치게 한 뒤, 다시 돌려보낸 적도 있다.

이건희 회장은 미국 전역의 유수 대학들을 찾아다니면서 한국계 연구 인력을 만나고 다녔다. 그렇게 이건희 회장은 한국계 연구 인력을 400~500만 원의 파격적인 월급과 거주지까지 제공하는 조건으로 영입했다. 당시 삼성 사장 월급이 100만 원이었던 점을 고려하면 파격적인 대우였다. 이뿐 아니라, 이건희 회장은 미국 반도체기업인 페어차일드도 수차례 방문해 기술이전을 요청했다. 그 결과, 삼성반도체의 지분을 일부 제공하는 조건으로 기술 도입에 성공하기도 했다. 피나는 노력의 연속이었다.

당시를 이건희 회장은 『이건희 에세이 생각 좀 하면 세상을 보자』 이렇게 들려줬다.

"당시 경영진은 TV 하나 제대로 못 만드는 형편에 최첨단으로 가는 것은 너무 위험하고 시기상조라고 하면서 회사(한국반도체) 인수에 강하게 반대했다. 결국 나는 그 해 12월 사재를 털어 내국인 지분을 인수했다. 반도체 사업 초기는 기술 확보 싸움이었다. 선진국에서 기술을 들여와야 하는데, 그것이 쉽지 않았다. 오일쇼크의 여파로 각국이 기술 보호주의를 내세우고 있었고, 특히 미국은 일본의 산업스파이가 반도체 기술을 훔쳐갔다며 우리에게까지 노골적으로 적대감을 드러내고 있었다. 선진국과 기술 격차가 크고 막대한 소요 자금, 라이프사이클이 짧은 데 따르는 위험성, 전문 인력 부족 등 당시 우리 실정은 사면초가와 다름없었다. 이런 상황에서 벗어나려면 어떻게 해서든 기술을 확보해야 했다."

지성이면 감천이라 했던가. 이건희 회장의 이런 노력이 결실은 맺은 것은 1981년 초였다. 삼성이 컬러TV용 색신호 IC(집적회로)를 개발하는데 성공했다. 이는 트랜지스터나 만들던 삼성의 기술 수준을 한 단계 끌어올리는 쾌거였다. 색신호 IC는 훗날 VLSI 개발의 초석이 되는 의미 있는 성과물이었다.

이쯤 되자, 반도체 사업 진출에 반대하던 호암도 이건희 회장의 도전에 지지를 보내기 시작했다. 결국 이건희 회장이 호암을 극복한 것이다. 그 결과 호암은 1982년에 27억 원을 들여 반도체연구소를 설립하기에 이르렀다. 이건희 회장에겐 든든한 후원군이 생긴 셈이다.

이어 1983년, 이병철 창업주는 도쿄에 머무르면서 반도체 신규 투자에 대한 결심을 했다. 이건희 회장이 도전한 반도체 사업에 아버지 호암이 날개를 달아 주는 순간이다.

그 일환으로 호암은 반도체 사업에 대한 대규모 투자를 단행하는 내용의 도쿄선언을 발표했다. 이어 64K D램 기술 개발 착수를 선언했다. 이 때만 해도 미국과 일본 반도체 경쟁사들은 비웃는 반응을 보였다. 그러나 호암과 이건희 회장이 의기투합해 이끄는 삼성은 전문가들의 예상을 뛰어넘어 영하 15℃의 혹한 속에서 6개월 만에 기흥공장을 완공해냈다. 통상 1년 6개월이 걸리는 공사를 기적적으로 단축한 것이다. 이어 삼성은 일본이 6년이나 걸려 개발한 64K D램을 6개월 만에 개발했다. 이때가 1983년이었다. 세계 반도체업계는 발칵 뒤집혔다. 도저히 믿을 수 없는 일을 삼성이 해냈다는 반응이었다. 이어 1984년 10월에 삼성은 256K D램도 자체 개발에 성공했다. 그 후에도 삼성은 1M D램 등 설비투자를 늘려가면서 미국과 일본 반도체업체를 추월하기 위해 전력을 다했다.

그 중 이건희 회장의 리더십이 돋보이는 대목은 지난 1987년 3라인 투자다. 삼성은 당시 누적적자가 수천억에 이르는 상황에서 다시 수천억을 투자하는 3라인 구축에 나섰다. 당시는 일본 경쟁사들도 극심한 불황에 바짝 움츠리는 분위기였다. 삼성이 3라인에 투자를 결정한 후 효과는 다음해 나타났다. 실제, 지난 1988년 한 해에만 3라인에서 쏟아지는 1M D램으로 13년간 누적적자를 해소하고도 남았다.

이후 이건희 회장은 반도체 사업을 진행하면서 여러 번의 고비를 맞았다. 두 갈래 길로 나뉘는 선택의 기로에서 이건희 회장이 순간 잘못 선택하면 나락으로 떨어질 수 있는 아찔한 고비들이었다. 반도체 사업이 '타이밍의 사업'이란 측면에서 순간의 실수는 영원한 낙오를 의미해 리더의 리더십과 결단은 중요했다. 죽느냐 사느냐의 순간이었다.

무엇보다 이건희 회장을 피 말리게 했던 고비는 지난 1987년 반도체 개발방식에 대한 선택이었다. D램 반도체를 쌓는 방식인 스텍(Stack)과 밑으로 파들어가는 트렌치(Trench) 중 한 가지를 선택해야 하는 상황이었다. 양쪽은 장단점이 있어 쉽게 결론을 내리지 못했다. 자칫 선택을 잘못하면 공든 탑이 한꺼번에 무너질지 모르는 일이었다. 이건희 회장은 국내외 엔지니어들을 만나 밤샘 토론을 벌였다. 그러나 속 시원한 결론을 내릴 명쾌한 조언을 해주는 사람이 사실상 없었다. 이건희 회장은 외로운 고민을 거듭했다.

결국 이건희 회장은 쉽게 생각하자는 스스로의 문제 해법으로 접근했다. 예컨대, 건물을 위로 쌓아 건설하는 것과 지하로 파들어가면서 건설하는 것 중 어느 것이 쉬울지를 생각해 봤다. 비용과 노력 대비 효과를 고려한 결과, 위로 쌓은 방식이 유리해 보였다. 중장기적으로도 위로 쌓는 건물은 지속적으로 진행할 수 있지만, 지하로 파들어가는 건물은 한계가 있다는 것도 작용했다. 복잡한 문제를 간단하게 풀어내는 이건희 회장 특유의 지혜를 엿볼 수 있는 대목이다. 결국 이건희 회장은 스텍 방식을 선택했다. 이 선택이 옳았다는 반증은 도시바가 해줬다. 도시바는 트렌치 방식을 선택한 뒤 생산성 저하로 D램시장에서 히타치에게 1위 자리를 내주는 수모를 겪었기 때문이다.

아래는 이건희 회장이 반도체 사업에 대한 생각을 밝힌 내용이다.

"반도체 사업은 '타이밍 업(業)'이라 할 수 있다. 불확실한 미래를 예측해서 수조 원에 이르는 막대한 선행 투자를 최적의 시기에 해야 하기 때문이다. 반도체 사업에서 최적의 투자 시기를 결정할 때는 피를 말리는 고통이 뒤따른다. 1987년 반도체 역사의 전환점이 되는 중대한 고비가 있었다. 4M D램 개발 방식을 스텍(Stack)으로 할 것인가, 트렌치(Trench)로 할 것인가를 결정하는 것이었다. 두 기술은 서로 장단점이 있어서 양산 단계에 이르기 전에는 어느 기술이 유리한지 누구도 판단할 수 없는 상황이었다. 미국, 일본의 업체도 쉽게 결정을 못 내리고 있었다.

당시 나는 일본 반도체 회사의 제조과장들을 저녁 때 만나 새벽까지 토의했다. 이렇게 몇 차례를 거듭했지만 확실한 정답을 얻지 못했다. 반도체 전문가들도 두 기술의 장단점만 비교할 뿐 어느 쪽이 유리한지 단정짓지 못했다. 나는 지금도 그렇지만 복잡한 문제일수록 단순화해 보려고 한다. 두 기술을 두고 단순화해 보니 스텍은 회로를 고층으로 쌓는 것이고, 트렌치는 지하로 파들어가는 식이었다. 지하를 파는 것보다 위로 쌓아 올리는 것이 수월하고 문제가 생겨도 쉽게 고칠 수 있으리라고 판단했다. 스텍으로 결정한 것이다. 이 결정은 훗날 트렌치를 채택한 도시바가 양산시 생산성 저하로 D램의 선두자리를 히타치에 빼앗겼고, 16M D램과 64M D램에 스텍 방식이 적용되고 있는 것을 볼 때 올바른 선택이었다."

지난 1993년, 이건희 회장은 또다시 반도체 사업에서 중대한 선택의 기로에 섰다. 이번에도 결단을 어떻게 하느냐에 따라 삼성 반도체 사업의 명운이 걸렸다. 반도체 생산라인의 웨이퍼 크기를 6인치와 8인치 중 어느 것으로 할지였다.

당시 해외 경쟁사들은 대부분 6인치를 주로 생산하고 있었다. 이런 상황에서 삼성이 8인치를 선택한다는 것은 위험부담이 컸다. 8인치는 아직 기술적으로 생산성이 증명되지 않은 상태였다. 다만, 8인치가 6인치보다 이론적으로 한 번에 많은 수의 반도체를 생산할 수 있다는 것만 알려진 상태였다.

이건희 회장은 머뭇거릴 시간이 없었다. 일본 경쟁사들이 6인치로 할 때, 후발 주자인 삼성이 '월반'을 통해 8인치로 가야 그들을 추월할 수 있다는 역전의 리더십을 갖고 있었던 것이다. 이는 모험이자, 도전이었다.

   삼성 내부에서도 이건희 회장의 8인치 추진에 대해 반대의 목소리가 높았다. 선두 반도체 기업도 하지 못한 일을 삼성이 어떻게 성공시킬 수 있냐는 논리였다. 이들은 자칫 삼성이 1조 원 이상의 손실만 입은 채 반도체 사업을 접어야 할지도 모른다는 위기론도 들고 나왔다. 이런 논리는 이건희 회장을 설득시키기엔 너무 빈약했다. 이건희 회장의 월반식 반도체 사업 의지는 확고했다. 이때 이건희 회장은 "반도체 사업이 세계 최고로 올라서지 못할 바에야 차라리 접는 게 낫다"는 결연한 의지를 보였다.

   결국 이건희 회장은 지난 1993년 6월 5라인을 준공했다. 세계 반도체 시장이 발칵 뒤집혔다. 이건희 회장은 숨 돌릴 새도 없이 6, 7라인도 착공해 이듬해인 1994년 7월부터 가동했다. 당시 각종 전문기관의 수요 예측이나 내부의 자금 사정은 추가 투자가 무리한 상황이었으나, 일본 업체들이 투자를 머뭇거릴 때 투자를 감행하는 공격 경영이 필요하다고 판단한 것이다.

   그 결과 16M D램 개발은 일본과 동시에 했지만, 양산시기를 앞당기고 8인치 웨이퍼를 사용함으로써 생산력에서 앞설 수 있었다. 이를 계기로 세계시장에서 일본 업체를 따돌리고 1993년 10월 메모리분야에서 세계 1위에 서게 됐다. 이건희 회장의 '역전의 리더십'은 반도체 후진국이던 한국을 일본을 뛰어넘는 반도체 선진국으로 '월반'시킨 것이다. 아래는 이건희 회장이 말한 반도체 생산방식을 선택하던 당시의 내용이다.

"1993년 또 한 번의 승부수를 띄웠다. 반도체 5라인을 8인치 웨이퍼 양산 라인으로 결정한 것이다. 그때까지만 해도 반도체 웨이퍼는 6인치가 세계 표준이었다. 면적은 제곱으로 증가한다는 것을 감안하면 6인치와 8인치는 생산량에서 2배 정도의 차이가 난다. 그것을 알면서도 기술적인 위험 부담 때문에 누구도 8인치를 선택하지 못했다. 나는 고심 끝에 8인치로 결정했다. 실패하면 1조 원 이상의 손실이 예상되는 만큼 주변의 반대가 심했다. 그러나 우리가 세계 1위로 발돋움하려면 그때가 적기라고 생각했고, 월반하지 않으면 영원히 기술 후진국 신세를 면치 못하리라고 판단했다.

반도체 집적 기술은 1983년에서 1994년까지 10년 동안에만 무려 4,000배가 진보했다. 그만큼 기술개발 주기가 계속 단축되고 있어서 단기간에 기술을 확보하지 못하면 엄청난 기회 상실을 초래한다. 그래서 나는 단계를 착실히 밟는 편안한 길을 버리고 월반을 택한 것이다."

당시 반도체 사업이 세계 정상에 오른 날, 이건희 회장은 경영진을 한자리에 모이게 했다. 이건희 회장은 경영진의 노고를 치하했다. 더불어 이건희 회장은 '세계 최고의 자리를 지속하기 위해 긴장의 끈을 놓지 말자'는 취지에서 정신 재무장을 지시했다. 세계 최고가 되는 것보다 지키는 게 더욱 힘들다는 사실을 알고 있는 이건희 회장이었던 것이다. 아래 내용은 이날 이건희 회장이 경영진에 당부한 말이다.

"목표가 있으면 뒤쫓아 가는 것은 어렵지 않다. 그러나 한번 세계의 리더가 되면 목표를 자신이 찾지 않으면 안되며, 또 리더 자리를 유지하는 것이 더 어렵다. 이는 나 스스로 하는 다짐이기도 하다."

이건희 회장의 당부대로 삼성은 1위 수성을 위해 공격적인 사업행보를 지속했다.

삼성은 D램시장이 호황이던 지난 1994년에 반도체 사업에서 3조 원 이상의 영업이익을 올렸다. 삼성은 지난 1990년대 후반 전 세계적인 반도체시장 침체기에도 투자를 멈추지 않았다. 삼성은 매년 수조 원을 들여 기흥과 화성을 중심으로 중장기 로드맵에 따라 반도체 생산라인 투자를 지속해갔다. 지난 2005년에 삼성은 2012년까지 330억 달러를 투자해 세계 최대 반도체 클러스터를 조성키로 했다. 일본을 비롯한 해외 경쟁사는 깜짝 놀랐다. 이는 삼성이 반도체분야에서 경쟁사와의 격차를 벌려 추격의 의지를 완전히 꺾어 놓겠다는 승부수였기 때문이다.

2001년에도 이건희 회장이 결단을 내리기 위해 고민한 또 다른 사안이 발생했다. 일본 도시바가 삼성을 상대로 낸드플래시 합작을 제안한 것이었다.

당시 일본 반도체업계는 극심한 불황으로 구조조정을 추진하고 있었다. 그때 도시바는 낸드플래시사업에 승부수를 걸기 위해 삼성 측에 합작을 제안해왔다. 도시바는 낸드플래시분야 특허기술을 상당수 확보한 강자였다. 또한 낸드플래시시장 점유율이 45~70% 정도였다.

도시바의 제안은 삼성에게 있어 달콤하게 느껴졌다. 삼성도 낸드플래시사업 확대를 준비하고 있었기 때문이다.

도시바 입장에선 삼성을 아군으로 끌어들이면서 낸드플래시사업의 위험부담을 덜 수 있어 삼성을 사업파트너로 끌어들이려는 의도를 갖고 있었다. 그러나 삼성은 뒤늦게 시작한 낸드플래시사업에서 고전을 면치 못하고 있어 도시바의 제안을 무작정 거절하기도 힘든 처지였다.

이건희 회장은 장고를 거듭했다. 일본을 누구보다 잘 아는 이건희 회장이기에 도시바가 내민 손의 의미와 파장이 어떤 결과를 가져올지 입체적으로 따져보기 위해서다. 이 회장은 아예 일본으로 갔다. 일본 도쿄에서 이 회장은 당시 이학수 구조조정본부장, 이윤우 사장 등 경영진을 불러 회의도 진행했다. 결론은 쉽게 나지 않았다.

지난 2001년 8월 초, 이건희 삼성 회장이 한국에 있던 황창규 삼성전자 메모리사업부장을 호출했다. 황 사장은 서둘러 도쿄에 도착한 후 이 회장의 숙소인 오쿠라 호텔로 이동했다. 현장에는 삼성 주요 경영진이 긴장된 표정으로 앉아 있었다.

이 회장은 보안을 감안해 경영진과 오쿠라 호텔을 빠져나와 인근 음식점인 '자쿠로'로 이동했다. 일명 '자쿠로 회동'이 성사되는 순간이다.

이 회장은 황창규 사장에게 "도시바의 제안을 어떻게 생각해요?"라고 물었다. 이에 황 사장은 "낸드플래시는 삼성이 수종사업으로 키워온 핵심 프로젝트입니다. 독자적으로 추진하는 것이 바람직하다고 봅니다"라고 의견을 내놨다.

이어 이 회장은 황 사장에게 삼성의 낸드플래시 기술수준과 가격경쟁력, 도시바의 견제에 대한 대책에 대해 물었다. 이에 황 사장은 "따라잡을 수 있고, 나름의 대비책도 있습니다"라고 말했다. 이 회장은 특유의 표정으로 말없이 생각을 정리하는 인상이 짙었다. 잠시 동안의 침묵의 시간이 흐른 뒤, 이 회장은 "도시바가 기분 나쁘지 않게 정중히 거절하고 우리 페이스대로 갑시다"라고 언급했다.

'자쿠로 회동'을 계기로, 삼성전자는 지난 2001년 8월 말 1기가 낸드 플래시메모리를 세계 최초로 개발한 이래, 매년 집적도를 2배로 높이는 '메모리 신성장이론(일명 황의 법칙)'을 입증했다. 이렇게 이건희 회장은 특유의 결단력으로 낸드플래시사업에서도 도시바를 뛰어넘어서는 결단력을 보여준 것이다.

이건희 회장에게 있어 IMF는 또 다른 위기였다. 지난 1997년 IMF 외환위기 충격은 거함 삼성을 허둥대게 했다. 신경영을 성공적으로 이끈 이건희 회장 입장에서도 당황스럽긴 마찬가지였다. 그나마 삼성은 지난 1993년부터 발 빠르게 진행한 신경영을 통한 체질개선이 되어 있어 다행이었다. 이건희 회장이 4년여 앞서 '위기론'을 제창하면서 목숨을 담보로 추진한 신경영의 위력이 발휘되는 순간이다.

그러나 신경영만 가지고는 IMF의 초강풍을 벗어나기에 역부족이었다. 다시 '군살 빼기'가 필요했다. 버릴 건 버리고, 합칠 건 합쳐서 진정한 글로벌 경쟁력을 갖춘 삼성을 하루속히 만들어야 했다.

지난 1997년 IMF 시기로 돌아가 삼성이 급박하게 움직였던 장면들을 살펴보자. 정부가 지난 1997년 11월에 IMF 체제를 공식화했다. 삼성 경영진은 긴급회의를 통해 비상대책기구인 '구조조정위원회'를 만들었다. IMF라는 태풍에 살아남기 위한 소위 '비상대책반'이었다. 여기엔 이학수 구조조정본부장을 비롯해 이수빈 삼성생명 회장, 강진구 삼성전기 회장, 현명관 삼성물산 부회장, 이종기 삼성화재 부회장, 윤종용 삼성전자 사장, 이해규 삼성중공업 사장, 유현식 삼성종합화학 사장 등이 참여했다. 이들은 IMF를 극복하기 위해 사생결단의 자세로 머리를 맞댔다. 한치 앞도 내다보기 힘든 위기상황이었다. 뾰족한 해답을 찾기가 어려웠다. 사정이 이렇자, 이 회장은 사재 2,200억 원을 내놨다. 급한 불을 끄면서 오너도 위기에 적극 대응한다는 의지를 보여주기 위한 이건희 회장의 쉽지 않은 결단이었다. 이에 힘을 얻은 구조조정위원회는 수시로 만나 삼성의 쇄신방안을 모색했다. 물론 구조조정위원회의 의견은 이건희 회장에게도 그대로 전달됐다.

그 결과, 삼성은 지난 1997년 11월 26일에 체질개선방안을 내놨다. 이는 총비용 50% 감축, 임원급여 10% 삭감, 조직 30% 축소 등의 내용이 골자였다. 파격적인 혁신방안으로 삼성가에선 구조조정의 공포가 확산되기 시작했다.

구조조정은 현실로 다가와, 삼성은 59개 계열사를 45개로 축소 조정했다. 삼성의 전체 직원은 종전 16만 7,000명에서 11만 3,000명으로 줄었다. 사실상 30% 이상의 인력을 감원했다는 얘기다. 놀라운 일은 삼성이 이렇게 많은 인원을 감원할 때도 외부엔 별다른 잡음이 들리지 않았다는 점이다. 그만큼 삼성이 인력 감원시 해당 임직원에 대한 충분한 보상과 함께 사후관리를 빈틈없이 했기 때문이란 게 당시 인사관계자의 전언이다.

삼성은 인력과 함께 조직의 축소도 병행했다. 이로 인해 국내외에선 삼성그룹이 매각 처리할 사업에 대해 관심을 표명하는 사례가 증가했다. 삼성이 창립 이래 처음으로 사업 매각에 나섰기 때문이다. 이때의 이건희 회장의 마음은 아마도 이병철 창업주가 한국비료와 동양방송을 울며 겨자 먹기로 포기할 때의 쓰라린 마음이었을 것이다. 애써 낳은 자식을 능력이 없어 해외 입양 보내는 친부모의 아픔이라고나 할까.

그러나 삼성의 사업 매각은 불가피한 선택이었다. 결국 삼성중공업 건설기계부문은 볼보에 매각됐다. 지게차 사업은 크라크에 넘어갔다. 삼성물산의 유통사업은 테스코에 팔렸다. 한국휴렛패커드의 지분은 휴렛패커드에 돌아갔다. 삼성전자의 파워디바이스 부문은 미국 페어차일드사에 매각됐다. 방산사업은 프랑스 톰슨에 넘어갔다. 삼성이 이런 사업 매각을 통해 확보한 금액은 13억 달러 가량이었다. 이에 더해 자산 매각과 외자 도입을 통해 20억 달러 가량을 확보했다. 이런 노력 끝에 삼성은 2002년에 부채비율을 124%로 낮췄다.

삼성은 IMF 외환위기 여파로 이건희 회장의 숙원이던 도곡동 삼성 제2타운 사업 계획도 궤도를 수정했다. 삼성은 당초 도곡동에 102층 규모의 초고층복합건물을 지으려 했다. 여기에 삼성 계열사를 한데 모아 삼성 타운을 구축하려 했던 것이다.

그러나 IMF의 위기를 벗어나 생존을 걱정해야 하는 삼성 입장에서 삼성 제2타운 사업은 사치였다. 별수 없이 삼성은 삼성 제2타운 사업을 전면 수정해 주상복합 건물인 타워팰리스를 추진했다.

이처럼 삼성은 이건희 회장의 진두지휘 아래 4년여간 IMF 외환위기 극복을 위해 다양한 방안으로 선택과 집중식 체질개선 전략을 구사했다. 피나는 노력의 시간이었다.

그 결과, 삼성은 상호지급보증이 사라졌고, 부채비율도 크게 낮아지는 등 위험요소가 사라져 IMF를 조기에 졸업했다.

이처럼 삼성이 IMF를 흔들림 없이 정공법으로 정면 돌파할 수 있었던 비결은 이건희 회장이 평소 주장하는 '럭비정신'이 그대로 작용했다는 것이다. 럭비는 이건희 회장이 권장하는 삼성의 3대 스포츠 중 하나다. 럭비는 물러서지 않는 도전정신과 투지를 배울 수 있는 운동이란 게 이건희 회장의 평소 지론이다.

5. 도전과 재도전

'공부도 도전이다!'

호암은 어릴 적 공부를 할 때에도 이를 도전으로 여기고 극복해왔다. 1910년 2월 12일 경상남도 의령군 정곡면 중교리에서 4남매의 막내로 태어난 호암은 비교적 유복한 가정에서 어린 시절을 보냈다. 이러한 집안의 영향으로 호암은 어려서부터 유학을 공부했다. 호암은 6세가 되면서 조부가 세운 서당인 문산정에서 한문을 배우기 시작했다.

호암은 11세가 되었을 때 신식학교인 진주 지수보통학교 3학년에 편입했다. 일본어로 수업하는 일본식 보통학교였다. 호암이 그곳으로 유학한 것은 둘째 누이의 시가가 있었기 때문이었다. 지수보통학교에 다닌 뒤 첫 여름방학 때 고향으로 돌아온 호암은 도회지의 학교에 들어가게 된 것이 얼마나 다행인지 깨달았다. 동산에 올라 '노나라가 작다고 했고,

태산에 올라 천하가 작다'고 한 공자처럼 비록 몇 달 밖에 지나지 않았지만 자신이 태어나서 자란 중교리가 좁은 세상이란 것을 처음으로 느꼈던 것이다.

당시 고향에는 재종형인 상수가 서울에서 귀성 중이었다. 호암은 재종형이 들려준 서울의 큰 거리와 고층건물들에 대한 이야기를 듣고 서울에 가서 공부를 하기로 결심했다.

서울 유학길은 부모의 반대가 있었다. 호암의 모친은 호암의 생각을 두둔했지만 부친께서는 선뜻 응하지 않으신 것이다. 그러나 결국 부친도 이를 허락해 상경이 결정됐다. 호암의 외가가 서울이었던 것이 도움이 되었다.

호암이 서울에서 처음 머무른 곳은 가회동의 외가였다. 그곳에서 호암은 수송보통학교 3학년에 편입했다. 수송보통학교는 당시 조선총독부가 초등교육의 시범학교로 세운 곳이다. 수송보통학교에서 4학년을 마친 호암은 보통학교의 과정을 빨리 끝내기 위해 방학 때 귀성해 부친께 보통학교 과정을 단기간에 마무리 짓는 속성과가 있는 중학에 옮기고 싶다고 해 허락을 받았다. 그래서 입학한 것이 중동(中東)중학이었다.

호암이 중학 교육에 열중하던 1926년, 호암은 부친으로부터 한 통의 편지를 받았다. "혼담이 이루어져 12월 5일(음력)에 혼례를 올리게 되었으니 귀가하라"는 내용이었다. 당시는 조혼이 관행이어서 호암은 부친의 뜻에 따라 혼례를 올렸다. 혼례는 호암이 18세 되던 해에 이루어졌다.

호암은 이후 4학년 1학기를 마친 뒤 여름방학에 귀향해 부친께 일본 유학의 결심을 말씀드렸다. 호암이 또다시 유학길에 오르겠다고 하자 호암의 부친은 "일에는 반드시 본말(本末)이 있고 시종(始終)이라는 것이 있다. 19세가 되고서도 아직 그것도 모르느냐"며 크게 혼을 냈다.

그렇다고 호암의 부친이 유학 자체를 반대한 것은 아니었다. 그리고 그 당시의 꾸지람이 처음이자 마지막인 꾸지람이기도 했다. 서당에서 경남 진주의 지수보통학교로, 그곳에서 다시 서울 유학길로, 또다시 일본 유학길에 오르겠다는 자식이 방황하는 것 같아 염려하는 꾸지람이었던 것이다.

며칠 후 호암은 허락을 받아 부산으로 가서 부관연락선을 탔다. 그곳에서 호암은 평생 잊지 못할 불쾌한 사건을 겪게 된다. 당시 부관연락선은 3,000톤급의 상당히 큰 배였으나 선실 등 내부 설비는 매우 허술했다. 배가 부산항을 떠난 지 얼마 안돼 2등 선실에서 갑판으로 나갔던 호암은 동향인 안호상 박사를 만났다. 안 박사는 독일에서 철학박사 학위를 받고 교토대학(京都大學)에서 다시 1년 동안 동양철학을 연구하기 위해 도일한다고 했다. 파도가 거센 현해탄에 접어들자 두 사람은 뱃멀미가 심해져 시설이 다소 나은 일등 선실로 옮기려고 했다. 그런데 선실 입구에서 일본인 형사가 두 사람을 저지하며 이렇게 말했다.

"너희들 조선인이 무슨 돈으로 일등 선실을 기웃거리느냐, 건방지다."

그러면서 두 사람의 신분을 꼬치꼬치 캐묻는 것이었다.

그러자 안 박사는 "돈을 듬뿍 가지고 놀러 가는데, 이왕이면 일등실로 가려는 거요"라며 비꼬는 투로 응수했다. 그러나 호암과 안 박사는 조선인이라는 이유만으로 일등실에 가지 못했다.

그제야 호암은 나라가 망했다는 말의 진정한 의미를 처음으로 실감하게 됐다. 당시의 경험은 훗날 호암이 오직 사업에만 몰두하게 된 중요한 계기가 되었으며, 호암의 경영철학 가운데 하나인 '사업보국(事業保國)'을 형성하는 데 커다란 영향을 주게 된다.

"나라는 강해야 한다. 강해지려면 우선 풍족해야 한다. 우리나라는 어떤 일이 있어도 풍족하고 강한 독립국가가 되어야 한다."

이것이 모욕을 당한 식민지국가 청년의 각오였다.

이듬해인 1930년 4월, 호암은 와세대대학 전문부 정경과에 입학해 공부에 재미를 붙이기 시작했다. 강의에 빠짐없이 참석했고 그 당시에 호암은 마르크스나 엥겔스의 문헌도 독파했다. 호암 역시 당시를 난생 처음으로 진지하게 책과 사귀고 사색에 잠겼던 시기라고 기억했다.

그러나 호암은 2학기 말, 심한 각기(脚氣)병에 걸리고 말았다. 1년간 휴학을 하고, 온천욕을 하는 등 건강을 되찾기 위해 노력했지만 전혀 차도가 없었다. 그래서 호암은 이런 상태로 덧없이 시간을 보내느니 차라리 학교를 단념하고 도쿄를 떠나는 편이 낫겠다는 결론을 내렸다. 호암은 2학년 가을 와세다대학을 중퇴하였다.

그리고 고향으로 돌아온 호암은 중교리의 맑은 공기와 아늑한 환경 속에서 요양을 하며 건강을 회복했다. '무엇인가 하지 않으면 안된다' 고 생각한 호암은 건강을 회복한 뒤 다시 상경해 당시의 상업은행 뒤에 있던 일본 여관에 거처를 잡고 미래를 모색했다. 그리고 다시 고향으로 돌아온 뒤 고등소채를 재배하기 위해 일본에서 종자를 들여오고, 개량 돼지와 닭의 원종도 들여왔으나 자리를 잡지 못했다.

허전한 마음을 달래기 위해 호암은 고향 친구들과 골패(骨牌)에 열중

하면서 세월을 보냈다. 26세의 호암은 이미 세 아이의 아버지가 되어 있었으며 그러던 어느 날 밤늦게 집으로 돌아왔을 때 달빛을 안고 평화롭게 잠든 아이들의 모습을 보면서 문득 악몽에서 깨어난 듯한 심정이 되었다.

그날 밤새도록 호암은 '너무 허송세월을 보냈다. 뜻을 세워야 한다. 독립운동, 관리, 사업 등 여러 가지가 있겠지. 독립을 위한 운동에 투신하는 것도 중요하다. 그런데 이에 못지않게 국민을 빈곤에서 구하는 일도 시급하다. 식민지에서 관리생활을 하는 것은 떳떳하지 못하다' 란 생각을 하게 된다.

그리고 호암은 마침내 결심을 했다.

'그래, 사업에 투신하자. 나의 인생을 사업에 걸어 보자.'

이렇게 호암은 유년기와 청년기의 숱한 방황과 경험 속에서 사업을 결심하게 된다.

훗날 호암은 한 언론과의 인터뷰에서 당시를 이렇게 회고했다.

"어떠한 인생에도 낭비라는 것은 있을 수 없다. 실업자가 10년 동안 무엇 하나 하는 일 없이 낚시로 소일했다고 치자. 그 10년이 낭비였는지 아닌지, 그것은 10년 후에 그 사람이 무엇을 하느냐에 달려 있다. 낚시를 하면서 반드시 무엇인가 느낀 것이 있을 것이다. 실업자 생활을 어떻게 받아들이고 어떻게 견뎌나가느냐에 따라서 그 사람의 내면도 많이 달라질 것이다. 헛되게 세월을 보낸다 하더라도 무엇인가 남는 것이 있을 것이다. 문제는 헛되게 세월을 보내는 데 있는 것이 아니라, 그것을 어떻게 받아들여 훗날 소중한 체험으로 살려가느냐에 있다."

1940년대 말 삼성물산공사 창업 당시의 호암 이병철

당시의 경험은 이후 호암이 일평생 수많은 위기와 난관을 만나도 이를 극복할 수 있는 원천이 되었다.

호암이 사업에 첫 발을 내딛었던 1936년 협동정미소 사업 당시에도 호암은 사업 자본금의 3분의 2를 날리고 동업자들과도 불화를 겪었지만 세심함과 치밀함이 바탕이 된 도전정신으로 이를 극복했다. 당시 정미소 사업으로 자본금의 상당 부분을 날리자 동업자인 박정원은 사업을 그만두는 것이 좋겠다고 제안했다. 그러나 호암은 일단 사업을 시작한 이상 좌절해서는 안된다는 생각을 가졌다. 그리하여 호암은 위기감을 갖고 손해의 원인을 분석했다. 그 결과 쌀값이 오를 때 사고 내릴 때 팔아 손해가 난다는 점을 찾아냈다. 호암은 그 결과를 바탕으로 그 다음부터는 쌀값이 오를 때 팔고 내릴 때 사는 전략을 구사했다. 그의 작전은 적중해 사업은 단숨에 흑자로 전환했다. 사업을 시작한 지 1년 만에 문을 닫을 뻔한 위기를 꺾이지 않는 의지와 치밀한 분석 및 실행으로 극복한 것이다.

정미소 사업으로 자리를 잡은 뒤 부동산 매입을 대규모로 추진하다가 위기를 겪었을 때 호암은 커다란 실패를 맛본다. 1937년 중일전쟁으로 일본 정부가 대출을 규제하자 은행 대출에 의존해 부동산을 매입했던 것이 모두 날아가게 된 것이다.

당시 호암은 별 수 없이 모든 재산을 처분했다. 그러면서 호암은 중요한 교훈을 배우게 된다. 사업 초기 호암이 뼈저리게 체험했던 교훈은 훗날 호암이 우리나라에서 소비재 제조업을 시작으로 중공업, 화학, 전자, 첨단 반도체산업에 이르기까지 삼성을 키우면서 매 순간 적용되었다. 당시 호암이 배운 교훈은 '모든 사업이란 반드시 시기와 정세에 맞추어야 한다'는 것이었다. 그가 중공업, 항공, 첨단 전자 및 반도체 사업에 눈을 뜰 때에도 이 당시의 교훈, 즉 사업이란 시기와 정세에 맞추어야 한다는 것을 잊지 않았다.

이후 호암은 그의 사업 역정에서 수많은 난관에 봉착했지만 절대 좌절하지 않고 이를 극복하기 위해 혼신의 노력을 다했다. 그저 좌절하지 않겠다는 의지만 있었던 것이 아니라 자신을 끊임없이 반성하고 어떻게 이를 극복할 수 있는지를 치밀하게 연구했다. 사업이 하나둘 늘어날수록 호암은 사업에 착수하기 이전 단계부터 그 어느 전문가보다도 더 해박한 지식을 스스로 습득하고 훌륭한 인재를 모아 실패하지 않는 사업을 구상하게 된 것이다.

호암의 사업인생에서 위기를 극복하며 '인재제일'의 중요성을 일깨워 준 대표적인 사례가 있다. 6·25전쟁으로 모든 것을 잃고 피란길에 올랐을 때다. 호암은 1948년 서울 종로2가에서 삼성물산공사의 간판을 걸고 무역업을 전개해 창업 1년 만인 1949년에 무역업계 순위 7위를 기록하며 번창하고 있었다.

그러나 1950년 6·25전쟁이 발발했다. 국군이 북한군을 퇴치하고 있다는 정부 말만 믿고 서울을 빠져나가지 못한 사람이 부지기수였다. 호암도 정부의 말을 믿고 서울을 탈출하지 못했던 것이다. 그러나 북한군은 단 3일 만에 서울을 기습 점거했다. 호암의 모든 사업장은 물론 인천과 용산의 보세창고에 맡겨져 있던 수입품들은 모두 강탈당했다. 북한군은 6·25전쟁 당시 호암과 같은 기업가나 많은 땅을 가진 지주들을 잡아 재산을 빼앗고 처형하기까지 했다. 잘못하다간 호암과 가족의 생명까지 위협을 받게 된 것이었다. 그때 호암이 고용했던 운전기사가 자신의 목숨이 위험한데도 이를 무릅쓰고 호암이 피난할 수 있도록 트럭을 구해왔다. 호암은 그가 구해 준 트럭 덕분에 자신과 가족 및 삼성물산공사의 임직원들 생명까지 살릴 수 있게 되었던 것이다.

뿐만 아니라 운전기사의 기지로 트럭 5대를 구한 뒤 김생기 상무 등 사원과 가족들을 빽빽이 싣고 대구에 도착해서도 호암은 평생 잊지 못할 도움을 받게 된다. 사람을 믿으면 끝까지 그를 믿는다는 호암의 철학이 그를 몇 번이나 위기에서 구해낸 것이다.

당시 호암은 삼성물산공사의 모든 재산을 날리고 목숨만 건진 채 대구로 내려갔다. 대구에는 조선양조장을 운영하고 있던 김재소, 지배인

이창업, 공장장인 김재명이 있었다. 이들에게 신세를 질 수밖에 없었던 호암은 미안한 마음을 감추지 못했다. 그러나 그들의 말에 호암은 깜짝 놀라지 않을 수 없었다.

"사장님, 걱정하실 것 없습니다. 3억 원 가량의 자금을 비축해 놓았습니다. 이것으로 하시고 싶은 사업을 다시 시작하십시오."

그야말로 뜻밖의 구원이었다. 대구도 한때는 북한군이 점령해 있었는데 이들은 북한군의 통치 하에서 말할 수 없는 장애와 고생을 이겨내며 공장을 지켰을 뿐 아니라 3억 원이나 되는 자금을 축적해 둔 것이었다.

어려운 여건 속에서도 성실하게 기업을 운영해 주었을 뿐 아니라 3억 원이란 자금까지 마련해 준 이들에 대한 기억을 호암은 다음과 같이 술회하였다.

"전란으로 인한 인심이 자못 황폐해진 때가 아니더가 이렇게 정직하고 믿음직한 사람들이 세상에 또 있을까. 감동되어 가슴이 메었다. 익자삼우(益者三友)요, 손자삼우(損者三友)라 했다. 정직한 자를 벗으로 하고 미더운 자를 벗으로 하고 견문 많은 자를 벗으로 함은 익(益)이요, 아첨하는 자를 벗으로 하고 성실치 못한 자를 벗으로 하고 말만 앞세우고 실(實)이 없는 자를 벗으로 함은 손(損)이라 했다. 또한 순경(順境)은 벗을 만들고 역경(逆境)은 벗을 시험한다는 말도 있다. 선인들의 가르침을 새삼 되씹게 되었다."

호암은 이들이 마련해 준 3억 원의 자금으로 임시수도인 부산으로 가서 삼성물산을 재건했다. 김생기 상무를 비롯해 대구에서 헤어진 삼성물산의 임직원들이 그 소식을 듣고 속속 모여들기 시작했다. 마침내

1951년 1월 1일, 삼성물산주식회사는 임시수도 부산에서 재건하는데 성공했다.

호암은 제조업에 진출하면서 다른 사람들이 엄두도 내지 못하는 분야에 과감한 결단과 치밀한 조사를 바탕으로 도전했다. 1953년 전쟁의 폐허 속에서 제조업을 일으키기로 결심한 호암은 제당업에 진출해 제일제당을 창업함으로써 사업의 기반을 마련했다. 그리고 제당사업이 안정을 찾자 1955년 9월 곧바로 모직 사업에 도전을 해 1956년 제일모직을 설립했다. 얼핏 보면 무모하리만치 보였던 모직 사업도 호암의 치밀한 계획과 그의 주위에서 마음으로 지원하던 직원들의 도움으로 마침내 6개월 만에 공사를 완공할 수 있게 되었다. 그리하여 제일모직은 1956년 5월 2일, 첫 조업을 개시했다. 그런데 이번에도 제당 사업 때와 마찬가지로 품질이 기대 이하였다. 물론 처음부터 해외의 경험이 많은 기업들과 동등한 품질이 나올 것이라고 기대한 것은 아니었지만 그래도 어느 정도의 기대를 예상했으나 이에 못 미친 것이었다.

호암은 제당공장과 마찬가지로 이번에도 원인은 가까운 곳에 있을 것이라고 생각했다. 점검 결과, 예상대로 원인은 압착부족이었다. 그 부분을 수정하자 어느 정도의 품질이 뒷받침되기 시작한 것이다.

그러나 양복지의 품질개선은 하루아침에 이룰 수 있는 일이 아니었다. 우선 원료를 매입하는 것이 어려웠고 조업도 불안정했다. 게다가 정밀기계인 만큼 고장이 자주 발생했다. 고장이 발생하면 국내에서 조달할 수 없기 때문에 제조사에 문의를 하다보니 시간이 1년이나 소요되기도 했다. 가장 큰 어려움은 원료였다. 모직물의 품질은 원료가 70%를 좌우

이승만 대통령 부부가 1957년 10월 데커 연합군사령관과 함께 제일모직 공장을 둘러보고 있다. 당시 이 시찰은 이승만 대통령 부부의 첫 국내 민간공장 시찰이었다.

한다. 양모(羊毛)를 비롯한 천연자원이 부족한 국가의 슬픔을 다시 한 번 뼈저리게 느끼게 하는 부분이었다. 그러나 이러한 곤경에 굴복할 호암이 아니었다. 그는 양모제품의 가격변동 정보를 신속하게 파악하는 등 문제 해결에 적극적으로 나섰다. 외국의 전문가들을 초빙해 우리의 기술력을 높이는 일에도 신경을 많이 썼다. 이 같은 노력을 기울여 제일모직은 20년 후 호암이 스스로 "이제 일본의 기술을 능가했다"고 말할 정도로 품질 향상을 일구어냈다.

호암은 앞뒤 가리지 않고 도전하는 스타일이 아니라 늘 새로운 도전에 앞서 치밀한 사전 준비와 충분한 검토를 하곤 했다. 호암이 누구에게도 간섭받지 않고 차분하게 생각을 정리했던 대표적인 사례 가운데 하나로 호암의 '도쿄 구상'이라는 것이 있다. 호암의 도쿄 구상은 1959년으로 거슬러 올라간다. 당시 호암이 비료공장 건설에 매진하고 있을 때였다. 제일제당과 제일모직으로 돈을 버는데 성공은 했지만 돈만 벌기 위해 사업에 투신한 호암이 아니었다. 사업을 통해 국가와 민족에 봉사하겠다는, 사업보국의 신념이 있었기 때문에 호암은 '더욱 크고 국민 경제에 보다 유익한' 사업을 찾기 위해 분주하게 움직이던 중 비료사업에 착수하게 된 것이다. 전통적으로 농업 국가였던 우리나라가 자급자족하려면 무엇보다 곡물의 증산이 필요했고, 이를 위해선 비료가 절대적으로 중요하다는 것을 누구보다 호암은 잘 알고 있었다. 호암은 세계 최신식의 대규모 공장을 건설하기로 하였고 비료도 한국 토양에 적합한 요소비료와 복합비료를 생산해야 한다고 판단했다. 그러나 자금조달이 문제였다. 당시 호암이 비료공장에 진출하기 위해 조사를 한 결과 적어도 1차로 50만 달러는 필요했다. 당시로서는 천문학적인 액수였다. 이 자금은 삼성 혼자만으로는 조달이 불가능했다. 정부도 그만한 도움을 줄 능력이 되지 못했다. 호암의 고민은 깊어만 갔다.

그러던 중 1959년 호암은 해외에 나가면 어떤 방법이 나오지 않을까 하여 해외 여행길에 올랐다. 미국을 거쳐 도쿄에 들렀을 때 마침 폭설이 내린 세모(歲暮)였다. 눈이 너무 내려 도저히 비행기로 서울까지 올 수 없었던 호암은 새해를 도쿄에서 맞기로 하였다. 1960년 신정, 호암은 도쿄 테이코쿠(帝國)호텔에서 시간을 보내던 중 TV를 시청했다. 당시 TV에서는 1960년대가 시작된다며 정치, 경제, 사회, 군사 등 각 분야의 전문가들이 모여 좌담을 하고 있었다. 군사문제에서는 핵무기가 사용될 것인가의 여부가 화제였고 경제 분야에서는 미국·소련 간의 경쟁, 즉 소련의 경제가 미국의 경제를 능가할 수 있느냐가 토론되고 있었다. 이 토론에서 한 전문가가 미국 단독의 힘만으로는 도저히 자유진영을 구할 수 없기 때문에 미국을 비롯한 선진국가들이 각기 GNP의 1%를 원조나 차관 등의 형태로 개발 가능성이 있는 후진국에 제공함으로써 미국의 원조 부담을 나눠 가져야 한다고 주장했다. 그리고 이미 미국에서 이러한 내용을 발의해 1959년 워싱턴에서 그 첫 회의가 열렸으며 이미 몇몇 나라가 차관을 얻어 공장을 건설했다는 정보도 소개했다. 1960년에는 서독에서 2차 회의가 열릴 예정이고 주요 선진 10개국이 참여한다는 내용도 소개했다. 호암이 후일 알게 되었지만 이 회의는 경제협력개발기구(OECD) 산하 개발원조그룹(DAG, Development Assistance Group)을 가리키는 말이었다. 이를 보던 호암에게 번쩍 하고 스쳐지나가는 것이 있었다. 그동안 호암의 가슴을 답답하게 만들었던 비료공장 건설 자금의 방법을 찾게 된 것이다.

호암은 후일에도 도쿄의 호텔에서 새해를 맞이하며 각 분야의 전문가들을 직접 만나거나 일본에서 정보를 수집함으로써 새로운 사업 구상에 완성도를 높였다. 이것이 바로 호암의 '도쿄 구상'인 것이다.

한편, 호암은 몇 번의 도전 속에서도 결국 비료공장의 꿈을 이룩하지 못했다. 4·19과 5·16으로 이어지는 한국의 정치 불안으로 부정축재자로 몰리는가 하면, 모든 것이 안정되고 그토록 바라던 비료공장이 완공되기 직전 소위 '사카린 밀수사건'으로 그의 소망은 물거품이 되고 만 것이다.

1967년 10월 16일, 한국비료의 주식 51%를 정부에 헌납하고 한동안 호암은 경영 일선에 나서지 않았다. 호암은 용인자연농원(현 삼성에버랜드)을 가꾸는데 전력을 기울였다.

그렇다고 호암이 경영에 의욕을 잃거나 좌절해 있었던 것은 아니었다. 호암은 언제나 '사업보국'의 일념으로 경제를 통해 국가를 살리는 방법이 무엇인지를 고민하고 있었던 것이다. 그가 용인자연농원에 매달린 것도 일제강점기와 전쟁을 거치면서 헐벗은 우리나라의 국토를 푸르게 가꾸기 위한 시도였던 것이다.

그리고 호암은 드디어 1969년 1월, 삼성전자공업주식회사를 설립하면서 전자와 중화학공업 사업에 본격적으로 진출하게 된다. 삼성전자를 필두로 1974년 삼성석유화학과 삼성중공업을, 1980년대에는 반도체를 비롯한 첨단 사업에 도전을 시작하게 된 것이다.

이처럼 호암이 새로운 사업을 모색하고 있었던 것은 기존 사업만으로는 우리나라의 경제가 발전할 수 없다는 호암의 식견에서부터 비롯됐다. 그는 해방 후와 전쟁 중에는 무역을 통해 물자조달이란 방식으로 국가 경제발전에 기여했다. 휴전이 된 뒤에는 설탕과 모직 등 수입대체산업을 일으켜 우리나라 경제가 원조경제에서 자립경제로 전환할 수 있는 기틀을 제공했다. 그 후엔 중화학공업을 일으켜 기간산업의 기반을 조성하고, 첨단기술 산업을 개척해야 할 시기라고 판단했다. 특히나 부존자원이 거의 없는 우리나라가 경제적으로 풍요해질 수 있는 유일한 방법은 고급의 지식노동을 통해 고부가가치를 창출할 수 있는 산업밖에 없다는 것을 호암은 세계의 흐름을 통해 읽고 있었다.

당시 세계는 공산주의와 민주주의로 갈라져 대치하는 '냉전시대'를 겪고 있었다. 1960년대 말 베트남전쟁이 가장 대표적인 사례였다. 1970년대가 되자 미국과 소련으로 대표되는 냉전시대가 조금씩 변하기 시작했다. 물론, 세계사의 전체 흐름은 여전한 대치국면이었지만 양 진영이 핵무기를 보유하게 되고, 자칫 핵무기를 사용하면 모두가 공멸할 수 있다는 위기의식이 확산되면서 서서히 '경제전쟁' 으로 바뀌는 시기였던 것이다. 호암은 이 같은 세계사의 흐름을 그 초반기에 읽기 시작한 것이다.

당시 세계 정세를 보자. 미국은 베트남에서 철군했다. 닉슨은 전격적으로 중국의 베이징을 방문해 미국과 중국의 국교정상화가 성립되었다. 일본도 중국과 화해 제스처를 보였다. 전 세계의 기축통화였던 달러화의 금태환(金兌換) 정지를 주축으로 하는 닉슨 쇼크와 두 차례의 오일쇼크가 세계를 휩쓸었다. 예상치 못한 사건들이 연달아 일어나면서 전 세계의 지각이 변동하고 있다는 것을 느낄 수 있었던 것이다.

특히 호암은 일본의 동향을 예의주시했다. 한국의 경제가 일본과 비슷한 패턴으로 발전하고 있었기 때문이다. 일본의 흐름을 살펴본 호암은 1970년대로 들어서면서 우리나라도 부가가치가 높은 전자기기 산업과 중화학공업에 진출해야 한다고 생각했다. 1960년대까지만 해도 우리나라 경제는 사회경제적인 요건이 불충분했고 자금의 조달능력도 부족했으며 기술 인력의 안정적인 확보도 어려웠다. 이 같은 산업은 삼성만 잘한다고 되는 것이 아니었다. 삼성과 함께 협력하는 중소 생산업체들의 수준도 일정 정도 이상이 되어야 했던 것이다. 호암이 1960년대까지 소비재 산업에 중점을 둔 것도 이와 같은 이유 때문이었다.

그러나 1970년대가 되면서 우리나라는 어느 정도의 자립 능력을 갖추게 되었다. 게다가 당시 세계 정세로 보면 구미의 뒤를 좇아 일본의 전자기기 및 중화학공업이 꽃을 피우기 시작했고 대만이 그 뒤를 따라 새로운 사업에 진출하려는 움직임이 포착됐다.

호암은 한국비료의 아픔을 딛고 새롭게 재기할 수 있는 길로 전자산업을 선택했다. 이 분야야말로 기술, 노동력, 부가가치, 내수와 수출 등 어느 면으로 보나 우리나라가 시작하기에 적합한 산업이라는 결론을 내린 것이다. 이에 호암은 내수용 전자제품 사업에 착수한 뒤 기업의 기반을 굳혀서 이를 바탕으로 반도체, 컴퓨터 등으로 발전시키겠다고 마음을 먹었다.

다시 한 번 면밀한 검토를 거친 호암은 전자산업의 전망에 관한 견해를 중앙일보 지상에 발표하고 본격적인 준비에 착수하였다. 1969년 6월 26일과 27일 호암이 중앙일보에 기고한 '전자공업의 오늘과 내일'의 전문을 소개한다. 이를 보면 호암이 기업가로서의 탁월한 통찰력과 자신감이 있을 뿐 아니라 그가 선진 기업들을 따라잡기 위한 전략 등도 남김없이 볼 수 있다.

"경제발전의 가속화를 위해서 범국민적인 노력을 기울이고 있는 지금, 국가의 백년대계를 굳건히 하려면 현대산업의 건설이 무엇보다 긴요한 과제라고 지적되고 있습니다.

지난 몇 년간 우리나라 경제는 후진국에서 유례없는 고도성장을 기록해 왔습니다. 그러나 아직도 많은 구조적 결함을 지니고 있으며, 여러 산업 분야에서 후진적인 불균형을 탈피하지 못하고 있습니다. 따라서 앞으로 우리나라 경제가 건전하고 균형 있게 발전하려면 현대적이고 무한한 발전이 기대되는 산업건설이 요구되고 있습니다. 이런 점에서 최신 과학기술의 산업화 추세에 발맞추어 선진국에서 현대산업의 총아로서 최근에 고도성장의 첨단을 달리고 있는 전자공업은 풍요한 한국 경제의 미래상을 약속해 주는 원동력이 될 것으로 믿어 의심치 않습니다. 전자공업은 헤아릴 수 없이 다양한 제품과 광범위한 용도, 그리고 연관 산업에의 파급효과로 인해서 무한한 개발과 발전이 예견되는 가장 새로운 성장산업입니다.

이 분야에서 미국은 지금 절대적 우위에 있습니다만 일본의 전자공업도 초창기인 1950년대부터 1955년 사이에 연평균 110%라는 경이적 성장을 기록하고, 그 후에는 오늘에 이르기까지 연평균 40%의 안정 성장을 지속하면서 미국을 뒤쫓고 있습니다 1968년의 전자제품 생산액 51어 달러가 1969년에는 63억 달러까지 신장할 것으로 예상되고 있으며, 전자제품 수출액은 14억 달러에서 19억 달러로 36%가 증가하여 전체 수출액의 13%를 차지할 전망입니다.

일본 전자공업의 이러한 비약적 발전은 경영지도층의 지혜로운 투자선택, 과감한 선진기술의 도입과 저렴한 노임에 힘입은 것이며, 라디오·TV 등의 가전제품, 소위 국민생활과 직접 관련이 있는 제품이 그 근간을 이루고 있습니다. 즉, 가전제품의 왕성한 국내소비가 수출기반을 조성했으며 나아가 전자공업 전체의 발전을 가능하게 한 것입니다.

일본에 비교할 바는 못 되지만 우리나라와 같은 개발도상국인 대만에서도 일찍이 전자공업 육성에 착안, 1966년 이미 2,000만 달러의 전자제품을 수출했고, 1969년에는 이것을 1억 달러로 끌어 올릴 계획입니다.

대만은 저렴한 노임을 바탕으로 전자공업에 유리한 투자분위기를 조성하고 외자유치 및 기술도입을 적극 지원하여 현재 내국인 또는 내외국인 합작투자공장 75개와 외국인 직접투자공장 50개를 각각 보유하고 있습니다. 이와 같은 대만 전자공업의 발전은 정부의 점화적 역할에 크게 힘입은 것이라는 것이 여론입니다.

이에 비해 우리나라 전자공업은 1968년도의 모든 전자공업제품의 연간 생산액은 8,700만 달러이고, 그 중 이른바 가정용 전기제품의 생산실적은 4,800만 달러였으며, 수출액은 불과 2,000만 달러를 기록했을 뿐이어서 아직은 지극히 초보적인 단계에 머물러 있습니다.

지금 우리나라에서는 68개 내국인 기업과 4개 내외합작기업, 그리고 8개 외국인 직접투자기업이 전자공업에 종사하고 있습니다.

외국인 기업은 대부분이 저렴한 노임과 유치정책에 자극받아 진출하였고, 집적회로(IC)와 같은 부분품 생산에 주력하고 있으며, 내국인 기업은 주로 외국에서 대부분의 부분품을 도입, 가정용 전기제품을 사실상 조립하는 정도에 그치고 있습니다.

그러나 원자재의 과다한 대외의존은 제품의 가격증가 현상을 초래했고, 외국에 비해 노동력이 저렴하고 풍부하다는 이점을 활용하지 못하여 결과적으로 국제경쟁력은 취약한 형편입니다. 뿐만 아니라 외국인 직접투자기업의 진출도 우리나라 전자공업에는 이렇다 할 만한 기여를 하지 못하고 있는 실정입니다.

다행히 정부는 이처럼 초보적 단계에 있는 전자공업을 육성하기 위해

1969년 1월에는 전자공업진흥법을 제정, 공포하고 이 법에 따라 지난 6월 19일에는 1969년부터 1976년까지의 8년 동안을 계획기간으로 하는 전자공업진흥 기본계획을 확정, 공고했습니다.

이 계획은 계획기간 중 국산화를 촉진하고 전자기기 및 부품의 계열화와 분산화를 확대함으로써 이 제품의 수출을 증대시킨다는 내용으로 되어 있습니다.

물론 전자제품의 대량 수출이 실현되기에는 높은 금리를 비롯하여 상승일로에 있는 노임과 낙후한 기술, 그리고 숙련기능공의 부족 등 저해요인이 너무나 많은 것이 오늘의 현실입니다.

한국에 있어서의 지금까지의 전기제품 국산능력은 간단한 '캐비닛' 등 극히 한정된 부품생산에 그쳤던 것이라고 해도 과언이 아닐 것입니다.

그 동안 선진 여러 나라의 전자공업계의 실태를 면밀하게 검토하여 본 결과 한 개의 '콘덴서'로부터 우주개발을 가능하게 한 초고도의 정밀 전자 응용기기에 이르기까지 그 영역과 심도는 헤아릴 수 없을 정도로 넓고 우회적일 뿐 아니라 기술혁신의 속도 또한 다른 분야에 비할 바가 아니고 부단한 국제경쟁을 해야 하는 아주 어려운 사업이라는 것을 재삼 절감하였습니다.

그러나 이 분야의 제품은 무한한 세계시장을 가지고 있으므로 우리가 자본·기술·경영 등 여러 면에서 온갖 역량을 집중하여 과감하게 추진하여 간다면 전자제품의 국산화가 기필코 이루어지리라는 기대와 확신을 갖게 되었습니다.

삼성이 전자공업분야에서 계획하고 있는 사업이 순조롭게 진전되면 지금부터 2년 후에는 연간 생산액 7,000만 달러, 원화로 쳐서 210억 원에 달하며 그 90%를 수출하게 될 것입니다. 이러한 생산액은 일본 전기업계에서도 20위 안에 드는 대규모에 속하는 업체인 것입니다.

또 그 수출액은 올해 수출계획 금액의 10%에 가까운 것이기 때문에 이 정도의 대규모 공장이 열 개만 있으면 올해 수출목표 7억 달러는 전자제품만으로도 달성할 수 있다는 이야기가 되는 것입니다.

이러한 공장을 세우는 데는 2,000만 달러 내외면 족하고, 또 세계적으로 그 수요가 무한정하기 때문에 국내 기업인들이 적극 이 분야에 투자할 것을 저는 요망하는 것입니다.

전자공업은 금속공업, 기계공업, 응용화학공업과 나아가서는 군수산업 등 관련 공업의 유기적 발전을 가져올 수 있습니다.

종합공업으로서의 특성이 다른 어떤 분야보다도 짙은 전자공업은 무수한 중소 관련기업과의 계열화를 필요하고도 충분한 발전조건으로 하고 있습니다.

일본 경제발전의 비결이 중소기업으로 하여금 대기업과의 계열화를 통해 약진의 원동력이 되게 한 데 있었다고 한 독일 전문지 「슈피겔」의 최근의 추적조사 결과는 보여주고 있습니다. 전자공업처럼 계열화가 광범위하고 불가결한 산업 분야에서 특히 주목할 만한 것이라 하겠습니다.

따라서 전자공업은 국내의 모든 기존 기업들과 계열화, 또는 상호부조하면서 발전해 나가야만 새로운 분야와 신기술의 확산적인 동시개발을 가져올 수 있습니다.

이러한 기업 간의 공존공영은 일본이나 기타 선진 여러 나라에서는 이미 상례화되어 있는 현실이며, 그것은 사리의 당연이라고 할 것입니다.

우리나라 전자공업의 무한한 발전을 위해 수용자가 신뢰할 수 있는 우수한 품질의 제품을 생산하고 국제경쟁력을 배양함으로써 수출증대를 기하기 위해서는 이와 같은 동종 및 계열기업 간의 협력관계가 무엇보다 긴요한 과제인데, 이러한 확대 개발효과는 경제의 질적인 심화와 우회생산의 확대를 가져올 것입니다.

우리가 아무리 선진국의 기술을 도입 개발하여 우수하고 저렴한 제품을 생산하려 해도 현재의 제반 어려운 여건들이 개선되지 않는다면 우리가 설정한 어떠한 목표의 달성도 불가능할 것입니다.

앞에서 이미 지적한 것처럼 국내 기업환경은 높은 금리와 세제상의 문제 등 결코 소망스럽지가 못하고, 낮은 수준에 있다고는 하지만 해마다 약 20% 내지 30%씩 상승하고 있는 노임 추세도 경시할 수 없는 실정입니다. 노동력이 풍부하다지만 전자공업 부문의 기능공은 빈약하며, 낮은 수준의 노동생산성은 저렴하다는 노임의 이점을 사실상 상쇄하고 마는 것입니다.

따라서 정책상의 지도와 여건조성은 앞으로 전자공업의 성패를 좌우하는 관건이 됩니다. 다른 산업보다 초보적 단계에 놓여 있기 때문에 그 필요성은 더욱 절실합니다.

전자공업은 지금 또 하나의 성장산업으로 각광을 받고 있는 석유화학공업 이상으로 발전의 소지가 큰 산업입니다.

특히 전자공업은 거액의 투자가 필요한 장치공업이 아니며, 따라서 투자액이 적은 데 비해서 그 수익률이 높아 적은 자본투자로 무한한 성장을 기대할 수 있는 산업입니다. 그리고 전자공업에 대한 투자는 그것을 내구 소비재의 생산을 위한 투자로 볼 것이 아니라 수출증대를 위한 전략투자의 관점에서 적극적인 투자유인의 조성이 절실하게 요청되고 있습니다.

국민경제가 기간산업은 물론 내구소비재산업에까지 여유 있게 투자할 수 있는 시기가 하루 속히 오게 하기 위해 먼저 '달러'를 벌어들이자는 투자입니다.

오늘날 선진국의 전자공업은 시설 자동화와 기계화 공정의 촉진으로 이미 단순한 노동집약적 산업이 아니고 자본집약적 경향을 띠어가고 있습니다.

우리가 이렇게 새로운 단계로 발전을 거듭하면서 쉴 새 없이 혁신해 가는 선진국 전자공업의 뒤를 하루빨리 따라갈 수 있는 길은 오직 정부 부문과 민간기업을 망라한 범사회적인 육성의욕과 노력에 달려 있음을 새삼 강조하고 싶습니다.

전자공업에 대한 정부의 점화적·선도적 역할은 다른 산업 분야에 있어서나 마찬가지로 필요하지만 수출액의 다과와 국산화 비율의 고저, 그리고 자기자본의 충실성 여부 등을 고려해서 이에 상응하는 정책상의 조정이 있어야 할 것입니다.

또한 저는 이 기회에 정부가 전자공업진흥 기본계획에서 장정하고 있는 수출계획을 보다 더 의욕적으로 확대 수정할 것을 제의하고 싶습니다.

기본계획의 1976년도 전자제품 수출목표 4억 달러는 보다 의욕적인 수준까지 확대되어야 할 것이며, 이와 같은 확대된 수출목표에 대응한 전자제품의 내수 수준의 향상을 위하여 정부와 업계는 통합된 노력을 계속 집중시켜가야 할 것입니다."

이와 같은 호암의 통찰은 2009년 삼성전자가 매출액 139조 2,900억 원, 순이익 10조 9,200억 원을 넘어서며 이른바 '텐-텐 클럽(매출액 10억달러, 순이익 1억 달러를 넘는 우량기업을 지칭하는 용어)'에 가입할 정도로 우리나라 경제회복의 견인차 역할을 했다는 점에서 그대로 입증된다.

그러나 당시 업계는 호암의 이 같은 선언을 듣고 시끄러워졌다. 삼성이 진출하면 전자업계는 다 망한다며 기존 기업뿐만 아니라 심지어 국회의원들까지 동원하여 저지운동을 맹렬히 전개했다. 여론과 국회의 부담을 느낀 정부도 사업 허가에 주저하고 있었다. 호암은 그들을 설득하기 위해 백방으로 뛰어다녔다. 삼성이 전자산업에 진출하려는 것은 경쟁업체를 죽이기 위한 것이 아니라 국가 경제에 새로운 전기를 마련하기 위한 것이라는 점을 강조했다. 호암은 대통령도 직접 만나 전자산업의 장래성을 설명하고 이것이 국가적 사업이 되어야 한다고 강조했다. 결국 전자산업 전반에 관한 정부의 개방지시가 내려졌다. 마침내 1969년 1월 13일, 호암은 삼성전자공업을 설립할 수 있게 된 것이다.

삼성전자는 사업 초기에 많은 어려움을 겪었다. 호암은 산요전기와 NEC 등의 일본 기업과 합작으로 2,000만 달러를 투자해 집적회로나 TV 브라운관을 초대형 규모로 만들기 위해 공장을 조성했다. 그러나 일본 기업으로부터 기술을 배운다는 것이 쉽지 않았던 것이다. 일본 기술자들

1969년 제6회 수출의 날에 박정희 대통령(오른쪽)으로부터 금탑산업훈장을 받고 있는 호암 이병철

은 핵심 기술에 대해서는 철저한 보안을 유지했다. 한국에 머물던 그들은 당시 일본 본사와 연락할 일이 있으면 삼성전자 사람들을 모두 내보내고 텔렉스(가입자끼리 임의의 시간에 전신회선망으로 통신하는 것)실을 완전히 봉쇄했다. 또 어디에서든 기술과 관련된 이야기가 있으면 자기들끼리만 이야기를 나누었다. 절대로 삼성전자 직원들이 듣지 못하도록 한 것이다.

이러한 어려움을 딛고 삼성은 1970년부터 제품을 양산하기 시작해 드디어 1972년에는 '메이드 인 코리아' TV를 미국에 수출하게 되었다. 삼성전자는 창립 9년 만인 1978년 흑백TV 200만 대를 생산하여 일본의 마쓰시타전기를 앞질렀고, 연간 생산에 있어서는 세계 최고기록을 수립했다. 1981년 5월에는 다시 1,000만 대를 돌파했다. 삼성전자가 전자산업에서 두각을 나타내자 일본의 견제는 더욱 심해졌다. 그러나 삼성전자의 기술진들은 외국 제품을 하나하나 뜯어보며 연구를 했다. 그렇게 기술개발에 피나는 노력을 기울인 결과 삼성전자는 마침내 국내 최초로 컬러 TV를 개발하는데 성공했다. 1984년, 삼성은 우리나라 최초로 컬러TV 500만 대 생산을 돌파했으며 흑백TV 1,500만 대를 합하여 2,000만 대 돌파 기록도 세웠다. 이처럼 컬러TV의 생산이 늘면서 대미 수출도 급증하자 미국은 삼성전자의 컬러TV에 대한 수입규제를 하기도 했다. 그러나 호암은 이를 오히려 기회로 받아들였다. 미국과 유럽 등지에 현지공장과 현지법인을 설립함으로써 오히려 위기를 도약의 기회로 삼은 것이다.

삼성전자의 비약적인 성장과 함께 호암은 전자부문의 계열화를 위해 많은 회사들을 설립했다. 1969년 12월에는 현재 삼성전기의 전신인 삼성산요를 설립했고 이듬해인 1970년 1월에는 삼성SDI의 전신인 삼성NEC를 설립했다. 또 삼성산요파츠, 삼성코닝, 한국반도체 등의 계열회사를 잇달아 설립함으로써 부품생산에 필요한 길을 텄다.

이 같은 호암의 도전과 재도전은 전자산업의 성공을 비롯해 후일 중화학공업 등과 함께 삼성이 대한민국 경제의 커다란 버팀목 역할을 하는데 결정적인 기여를 하게 된다.

호암은 그의 자서전에서 다음과 같이 말하고 있다.

"과거를 돌이켜볼 때, 저는 제가 특별한 사람은 아니라고 생각합니다. 하지만 평범한 삶을 살아온 것 역시 아닙니다. 저는 원래 가만히 앉아 있는 성격이 아니었을 뿐 아니라 무슨 일을 하더라도 첫째, 최고, 최대가 아니면 직성이 풀리지 않는 성격이었습니다. 그래서 평생을 새로운 일, 어려운 일을 찾아 생각하고 이루어내면서 살아왔지요. 세상 사람들이 어렵다고 고개를 돌려버리는 일에 굳이 손을 대서 기획하고 도전할 때에야말로 가슴 속에 타오르는 의욕과 정열을 느낄 수 있습니다. '단호한 결단 앞에 실패는 없다' 는 말이 있는데 최선을 다해 노력하면 불가능한 일은 없다는 것이 저의 생각입니다."

이건희 회장의 첫 경영 도전은 사실 방송국에서 평범하게 시작되었다. 이건희 회장이 처음 경영을 나선 시기는 1966년이다. 이때 이건희 회장은 동양방송(TBC)을 통해 경영에 첫 발을 내디뎠다. 이건희 회장은 "내가 기업 경영에 몸담은 것은 1966년 동양방송에서부터였다"고 회고했다.

이때만 해도 이건희 회장이 삼성그룹의 경영을 승계할 후계자인 줄 아무도 몰랐다. 물론 단 한사람, 부친인 호암만이 이건희 회장의 경영승계를 알고 있었을 터.

주위에선 이건희 회장을 외국 문물을 익힌 신세대로 방송국 경영에 적합한 젊은이로밖에 여기지 않았다. 그도 그럴 것이 당시 셋째인 이건희 회장은 2명의 형들과 비교도 되지 못할 만큼 경륜이 일천한 새내기에 불과했다.

이건희 회장 본인도 평소 좋아하는 영화를 감안해 방송국 경영에 재능을 발휘했다. 당초 호암도 고등학생이던 이건희 회장에게 신문방송분야 공부를 권유했다.

지난 1961년의 일이다. 호암은 고등학생이던 이건희 회장에게 "네 성격엔 기업이 안 맞는 것 같다. 매스컴은 어떠냐?"고 권유했다.

당시 이건희 회장은 연세대학에 합격해 등록금과 교과서까지 구매한 상태였지만, 호암의 권유를 받아들이기로 했다. 호암이 이건희 회장에게 매스컴에 신경 쓰라고 권유한 이유는 매스컴과 관련된 사업을 맡기려는 의도였기 때문으로 해석되고 있다.

공교롭게, 이건희 회장이 호암의 뜻에 따라 일본 유학을 거쳐 미국 조지워싱턴대학 경영대학원에서 공부한 후 귀국한 시점엔 동양방송이 설립된 상태였다.

이건희 회장은 호암과 같은 와세다대를 졸업한 뒤, 미국의 조지워싱턴대 경영대학원에서 경제학부와 부전공으로 매스컴학을 배웠다. 조지워싱턴대는 미국 동부에서 최고 명문 대학 중 하나로 꼽힌다. 이건희 회장은 지난 1966년에 25세의 나이로 귀국한다.

그리고 이건희 회장은 삼성 비서실에서 견습사원으로 근무하면서 호암을 보좌했다. 아침에는 신문을 보고 삼성과 관련된 기사를 찾아 보고하고, 호암을 수행하면서 경영수업을 받았다.

이후 이건희 회장은 동양방송에 정식 입사했다. 호암이 이건희 회장에게 매스컴을 공부하라던 이유가 그대로 드러나는 순간이다.

동양방송에서 이건희 회장의 당시 직함은 이사였다. 당시 동양방송의 경영은 이건희 회장의 장인인 홍진기 회장이 맡고 있었다. 이건희 회장은 장인 밑에서 본격적인 사회생활을 시작한 것이다. 이건희 회장은 홍진기 회장 아래서 새벽부터 밤늦게까지 열정적으로 일했다. 홍진기 회장은 이건희 회장에게 있어 인생의 스승이자, 경영의 가정교사였던 모양이다.

홍진기는 경성제대 법학과를 졸업하고, 판사와 검사를 거쳐 법무장관과 내무장관을 지낸 인물로 경제, 행정, 경영 등에 박학다식했다. 이런 홍진기 회장은 이건희 회장에게 상당한 영향을 준 것으로 보여진다.

이건희 회장은 『이건희 에세이 생각 좀 하며 세상을 보자』에서 홍진기 회장을 호암과 함께 가르침을 준 훌륭한 스승으로 표현했다. 내용은 아래와 같다.

"나는 지금까지 살아오면서 세상 어디서도 만나기 어려운 훌륭한 스승을, 그것도 두 분이나 모실 수 있었던 행운아다. 삼성의 창업자인 선친, 호암 이병철 선대회장과 법조인 출신으로 정치·행정·경제에 두루 밝으셨던 장인, 유민 홍진기 전 중앙일보 회장이 바로 그분들이다. 두 분 모두 영면하셨지만 내게 어려운 일이 생길 때면 그분들의 모습이 늘 떠오른다."

이건희 회장은 동양방송에서 의욕적으로 일했다. 당시 이건희 회장은 후발주자였던 동양방송이 안착되도록 드라마의 시청률을 높이기 위해 안간힘을 썼다. 일본 유학시절 1,000여 편의 영화를 관람했던 이건희 회장의 시각은 역시 남달랐다.

이건희 회장은 남들이 주연배우 확보에 주력할 때 조연배우의 중요성을 강조했다. 조연배우가 훌륭한 연기로 받쳐 주어야 드라마가 빛난다는 발상의 전환이었다.

실제, 이건희 회장은 동양방송 이사 시절 훌륭한 조연배우를 확보했다. 심지어 이건희 회장은 직원들에게 조연배우들의 수입까지 조사토록 지시해 좋은 조건으로 조연배우를 다수 영입하는 수완도 발휘했다. 그 결과, 동양방송은 쟁쟁한 조연배우들의 탄탄한 연기로 인해 드라마에서 경쟁사를 압도했다. 특정 드라마의 경우 최고 80%의 시청률까지 끌어올리면서 동양방송의 위상이 높아지게 했다. 결과적으로, 이건희 회장이 처음으로 사회생활을 시작한 동양방송에서의 도전은 비교적 성공적이었던 것이다. 당시 호암도 이건희 회장이 동양방송에서 거둔 성과에 대해 홍진기 회장을 통해 수시로 전해 듣고, 흡족해했다는 전언이다.

그 후 지난 1987년 11월 19일, 호암이 이태원동 자택에서 영면했다. 그날 삼성 수뇌부는 회의를 통해 만장일치로 이건희 회장을 신임 삼성그룹 회장으로 추대키로 합의했다.

1987년 12월 1일, 서울 호암아트홀에서 열린 삼성그룹 회장 취임식에서 이건희 회장이 발표한 취임사는 아버지이자 위대한 경영인 이병철 창업주를 잃은 비통함과 함께 새로운 삼성의 미래 100년을 위해 '제2의 창업'을 향해 전진하겠다는 또 하나의 도전의지가 담겨 있다. 취임사 내용은 아래와 같다.

"존경하는 원로 회장님과 고문 여러분! 친애하는 삼성가족 여러분!

본인은 오늘 지난 반세기 동안 삼성을 일으키고 키워오셨던 창업주를 졸지에 여의고 이 자리에 서게 되니 영광에 앞서 그 책임감이 너무 크고 무거움을 느낍니다. 50년 전 선친께서 창업의 터전을 닦으신 이래, 우리

1987년 12월 1일 삼성그룹의 제2대 회장으로 추대된 이건희 회장이 최관식 삼성중공업 사장으로부터 삼성사기를 전달받고 있다.

삼성은 실로 한국 경제사에 커다란 발자취를 남겼으며, 현대 기업사에도 빛나는 금자탑을 세웠습니다.

불모의 터전에서 삼성을 세계적인 기업으로 키우신 선대 회장님의 위대한 업적에 우리 모두 경건한 마음으로 고개를 숙이지 않을 수 없습니다. 한편 오늘이 있기까지에는 일생을 걸고 고락을 같이 해온 우리 삼성인의 피와 땀이 밑거름이 되었음을 본인은 잘 알고 있으며, 이 자리를 빌려 그 모든 분들에게 깊은 감사와 경의의 말씀을 드리는 바입니다.

삼성가족 여러분!

삼성은 이미 한 개인이나 가족의 차원을 넘어 국민 모두에 의해 커왔고, 국민 모두에 의해 지탱되며, 국민 모두에 봉사해야 하는 국민적 기업이 되었습니다. 본인이 창업주의 유지를 받들어 이 자리에 섰지만 삼성에 대한 국민의 기대와 희망을 생각하고, 또 지금 이 순간이 우리들 자신과 국가 그리고 인류사회의 발전을 다짐하는 자리임을 생각할 때 헤아릴 수 없는 책임과 사명감을 통감하지 않을 수 없습니다.

경영의 안목이나 경륜에 있어서 본인은 선친과는 비교할 수 없지만 삼성가족과 선배, 동료, 친지 여러분의 성원과 협력을 받아 부여된 소명에 열과 성을 다할 각오입니다.

작고하신 창업주께서 너무나 위대하셨기에 우리의 슬픔 또한 더 크고 하늘이 무너지는 듯한 허탈감을 느낍니다. 그러나 우리는 그것을 딛고 일어나 삼성의 새 역사 창조에 장엄한 시동을 걸어야 하며 그것이 바로 창업주의 유지를 받드는 길입니다.

본인은 그러한 전통의 든든한 밑받침 위에서 제2의 창업을 가꾸는 선봉으로서 혼신의 힘을 다하여 그 소임을 수행할 것입니다. 앞으로 우리 삼성은 수성과 개혁의 시대적 요청과 사내외의 여망에 적극 부응해 나갈 것이며, 이를 위해 본인의 경영에 대한 소신을 이 자리에서 밝히고자 합니다.

본인은 삼성이 지금까지 쌓아온 훌륭한 전통과 창업주의 유지를 계승하여 이를 더욱 발전시켜 나갈 것이며, 개인의 독선보다는 다수의 의견과 조직을 우선하고 책임경영과 공존공영의 원칙을 철저히 지켜 사업보국, 인재제일, 합리추구의 경영이념을 실현해 나갈 것입니다.

미래지향적이고 도전적인 경영을 통해 1990년대까지는 삼성을 세계적인 초일류기업으로 성장시킬 것입니다. 이를 위해 첨단 기술산업 분야를 더욱 넓히고 해외사업의 활성화로 그룹의 국제화를 가속시킬 것이며 새로운 기술개발과 신경영 기법의 도입 또한 적극 추진해 나갈 것입니다.

인재를 더욱 아끼고 키우는 데 모든 힘을 기울이겠습니다. 개성과 창의를 존중하고, 국가와 사회가 필요로 하는 인재를 교육시키며 그들에게 최선의 인간관계와 최고의 능률이 보장되도록 제도적인 뒷받침을 다해 나갈 것입니다.

특히 삼성이 50년의 맥을 이어온 엄격한 신상필벌과 학연, 지연, 혈연을 철저히 배제한 공정한 인사의 전통은 영원불변이라는 점을 다시 한번 밝혀 두는 바입니다. 또한 우리가 반드시 달성해야 할 모든 경영목표는 인화와 단결이 밑바탕이 되어야 한다고 생각합니다.

본인이 여기서 인화를 강조하는 이유는 어떠한 조직도 상호 신뢰, 성실, 존경을 바탕으로 하는 협력관계가 이루어지지 않으면 아무리 우수한 인재가 모였다 하더라도 거기엔 실패와 파멸이 있기 마련이기 때문입니다.

지금까지 그래왔듯이 앞으로도 우리는 관계사 간 협조체제를 계속 유지, 강화하여 그룹의 결속력을 굳건히 다지는 한편 어떠한 위기와 갈등의 상황도 화합과 발전으로 성취하는 지성적 결단, 희생적 용기를 발휘해야 할 것입니다.

끝으로 삼성은 좋은 제품을 싸게 만들어 사회에 공급하고 건실한 경영을 통해 국가경제 발전에 기여함은 물론 지금 사회가 우리에게 기대하고 있는 이상으로 봉사와 헌신을 적극 전개할 것입니다.

또 임직원의 복지향상에도 최선을 다하여 모든 삼성인들이 일생을 걸어 후회 없는 직장이 되도록 하겠습니다.

이렇게 함으로써 인간과 사회에의 봉사가 최고의 미덕이라는 본인의 믿음과 경영이상을 실천할 것입니다.

삼성가족 여러분, 위대한 창업주의 뒤를 잇는다는 것이 얼마나 힘들고 무거운 책무인가를 잘 알고 있습니다. 그러나 지난 날 우리의 창업주와 선배들이 어떤 시련과 고난에도 굴하지 않고 오늘의 자랑스러운 삼성을 이룩하셨듯이 본인은 젊음의 패기와 진취의 기상을 바탕으로 하여 제2의 창업에 나설 것입니다. 그리하여 우리의 삼성이 우리의 세대 안에 세계 최고의 기업으로 도약하는 원대한 포부의 실현에 최선을 다하는 견인차가 되고자 합니다.

오늘 이 자리에서 우리 다 같이 헌신과 봉사, 그리고 가일층의 분발을 다짐함으로써 새로이 출범하는 삼성의 제2창업에 찬란한 영광이 돌아오도록 힘차게 전진합시다. 감사합니다."

이건희 회장은 그렇게 담담하면서도 결연한 마음으로 삼성그룹 최고경영자로서 도전의 서막을 올렸다. 젊은 이건희 회장의 상중 출사표였다.

그리고 이건희 회장은 우여곡절 속에서 2007년까지 삼성을 초일류기업의 반석에 올려놓기 위해 열정을 불태웠다. 그러던 중 2008년 4월 승승장구하던 이건희 회장도 삼성 특검 여파로 경영일선에서 물러나는 시련을 겪게 됐다.

그 후 그는 칩거에 들어갔다. 그의 칩거 기간에 경영 복귀에 대한 소문이 여기저기서 제기됐다. 그러나 그는 쉽게 움직이지 않았다. 그렇게 그는 경영에서 영원히 손을 떼는 듯싶었다. 하지만 2010년 1월부터 이건희 회장의 경영 복귀 분위기가 서서히 무르익기 시작했다.

실제 이건희 회장은 2010년 1월 9일 'CES 2010' 행사장에서 경영 복귀에 대해 "아직 멀었다"고 손사래를 쳤다. 일단 이 회장이 평창 동계올림픽 유치에만 몰두하겠다는 의지로 받아들여졌다.

그러나 이건희 회장은 시간이 지나면서 경영 복귀에 대해 심각하게 고민하는 인상이 짙었다.

미국 출장길에 올랐던 이 회장은 출국 보름 만인 2010년 1월 21일 삼성그룹 전용기를 이용해 김포공항으로 입국하면서 경영에 복귀에 대해 "생각 중"이라고 언급했다. 일단 미국 출장에 "경영 복귀는 아직 멀었다"고 밝힌 것에서 경영 복귀 쪽으로 한발 진전된 듯한 느낌을 줬다. 이때 이 회장의 재도전의 기운이 움트기 시작한 것이다.

이날 김포공항 입국장에는 이학수 삼성 고문(전 삼성그룹 부회장), 최지성 삼성전자 사장, 이재용 삼성전자 부사장, 이수창 삼성생명 사장 등 삼성 고위인사들이 이건희 회장 일행을 마중 나왔다. 삼성 수뇌부가 이렇게 모여 이 회장을 보좌한 것은 오랜만의 일이란 점에서 경영 복귀는 시간문제라는 분위기가 형성됐다.

결국 이건희 회장이 경영 복귀 의사를 내비친 것은 2010년 2월 5일이다.

이날 서울 호암아트홀에서 열린 호암 이병철 탄생 100주년 기념식에 참석한 이건희 회장은 또다시 진전된 경영 복귀 의사를 내비쳤다.

이 회장은 이날 경영 복귀 시점에 대해 "삼성이 약해졌다는 판단이 들면 도와주겠다"면서 경영 복귀 의사를 보였다.

이어 이 회장은 "삼성이 아직은 강하다"면서 경영 복귀에 대해 여전히

이건희 삼성 회장이 미국 라스베이거스에서 열렸던 '소비자가전쇼(CES) 2010' 과 평창 동계올림픽 유치활동의 일정을 마친 후 2010년 1월 21일 김포공항을 통해 입국하고 있다.

"아직 생각 중"이라고 덧붙여 묘한 여운을 남겼다.

이 회장의 발언은 경영 복귀에 대한 생각이 나날이 진전되고 있다는 반증으로 여겨졌다.

이 시기에 삼성 안팎에서 이 회장의 경영 복귀가 초읽기에 들어갔다는 소문이 나돌았다. 공교롭게 삼성의 일부 사장들도 비슷한 시기에 이건희 회장의 경영 복귀를 간절히 바라는 의사를 공개적으로 쏟아냈다.

먼저, 이건희 회장 경영 복귀를 요청하는 신호탄을 쏜 것은 최지성 삼성전자 사장이다. 그는 2010년 1월 미국 라스베이거스에서 가진 기자간담회에서 "(이건희 회장을) 모시고 일을 해야 되지 않을까 생각한다"고 이건희 회장의 경영 복귀 필요성을 힘주어 말했다.

이 자리에서 최 사장은 지난 1993년 이 회장이 주도한 신경영 이야기를 꺼내면서 이 회장의 공적을 치켜세웠다.

최 사장은 아래와 같이 말했다.

"지난 1993년 2월 LA에서 열린 '전자제품 비교평가회의'에서 당시 이 회장이 삼성 TV가 LA 전자제품 매장 한쪽 귀퉁이에서 먼지만 수북이 쌓인 채 천덕꾸러기 신세로 있던 현실을 일깨우며 냉철한 반성과 분발을 당부했다. 바로 그 LA 회의가 기폭제가 돼서 같은 해 6월 삼성은 신경영 선언과 함께 대전환을 시작했고 10여 년이 지난 오늘 삼성 TV는 프리미엄 브랜드의 대명사로 성장했다. 이 회장은 당분간 경영보다는 평창 동계올림픽 유치에 주력할 것이다. 하지만 대주주로 회사가 잘못 가는 것을 그냥 보고 있지는 않을 것 같다. 이 회장이 최고경영자(CEO)들의 부족한 것을 메워 주지 않을까 기대하고 있다. 모시고 일을 해야 되지 않을까 생각하고 있다."

앞서 최지성 사장은 지난 2009년 9월 초 독일 베를린에서 열린 IFA2009에 참석해 기자들과 만난 자리에서도 이건희 회장의 경영능력을 높이 평가하는 발언을 했다. 최 사장의 당시 발언은 아래와 같다.

"삼성이 TV분야에서 1위를 하고 뻗어가고 있는 데는 그룹의 역량을 한 곳에 집중한 이 회장의 통찰과 혜안 덕이다. 삼성의 우리 사회에 가진 기여도를 감안할 때 빨리 정상화되야 할 필요가 있다."

여기엔 이건희 회장에 대한 최지성 사장의 강한 신뢰와 존경이 묻어 났다.

이건희 회장의 경영 복귀를 원하는 의사를 밝힌 또 다른 삼성 사장은 권오현 삼성전자 반도체 사업부장이다.

권 사장은 지난 2009년 9월, 대만 타이페이에서 열린 삼성모바일솔루션(SMS)포럼 기념 기자간담회에서 이건희 회장의 경영 복귀를 강력히 요청하는 발언을 했다. 권 사장의 발언은 아래와 같다.

"삼성그룹뿐 아니라 국가적으로도 전임 (이건희) 회장의 노하우와 지혜를 이용할 수 있었으면 한다. 삼성그룹의 투자는 1년 텀을 기준으로 결정하는 것이 아니고 굉장히 장기적인 텀(term)으로 해왔다. 당장 (이건희 회장이 없어도) 영향이 없는 것으로 보이지만 10년을 내다본다면 다시 생각해 봐야 할 것이다. 현재의 모든 퍼포먼스는 지금 이뤄진 것이 아니라 장기적인 안목을 갖고 투자를 한 결과이다."

이들 삼성 사장단의 충심어린 요청이 있어서였을까. 결국 이 회장은 2010년 3월 삼성전자 회장으로 경영일선에 전격 복귀했다. 이 회장의 경영 복귀는 지난 2008년 4월 경영 퇴진 선언 이후 무려 23개월 만이다. 이 회장의 재도전이 화려하게 막을 올리는 순간이다.

이 회장의 경영 복귀를 공식 브리핑한 삼성그룹 커뮤니케이션팀장 이인용 부사장은 "지난달 삼성 사장단 협의회 논의 결과 글로벌 사업기회를 선점하기 위해서는 이 회장의 경륜과 리더십이 필요하다는 판단을 내렸다"고 말문을 열었다.

이 부사장은 또한 "경영 의사결정의 속도를 높일 필요가 있다는 점이 이 회장의 복귀를 요청하게 된 배경"이라며 "사장단에서 복귀요청 건의문을 작성해 이수빈 삼성생명 회장이 이 회장에게 전달했고 이 회장이 한 달여의 고심 끝에 수락한 것"이라고 부연했다.

이건희 회장은 삼성그룹 공식 트위터(tweeter)를 통해서도 임직원들에게 경영 복귀를 알리는 글을 아래와 같이 전했다.

"지금이 진짜 위기다. 글로벌 일류기업들이 무너지고 있다. 삼성도 언제 어떻게 될지 모른다. 앞으로 10년 내에 삼성을 대표하는 사업과 제품은 대부분 사라질 것이다. 다시 시작해야 한다. 머뭇거릴 시간이 없다. 앞만 보고 가자."

여기에는 이 회장의 위기의식이 짙게 배어 있다. 세계 최고를 자부하던 일본 도요타의 미국발 소비자 품질불량 위기를 맞는 상황을 접한 이건희 회장의 불안한 마음이 담겨 있다. 이렇게 이 회장은 삼성 회장으로서 다시 뛰기 시작한 것이다. 이는 지난 1987년 삼성그룹 회장 첫 취임과 1993년 신경영 선언만큼이나 이건희 회장에겐 결연한 의지가 필요한 순간으로 기록되고 있다.

이후 이건희 회장은 경영보폭을 넓혀갔다. 그 일환으로 이 회장은 2010년 4월 김포공항을 통해 이탈리아 밀라노로 출장을 떠났다. 공교롭게, 이탈리아 밀라노는 지난 2005년 이건희 당시 삼성그룹 회장과 주요 사장단들이 전략회의를 열고 '밀라노 4대 디자인전략'을 발표했던 곳이어서 남다른 의미가 있기도 하다.

이 회장의 출국 당시 김포공항에는 최지성 삼성전자 사장, 김순택 삼성전자 부회장(신사업추진단장), 최도석 삼성카드 부회장 등 삼성그룹의 핵심 사장단이 배웅했다. 이 회장은 밀라노에서 평창 동계올림픽 유치를 위해 스위스와 이탈리아 등 유럽 IOC 위원들을 만났다. 이후 이 회장은 밀라노 등에서 20일 이상의 장기간 출장을 소화한 뒤 귀국했다.

같은 달, 이건희 회장은 서울 한남동 집무실인 승지원에서 일본 재계

단체 게이단렌(經團聯) 회장 내정자인 요네쿠라 히로마사(米倉弘昌) 스미토모화학 회장을 만나 만찬을 했다.

   이 회장은 평소 일본 경제계 인사들과 오랜 친분을 쌓아왔다. 이 회장은 요네쿠라 히로마사 회장과도 가까운 사이로 알려졌다. 이 회장이 경영 복귀 후 일본 재계 인사를 만난 건 처음이다. 이 자리에서는 이 회장의 장남인 이재용 삼성전자 부사장(최고운영책임자 · COO)도 동석해 일본 경제인들과의 친분을 쌓았다.

6. 선도와 제패

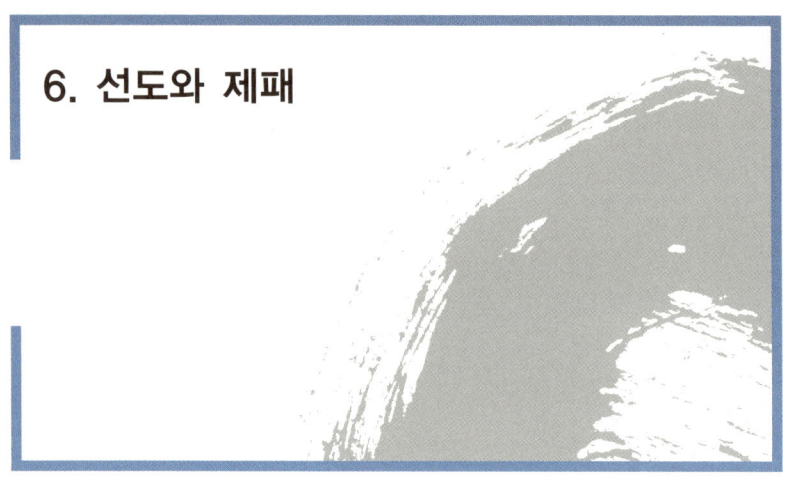

한 분야를 이끌고 성공하기 위해서는 수많은 실패와 좌절과 도전과 위기에 직면해서도 꺾이지 않는 의지와 치밀함이 있어야 한다. 이병철과 이건희가 세계 최고의 기업 삼성을 이룩한 이면에도 일반인들은 알지 못하는 수많은 도전과 위기가 있었다.

호암의 경우 1966년 한국비료의 꿈을 접고 일시적으로 경영의 일선에서 물러나 있었다. 그러나 1970년대가 다가오면서 세계 정세는 또다시 새로운 시대를 향해 빠르게 변하고 있었다. 당시 우리나라도 1960년대의 공업화 과정을 거치면서 조선, 기계, 철강, 화학, 전자 등 전반적인 산업 분야에서 새로운 물결이 꿈틀대고 있었다. 호암은 이 같은 시대의 변화를 감지하고 있었다. 그는 1968년 2월 삼성물산 회장으로 다시 경영에 복귀하면서 삼성물산에 개발부를 설치하고 전자산업에 대한 타당성을 검토하기 시작하였다. 삼성이 전자산업의 합작 파트너를 물색하던 어느 날 호암은 산요전기의 이우에 회장으로부터 합작제의를 받게 된다. 전자산업의 필요성을 절감하던 호암은 도쿄에 있는 산요전기의 40만 평에 이르는 대규모 단지를 시찰하게 되었다. 산요전기의 공장은 부품에서부터 완제품까지 생산하는 다양한 공정들로 가득 차 있었다. "전자공업이야말로 모래를 원료로 한 실리콘칩에서부터 TV 수상기에 이르기까지 무에서 유를 창조하는 부가가치 99%의 창조산업"이라는 이우에 회장의 설명은 호암에게 삼성이 앞으로 이 분야에 매진해야 한다는 결심을 굳히는 계기가 된다.

호암은 산요전기를 합작 파트너로 선정한 뒤 합작회사 설립을 위한 가계약을 체결하고 드디어 전자회사를 설립하게 된다.

호암은 본격적인 1970년대로 들어서면서 삼성을 한 단계 업그레이드 하는 작업에도 착수한다. 1972년 말 당시 삼성의 업종구성을 과감하게 개편하여 중화학의 비중을 대폭 높이는 방안을 검토하도록 비서실에 지시하였다. 1950년대는 제일제당과 제일모직으로 대표되는 수입대체산업의 육성이 시대적인 요청이었고, 1960년대는 비료산업이나 보험, 금융, 백화점, 문화사업 등 산업의 저변 확대를 위한 시기였다면 1970년대는 중화학공업 진출을 통한 본격적인 도약의 시기라고 판단한 것이다. 이 같은 호암의 비전에 따라 1974년 7월에는 삼성석유화학공업주식회사가, 같은 해 8월엔 삼성중공업주식회사가 설립되었다. 또 1977년 4월에는 기존 조선업체를 인수해 삼성조선을 설립했으며 같은 해 8월 삼성정밀공업을 설립했다.

특히 1978년부터는 80년대를 앞두고 한국반도체를 삼성반도체로 상호를 변경하면서 첨단 반도체 산업 진출을 위한 기반을 마련하였다. 그해 삼성전자는 국내 전자업계 최초로 수출 1억 달러를 돌파하며 국내 전자산업이 성장할 수 있는 가능성을 보여줬다.

호암이 반도체 사업에 진출하기 이전에도 삼성은 이미 우리나라 경제의 주춧돌 역할을 하고 있었다. 총매출의 절반가량이 해외에서 벌어들인 돈이었으며 각종 기술제휴나 합작투자 등을 통해 전 세계 곳곳에서 글로벌 업체들과 어깨를 나란히 견주며 경쟁을 하고 있었다. 실제로 1986년경 삼성은 미국, 유럽 등 세계 70여 개 국에 현지법인이나 공장 및 지사 등을 확보하고 있었다. 삼성이란 브랜드의 신인도도 해외에서 인정받고 있었다. 1978년 무보증 차관을 받아낼 정도로 신뢰가 쌓인 삼성은 1982년 해외 상업어음 발행에 성공했으며 1985년에는 전환사채(CB) 발행에도 성공했다.

이러한 상황에서도 호암의 도전은 끝을 몰랐다. 모두들 만족했지만 호암만은 그렇지 않았다. 오히려 호암은 정상에 섰을 때 다음 도전을 준비해야 한다는 각오를 칠순이 넘은 나이에 더 다지고 있었다. 그것이 바로 반도체 사업 진출이다.

막상 반도체 사업에 진출하려고 해도 수많은 난관이 기다리고 있었다. 무엇보다 삼성이 반도체를 개발하더라도 선발국인 미국과 일본의 기술수준을 따라갈 수 있을지가 걱정이었다. 게다가 첨단산업인 만큼 투자 규모도 상상을 초월할 수 있다. 제품을 개발하더라도 이미 시장을 장악하고 있는 미국과 일본을 제치고 시장에서 인정받을 수 있을지도 걱정이었다. 호암의 경영철학 가운데 하나인 '인재'를 확보하기 어렵다는 문제도 있었다. 당시 우리나라는 반도체 사업이 황무지와 다름없었기 때문에 세계 시장에서 통하는 제품을 설계하거나 생산할 수 있는 장비뿐 아니라 전문 인력도 거의 없는 실정이었다.

이러한 난제들을 놓고 볼 때 다른 사람들 같았으면 사업 착수를 하지 않았을 것이다. 그러나 호암은 오히려 이러한 도전을 마땅히 받아들이고 이를 극복해야 한다는 사명감으로 느꼈다. 당시 호암은 73세였다. 호암은 비록 인생이 저무는 나이지만 나라의 백년대계를 위해서는 전력을 기울여야 한다고 오히려 마음을 다잡았다.

1982년 5월, 호암은 수많은 미국과 일본의 전문가, 국내 전문가들의 의견을 거의 다 들었다. 관련 자료도 손에 닿는 대로 수집해 탐독했다. 그리고 기본 구상을 가다듬어 1982년 10월에 호암은 반도체·컴퓨터사업팀을 조직하기에 이르렀다. 이들은 이미 개발된 제품들의 성능, 원가, 가격, 시장동향 등을 조사했다. 아울러 반도체와 컴퓨터사업의 단기·장기 계획을 세우며 매일매일 검토를 했다.

그로부터 몇 개월 후인 1983년 2월, 호암은 도쿄에서 반도체 사업 진출을 위한 마지막 점검을 끝내고 드디어 반도체 투자의 단안을 내렸다. 호암은 홍진기 중앙일보 회장에게 삼성이 1983년 3월 15일을 기하여 VLSI사업에 투자한다는 것을 전화로 통보하고 이를 내외에 공식적으로 선언하도록 했다. 1년 이상의 철저한 기초조사와 밤낮을 가리지 않은 연구 검토 끝에 내린, 참으로 힘겨운 결단이었다.

호암은 이날부터 1년이 되는 1984년 3월 말까지 64K D램의 양산 제1

라인을 완성하기로 하고, 완성시한에서 역산하여 모든 일의 진행계획을 짰다. 그는 진척상황을 일일 회의를 통해 하나하나 확인하고 임직원들을 독려했다.

1983년 2월, 호암은 반도체 회의를 통해 "나는 국내의 한두 회사가 시작해서는 한국이 반도체 국가로 성장할 수 없다고 생각한다. 무슨 방법으로든지 삼성이 기초가 되어 국내 분위기를 조성하고 대기업이 다 함께 참여해 사업을 추진하는 것이 바람직할 것이다"라며 반도체 사업이 비단 삼성만의 명운을 좌우하는 것이 아니며, 반도체 사업에 임하는 사람들이 사명감을 가질 것을 독려하였다.

당시 삼성은 반도체를 양산하기 위해 기술은 미국의 마이크론과 일본의 샤프 것을 중심으로 도입했다. 마이크론으로부터는 64K D램을, 샤프로부터는 CMOS 공정 기술과 16K S램 기술을 도입했다. 일본 반도체업계는 한국에 대한 VLSI 기술제공에 불응했지만 샤프사의 각별한 호의로 그 기술을 도입할 수 있었다. 일본으로서는 외국에 반도체 기술을 처음으로 제공하는 것이었고, 한국으로서는 일본으로부터 반도체 기술을 처음으로 도입하는 것이었다.

당시 일본 업계에서는 샤프를 국익을 해치는 국적(國賊)이라고까지 혹평하는 업자도 있었다. 그러다가 불과 2개월도 안되어 히타치(日立)의 IBM 기술 스파이 사건이 만천하에 드러나자 그제야 일본 업계는 샤프사를 선견지명이 있는 훌륭한 회사라고 격찬했다. 또 미국 아이다호주(州)에 있는 마이크론 테크놀로지사는 본래 우수한 두뇌들이 모여 설립한 벤처기업으로, 탁월한 기술로 대내외에 주목받고 있었는데 설립 이후 처음으로 삼성과의 제휴가 이루어졌다. 1983년 이후 마이크론 테크놀로지의 세계적인 명성은 날로 높아가고 있었다.

호암은 반도체 사업의 원활한 진행을 위하여 고도의 두뇌들을 확보했다. 이 역시 '인재제일' 이라는 경영철학에 기반을 둔 것이다. 그는 스탠퍼드대학, 인텔, 자이로그 등에 재직 중이던 한국인 박사들로부터 협력을 얻었다. 이들은 해당 분야에서 최고의 전문가일 뿐더러 설계나 제조 또는 판매 분야에서 실제 경험을 쌓은 전문가들이었다. 이들은 이 기회에 조국애를 발휘해 나라에 보답하고자 하는 결의를 가지고 적극 참여했다.

기흥공장의 부지는 처음에 정부의 특정용지로 예정돼 있었다. 하지만 반도체 산업의 중요성을 인식한 정부가 삼성에게 사용하도록 특별히 양해해 주었다. 호암은 내외자본 1,000여억 원을 순조롭게 조달해 기계장비의 발주를 신속하게 추진했다. 또 신정이나 설날 같은 휴가도 없이 하루 24시간의 돌관작업으로 공장건설을 진행했다. 그 결과 1983년 9월 12일 착공한 제1라인의 건설공사는 8개월 18일 만인 1984년 3월 말에 완공되었다. 선진국들은 18개월 이상 걸렸으나 호암은 이를 3분의 1로 단축한 것이다.

건설공정과 시운전의 현장을 지켜본 미국의 인텔이나 IBM, 일본의 유수 메이커 관계자와 전문가들조차 경탄을 감추지 못했다. 불철주야 작업 스케줄을 짜서 한 치의 어긋남도 없이 열성을 다했던 작업인원들만 해도 무려 연 20만 명에 이르렀다. 특히 하루도 빠지지 않은 공휴일 출근은 다른 나라에서는 유례가 없는 일이었다. 이 같은 임직원들의 헌신적인 노

1985년 5월 21일 삼성반도체통신의 256K D램 양산공장 준공식에서
호암 이병철(가운데)이 주요 귀빈들과 공장 준공을 축하하고 있다.

력으로 호암은 '이것 하나만으로도 국가의 장래에 큰 희망을 가질 수 있다'는 자신감을 얻었다.

1984년 5월 17일, 마침내 삼성반도체통신 기흥 VLSI공장의 준공식이 열렸다. 국내에서는 최초이자 국제적으로는 미국, 일본에 이은 세 번째 반도체 생산국의 공장이 완성된 것이다. 64K D램의 제1라인은 완성 4개월 만에 미국, 일본에서도 대성공이라고 하는 51%의 제품합격률을 달성했고, 반 년 만인 9월에는 수율(收率)이 일본의 일류 메이커에 비견하는 75% 수준을 훨씬 넘어서게 되었다. 미국 컴퓨터 메이커의 엄격한 검사에도 무난히 합격해 9월에는 처녀수출도 이룩했다. 준공식 두 달 후인 1984년 7월에는 256K D램을 주제품으로 하는 기흥 제2라인의 정지를 시작하여 8월 15일에 착공, 1985년 3월 말에 준공했다. 제2라인의 완성에는 약 1,900억 원의 자금이 투입되었다. 제2라인의 완성에 앞서 1984년 10월, 삼성반도체의 기술진은 265K D램의 독자개발에도 성공했다. 삼성반도체에 처음부터 음양으로 지원을 아끼지 않았던 미국, 일본의 전문가나 메이커들은 모두들 이를 보고 기적이라고 경탄했다.

그러나 호암은 앞으로 수많은 문제가 산적해 있다는 것을 잘 알고 있었다. VLSI는 이미 메가 시대에 돌입했고, 다른 나라의 기술봉쇄는 더욱 더 심화되고 있었다. 따라서 삼성반도체 자체의 개발능력을 제고하는 일이 급선무였다. 호암은 이를 위해 미국 현지법인과는 별도로 국내의 설계 및 개발연구소를 대폭 보강했다. 기술개발만이 문제는 아니었다. 미국, 일본의 반도체 산업은 정부의 자금보조와 기술개발 지원으로 급신장을 거듭해왔고, 업계 자체도 그 동안의 이익을 시설확보에 충당해왔다. 더구나 일본에서는 1976년부터 1979년까지 전전공사(電電公社)를 중심으로 VLSI 기술의 연구개발에 700억 엔의 정부보조금이 지급되었고, 1979년부터 VLSI사업에는 총 투자액의 50%를 장기 서리로 융자할 뿐만 아니라 세금과 이자 등에서도 관세, 물품세, 법인세 등을 감면하는 등 여러 가지 특혜를 주고 있었다. 그러나 한국은 사정이 달라 반도체업체가 한동안 고전을 면치 못했다.

그러나 이런 환경으로 물러설 호암이 아니었다. 그는 첨단 전자 정보통신의 경쟁에서 뒤지기 시작하면 우리나라는 영원히 후진국을 벗어날 수 없다고 생각했다. 부존자원 하나 없이 오직 가진 것이라고는 사람밖에 없는 나라에서 전자 정보통신은 유일한 발전의 길이라고 생각한 것이다.

호암은 반도체업계의 경쟁을 '전쟁'이라고 불렀다. 모든 분야에서 자동화, 다기능화, 소형화가 급속히 추진되고 이에 필수적으로 사용되는 반도체의 비중도 갈수록 커졌다. 또한 이런 이유 때문에 흔히 반도체를 '산업의 쌀'이라고 부른다. 과거 농업이 국가경쟁력을 대표했듯이 이제는 반도체의 경쟁력이 국가경쟁력으로 직결되는 것이라고 판단했다.

한편, 호암은 반도체를 비롯한 전자산업에 진출하면서 일본 기술의 도입을 희망했다. 그가 전자산업에 진출하기로 결심하면서 일본을 방문하는 횟수도 증가했고 관심사도 공작기계에서 카폰, 반도체에 이르기까지 다양했다. 일본 기술을 이전받고 싶다는 호암의 희망은 완고할 정도였다. 후일 호암은 한 지인에게 자신이 일본과의 첨단기술 제휴에 얽매이는 이유를 '일본의 경영방식이 마음에 들었기 때문'이라고 회고한 적이 있다. 그가 사업 초창기부터 도움을 받은 곳이 일본이었으며 전자분야 역시 일본 기술이 한국에 받아들여지기가 용이하다고 생각한 것이다.

그러나 당시 삼성은 첨단기술 분야에서 후발의 위치에 있었다. 그래서 그는 어쩔 수 없이 일본으로부터의 기술이전을 포기했다. 그리고 미국의 실리콘밸리에 현지법인인 트라이스타를 설립했다. 그것이 1977년의 삼성반도체통신이다. 삼성전자가 설립된 것이 1969년이었으니 약 10년의 세월 동안 일본의 기술 이전을 기다리며 보낸 것이다.

미국 현지법인인 트라이스타는 마이크로테크놀로지사로부터 64K D램, 256K D램 등의 기술을 도입했다. 또 인텔사로부터는 마이크로컴퓨터 기술을 제공받았으며 내셔널세미콘덱터사로부터는 '세미 커스텀'이란 반도체 기술까지 제공받았다. 이렇게 해서 삼성은 선발업체와 7~8년이나 뒤진 기술격차를 2~3년 수준으로 좁혀 놓았고, 1986년에는 재계 1위의 자리까지 차지하게 되었다. 특히 호암이 타계한 뒤인 1989년에는 삼성이 16M D램을 개발함으로써 일본과 어깨를 나란히 하는데 성공했으며 1992년에는 마침내 64M D램을 개발함으로써 일본 업체들을 추월하게 된다. 그리고 2009년, 삼성전자는 139조 원이라는 경이적인 매출을 올리며 일본 전자 업체 10개를 합친 것보다 더 큰 글로벌기업으로 자리를 잡게 되었다.

이건희 회장이 세상을 선도하는 것은 어릴 때부터 습관화시켜온 경우에 속한다.

『케네디가의 인간학』에 보면 아래와 같은 글이 있다.

"우리의 인생에 있어서 이기는 버릇이 들게 하여야 한다. 스포츠에서나 공부에서나 지는 버릇이 들면 사람이 위축되고 열등감을 가지고 결국 자기 능력을 다 살리지 못하고 인생의 패배자가 된다. 한편 이기는 버릇이 들면 자신감을 가지게 되고 그것이 습관이 되어 이기는 버릇은 가속도적으로 진짜가 되어 스포츠나 학업뿐 아니라 다른 모든 것에도 파급이 되는 것이다. 1등을 하라. 2등 이하는 패배다. 잘못을 저지르지 마라. 너의 도덕적 인격과 깨끗한 평판을 흐려놓는 행위를 절대로 하지 마라."

이는 케네디 대통령의 할아버지가 아들에게 건넨 말로 케네디가의 가훈이 됐다. 한마디로, '1등을 하라. 2등 이하는 패배다' 라는 뜻이 담겨 있다. 이 가훈은 아들을 통해 손자에게 전해져 마침내 미국 대통령을 배출했다. 미국 사회에서의 1등이란 '대통령'이었다.

이건희 회장도 캐네디 가문처럼 호암으로부터 '제일주의'를 물려받았다. 이건희 회장이 '세계 제패'에 강한 열정을 불태우는 이유 중 하나다.

2006년에 있었던 일이다. 이건희 회장은 삼성물산 경영진에게 뜬금없이 "세계 최고 맞나?"라고 물었다. 이는 아랍에미리트연합(UAE) 두바이에 건설하는 버즈 두바이를 두고 하는 질문이었다.

이에 대해 삼성물산 경영진은 "예 맞습니다. 세계 최고 높이에 최대 규모입니다"라고 자신 있게 대답했다. 그러자, 이 회장 특유의 선문답식 대화가 시작됐다. 이 회장은 "그래? 껍데기는 세계 최고군. 그럼 속은 어떤가?"라고 질문을 이어갔다. 이에 대한 삼성물산 경영진의 대답은 신통치 않았다는 전언이다.

이후 삼성물산은 버즈 두바이의 건물 시스템을 세계 최고 수준으로 구축하고, 내부 시설을 위상에 걸맞게 최상급으로 만들었다는 일화가 전해지고 있다. 이때부터 이 회장은 삼성물산이 짓는 버즈 두바이를 '창조경영'의 벤치마킹 사례로 칭찬하기 시작했다는 것이다.

그만큼 이 회장은 뭐든 세계 최고를 지향했다. 그것도 겉모양만 세계 최고가 아닌, 속까지도 세계 최고이길 원했다.

이 회장은 2006년 10월에 두바이의 세계 최고층 빌딩인 버즈 두바이 공사현장을 찾았다. 삼성물산이 2004년 12월 수주해 시공한 '버즈 두바이' 빌딩은 건물높이가 서울 남산(262m)의 약 3배에 이르러 현존하는 세계 최고층 빌딩인 대만의 'TFC 101'보다 200m 이상 높다.

이 회장은 버즈 두바이 빌딩 건설 현장에서 이상대 삼성물산 건설부문 사장으로부터 공사현황을 보고 받았다.

2006 10월 8일, 이건희 삼성 회장이 아랍에미리트 두바이의 '버즈 두바이(Burj Dubai)' 빌딩 건설 현장을 찾아 이상대 삼성물산 건설부문 사장(앞줄 왼쪽)으로부터 공사현황을 보고 받고 임직원들과 파이팅을 외치고 있다.

이 회장은 이 자리에서 "세계 최고의 빌딩을 짓는다는 자부심으로 추석 연휴도 잊은 채 묵묵히 일하고 있는 여러분이야말로 삼성과 우리 경제의 진정한 버팀목"이라고 치하했다.

이 회장은 배석한 삼성 경영진에게 "확고한 미래의 비전을 가진 셰이크 모하메드 두바이 국왕이 두바이를 창조적으로 세계가 주목하는 발전 모델로 변화시켰듯이 우리도 각 사의 미래 성장 잠재력 향상을 위한 창조경영에 힘써 나가야 할 것"이라고 당부했다.

이 회장의 '버즈 두바이' 현장 방문에는 이학수 전략기획실 부회장과 삼성물산의 이상대 사장, 김계호 부사장, 백승진 전무 등 경영진과 외아들인 이재용 삼성전자 상무가 동행했다.

이 회장은 외아들 이재용 상무 부부 등 가족들과 함께 세계 유일의 7성(星)급 호텔'인 '버즈 알 아랍(Burj Al Arab)'에 머무르면서 당시 세계적인 쇼핑과 엔터테인먼트 명소로 부상하고 있는 '에미리트 몰(Mall of Emirate)'과 유럽프로골프(EPGA) 투어 두바이데저트클래식 경기가 열렸던 에미리트 골프장 등을 찾아 두바이의 '국가개조' 현장을 몸소 체험했다.

당시 사막 한 가운데에 실내 스키장과 쇼핑시설을 설치해 구미 관광객들을 유치한다는 대담한 발상의 산물인 '에미리트 몰'은 두바이 개혁의 아이콘으로 자리매김하고 있는 곳이었기 때문이다.

이어 이 회장과 가족들은 두바이의 사막지대에서 아라비아 사막을 체험했고 에미리트 골프장에도 갔다. 물론 이 회장은 골프장에 동행하기는 했지만 라운딩에는 건강상의 이유로 참가하지 않았다. 뒤집어 보면, 이 회장은 두바이 방문 동안 호텔에서 쇼핑몰, 골프장 등 곳곳의 세계 최고를 두루 경험하면서 '창조경영'의 화두를 되새긴 인상이 짙다.

이건희 회장이 생각하는 삼성은 세계 최고를 넘어 위대한 기업을 향해 있다.

이는 짐 콜린스가 『좋은 기업을 넘어 위대한 기업으로』에서 "위대한 기업으로 도약하는 것을 막는 최대 적은 좋은 기업이다"라고 말한 것과 일맥상통한다.

이 회장의 꿈대로, 삼성전자는 벌써부터 좋은 기업을 넘어 위대한 기업으로 진화하고 있는 한국의 대표적 기업으로 평가되고 있다. 위대한 기업 삼성은 이건희 회장이 꿈꾸는, 아니 국민에게 약속한 경영목표다.

삼성전자는 핵심경쟁력을 확보하면서 이 회장의 세계 최고 전략에 걸맞게 세계 1위 품목을 보유한 기업이다. 한마디로 세계 1위의 산실이다. 혹자는 "해외에 나가면 현지인들이 한국은 몰라도 삼성전자는 안다"라는 말로 삼성전자의 인지도를 설명했다.

그만큼 세계를 제패한 삼성전자의 위상은 높다. 이는 삼성전자가 지난 40년간 '월드 베스트' 행진을 거듭하면서 전 세계 디지털시장을 차례로 정복해왔기 때문이다. 어느새 "삼성전자가 만들면 무조건 세계 최초이거나 최고"라는 공식이 나올 정도다. 여기엔 이건희 회장에 1등 경영철학이 고스란히 담겨 있다.

이 회장은 『이건희 에세이 생각 좀 하며 세상을 보자』에서 아래와 같이 1등에 대한 생각을 풀어냈다.

"1997년 세계 청소년 축구 경기에서 한국 대표팀이 브라질 팀에 무려

10대 3이라는 큰 점수 차로 지는 장면을 TV 중계를 통해 보면서 많은 국민들이 분통을 터뜨렸을 것이다. 그 경기를 보면서 나도 속이 상했지만 한편으로 '2등은 항상 바쁘지만 1등은 여유롭다' 라는 사실을 새삼 확인하기도 했다. 그날 운동장에서 볼을 좇아 온 힘을 다해 뛰는 쪽은 한국 선수들이었다. 반면에 브라질 선수들은 여유롭게 마치 장난하듯 게임하면서, 경기가 전개될 상황을 미리 예측하고 볼이 올 곳으로 먼저 가 자리 잡고 있다가 별로 힘도 들이지 않고 골을 넣는 것이었다.

사회생활에서도 남보다 바쁘게 열심히 일하면서도 실패를 거듭하는 사람들을 보게 된다. 이와 반대로 성공한 사람들은 대체로 여유가 많아 보이는데 거기에는 충분한 이유가 있다. 그들은 한가해 보이지만 중요한 일에 대해서는 당장 시급하지 않더라도 사전에 준비를 해두는 습관이 있다. 기업 경영도 이와 마찬가지인 것 같다. 뒤처지는 기업은 대체로 문제가 눈앞에 닥쳐서야 허겁지겁 바쁘게 움직인다. 그러나 앞선 기업은 문제가 발생하기 전에 어떤 문제가 발생할지를 먼저 생각하는 것이다."

이런 이 회장의 1등 경영철학에 따라, 삼성의 주력사인 삼성전자는 2008년 기준으로 전 세계시장에서 11개의 1위 제품을 보유하고 있다. 이런 추세라면 삼성전자는 오는 2012년을 목표로 진행 중인 '세계 1위 품목 20개 달성' 이 어렵지 않을 전망이다.

삼성전자의 세계 1위 품목은 2005년 8개에서 지난 2008년 11개로 증가했다.

삼성전자는 2008년 기준으로 컬러TV(LCD TV 포함), 모니터, D램반도

시대를 풍미한 삼성전자 제품들

1975년	이코노TV(국내 TV시장 1위가 되다)
1983년	64K D램(반도체 신화의 첫발을 딛다)
1986년	TDX-1(대한민국 전화적체를 해결하다)
1992년	64M D램(월드 퍼스트를 시작하다)
1993년	그린PC(다시 국내 PC시장 1위에 오르다)
1994년	12.1인치 LCD(LCD 시장의 표준이 되다)
1994년	SH-770 애니콜 휴대폰(다윗인 삼성이, 골리앗인 해외기업을 이기다)
1995년	CDMA 이동통신시스템(이동통신시스템의 세계 진출 이뤄내다)
1996년	알파칩(세계 최고속의 CPU를 만들다)
1997년	지펠(양문형 냉장고의 절대 강자로 부상하다)
2000년	DVD콤보(세계 DVD 시장을 흔들다)
2001년	1기가 NAND 플래시 메모리(제2의 반도체 신화를 열다)
2002년	SGH-T100 휴대폰(휴대폰 텐밀리언셀러 시대를 열다)
2005년	와이브로(통신기술, 자립에서 표준 주도로 전환하다)
2006년	보르도 TV(37년 만에 세계를 제패하다)

체, 낸드플래시, S램, 디스플레이구동칩(DDI), 칩카드, 미디어플레이어용 IC, 모니터용 액정표시장치(LCD), TV용 LCD, 와이브로 등에서 1위를 차지하고 있다. 이에 더해 삼성전자는 신규 1위로 떠오르는 품목도 다수 보유하고 있다.

삼성전자는 2009년 1분기에 LFD시장에서 수량기준으로 13.8%로 1위를 차지했고, 금액기준으로도 14.5%로 1위를 차지했다.

이뿐 아니라, 상보성금속산화막반도체(CMOS) 이미지센서를 비롯해 레이저 프린터, 드럼세탁기, 냉장고, 홈시어터 등도 조만간 세계 1위 달성이 기대되는 품목이다.

아울러 부동의 세계 2위인 휴대폰은 올해 판매량 2억대와 점유율 20%를 달성하면서 1위와의 격차를 좁혀나간다는 게 삼성전자의 구상이다.

이외에도 삼성전자는 노트북PC, 생활가전 등에서도 세계 1위 달성을 위한 '성공방정식'을 찾고 있다.

세계 1위 삼성전자 제품 현황

구분	점유율	시기	1등 등극 시기
컬러TV	18.2%(수량기준) 23.0%(매출기준)	2009년 2Q	2006년
LCD TV	18.8%(수량기준) 23.7%(매출기준)	2009년 2Q	2006년
모니터	16.6%(수량기준) 17.3%(매출기준)	2009년 2Q	2006년
D램	34%(매출기준)	2009년 2Q	1992년
낸드플래시	41.6%(매출기준)	2009년 1Q	2003년
SRAM	24.9%(매출기준)	2009년 1Q	1995년
DD	18.4%(매출기준)	2008년 말	2002년
칩카드	28%(수량기준)	2008년 말	2007년
미디어플레이어용 IC	38.1%(수량기준)	2008년 말	2007년
모니터용 LCD	22.9%(매출기준)	2009년 2Q	2006년
TV용 LCD	39.7%(매출기준)	2009년 1Q	2006년
와이브로	35%	2009년 2Q	2006년
LFD	13.8%(수량기준) 14.5%(매출기준)	2009년 1Q	2009년

challenge

3장
경청하면
세상이 보인다

SAMSUNG

7. 경청과 소통

호암 이병철은 말이 많지 않은 편이었다. 항상 필요한 말만 했으며 그것도 남의 말을 충분히 들은 뒤에 자신의 의견을 함축적으로 표현하는 일이 많았다.

호암 이병철의 과묵함은 사장단 회의 때에도 잘 드러난다. 그는 계열사 사장들을 회장실로 불러 회의를 하곤 했다. 이병철 회장이 가운데 자리에 앉고 그 옆에 홍진기 부회장이 배석을 한다. 때에 따라서는 다른 사장이 앉는 경우도 있었다.

호암은 항상 메모 준비를 한다. 호암의 메모에는 삼성 산하의 각 계열사 실적과 문제점들이 꼼꼼히 적혀 있다. 때에 따라서는 그 문제를 해결하기 위한 호암의 해결책도 곁들여져 있다.

이 모임에 참석한 사람들의 말에 따르면 사장단 회의는 팽팽한 긴장

1978년 해외사업 추진을 위한 임원회의를 주재하고 있는 호암 이병철

감이 감도는 분위기 속에서 호암의 질문공세부터 시작된다고 한다. 호암은 각 계열사의 사장들 가운데 순서대로 해당 기업 사장에게 자신이 준비한 메모를 바탕으로 질문을 퍼붓는다. 그 질문에 해당 기업 사장은 답변을 한다. 어정쩡한 대답은 용서가 되지 않는다. 만약 답변이 시원스러운 해결책이 되지 않으면 다시 호암의 날카로운 질문이 이어진다. 예를 들어 특정 기업의 실적 저하의 이유는 무엇인지, 실적 향상이 이루어지지 않는 부분에 대해 사장은 어떤 해법을 가지고 있는지가 이어진다. 해법이 신통치 않으면 호암은 자신이 생각하는 해결 방법을 제시해 준다. 실적이 좋은 회사는 상관없지만 그렇지 않으면 회의는 그야말로 바늘방석인 셈이다.

이 모임은 각 계열사의 경영 현황을 점검하는 회의여서 이른 아침부터 저녁까지 이어지는 경우도 자주 있었다. 당연히 점심식사도 해야 한다. 그런데 점심식사를 하는 도중에도 호암의 질문은 계속된다. 자신의 보고순서가 끝났다고 해도 결코 긴장의 끈을 늦출 수 없는 시간인 것이다. 그래서 당시 삼성 사장들은 이 모임을 '마의 오찬 모임'이라고도 부를 정도였다.

호암은 계열사 사장들과의 소통뿐 아니라 각계각층에 걸친 여러 인사들의 의견도 경청하며 자신의 것으로 만들기 위해 노력했다. 대표적인 사례가 삼성의 반도체 진출 당시의 일화다.

1980년 이른 봄, 호암은 도쿄를 방문하고 있었다. 그러던 중 일본 요시다 시게루 수상의 직접 지시 아래 일본의 경제계획 책정을 담당했던 이바나 히데조 박사가 호암을 찾아와 일본 산업의 일대 방향 전환에 대해 이야기를 해주었다.

"제철, 조선, 석유화학, 시멘트, 섬유 등 일본의 기간산업은 그 동안 치열한 경쟁을 통해 기술과 품질을 향상시켰으나 과다경쟁과 과잉생산 때문에 도산이 속출하여 그 부담은 국가와 국민에게 돌아갔습니다. 한편 대외적으로는 덤핑 수출로 국제 무역마찰을 심화시켰습니다. 부존자원(賦存資源)이 없는 일본으로서는 원료를 수입해서 제품을 수출해야 하는데, 이익도 없으면서 각국의 증오의 대상이 된다면 살 길이 없지요. 따라서 일본은 1973년 오일쇼크 이후 정책을 전환하여 기간산업의 생산규모를 20내지 50까지 대폭 억제하기로 했습니다. 3분의 1은 업계가 자율로 제한했고 다음 3분의 1은 정부가 개입하여 업계와의 합의 하에 제한했고, 나머지 3분의 1은 법률로써 규제하고 있습니다."

그 말에 충격을 받은 호암이 물었다.

"그렇다면 일본 산업의 살 길은 무엇입니까?"

"반도체, 컴퓨터, 신소재, 광통신, 유전공학, 우주, 해양공학 등 부가가치가 높은 첨단기술 분야로 전환을 도모하고 있으며 특히 반도체 및 그 주변의 기계공학에 치중해왔습니다. 정부도 이를 적극 뒷받침하여 전략산업으로 육성했지요. 그 결과 수출은 획기적으로 늘고 외화수입은 급증했습니다. 일본의 살 길은 바로 경박단소(輕薄短小)의 첨단기술 산업에 달려 있습니다."

호암은 이나바 박사의 말을 가슴 깊이 새겨들었다. 일본과 마찬가지로 자원이 없고 무역입국의 길밖에 없는 한국으로서는 산업의 재편성을 서둘러 추진하고, 첨단기술 산업을 시급히 개발·육성해야 한다는 판단을 한 것이다.

호암이 용인자연농원을 가꾼 것 역시 전문가들의 의견을 경청하면서 자신의 것으로 만든 사례 가운데 하나다.

호암은 1985년 KBS와의 대담을 통해 용인자연농원을 개발하게 된 배경을 밝혔다.

"나는 시골에서 자란 탓인지 어릴 때부터 푸른 산과 맑은 물에 대해서 향수를 갖고 있었다. 그런데 비행기를 타고 하늘에서 내려다보면 우리나라만이 유독 헐벗어 붉은색을 띠고 있었다.

우리나라는 국토의 4분의 3이 산지인데 이를 개간한다면 이것이 바로 국토를 넓히는 일과 다름없는 것이 아니겠는가 하는 생각을 갖게 되었다.

흔히들 우리나라는 토질이 나빠서 산에 큰 나무가 자라지 않는다는 얘기가 있으나 나는 광릉의 울창한 숲을 보고난 후 과학적으로 가꾸기만 한다면 얼마든지 조경에 성공할 수 있다는 자신을 얻었다.

물론 국토를 넓히는 일은 간척지를 매립하여 농경지로 만드는 일로도 가능하겠으나, 간척지를 매립하는 데는 평당 1만 원 이상이 소요되는 반면 산지개발은 그 10분의 1 정도의 비용밖에 안 든다고 한다. 여러 전문가를 초빙해서 물어보았더니 역시 같은 대답이 나왔다. 그래서 우리나라에서는 처음으로 대규모 과학적 조경을 해야겠다고 생각하고, 용인자연농원을 시작하게 된 것이다."

우리나라를 대표하는 신라호텔을 지을 때에도 호암의 경청하는 습관이 나왔다. 호암은 누구보다도 외국을 많이 방문하면서 수많은 호텔을 다녔다. 호텔은 외국인에게 그 나라의 인상을 심어 주는 주요한 장소 가운데 하나다. 호텔은 단순한 숙박 시설이 아니라는 의미다. 그 나라의 문화, 예술, 국민성, 나아가 국력을 상징적으로 보여주는 장소다. 역사가 길고 문화수준이 높은 나라를 방문하면, 설사 시설은 호화스럽지 않아도 품위가 있고 모든 것이 조화를 이루고 있다. 서비스에 종사하는 종업원들 역시 예의가 바르고 친절한 태도로 고객의 마음을 사로잡는다.

우리나라가 한창 공업화를 통해 발전을 거듭하고 있던 1970년대까지만 해도 우리나라가 국빈을 맞이하여 대접하기에 부끄럽지 않은 시설은 거의 없었다. 당시에는 정부가 직접 영빈관을 운영하고 있었지만 1년에 몇 차례에 지나지 않는 행사를 위해 막대한 시설을 운영하는 것은 효율성이 떨어졌다. 그래서 호암에게 영빈관 인수와 함께 호텔을 건립해달라는 정부의 요청이 들어왔다.

때마침 호암도 대한민국을 상징할 호텔의 필요성을 절감하고 있었다. 당시 우리나라는 공업화가 급속히 추진되면서 다른 나라와의 교류가 활성화되고 있었다. 전반적인 사회 인프라가 향상되면서 관광자원도 개발되는 추세였다. 그러나 우리나라를 찾는 외국인에게 제대로 내세울 호텔은 빈약한 상태였다. 호암이 그랬듯이 외국인들도 공항과 호텔을 통해 대한민국의 첫인상을 갖게 된다. 호텔은 어떤 의미에서 보면 민간외교의 장이기도 하다. 대한민국을 대표하는 호텔의 건설이 급하다는 것을 호암은 절실히 느끼고 있었던 것이다.

호텔을 짓기로 결심한 호암은 일단 부지를 남산 기슭으로 선택했다. 이곳에서 내려다보이는 서울의 야경은 홍콩, 마닐라, 고베 등의 야경과 비교해도 손색이 없기 때문이다. 또한 호암은 오쿠라(大倉)호텔의 노다(野田) 회장과 대화를 나누면서 '명품' 호텔의 필요성을 절감했다.

일본을 방문할 때마다 오쿠라호텔을 방문하는 호암은 오래 전부터 친교가 있는 타이세이(大成)건설의 미나미 회장의 알선으로 오쿠라호텔의 노다 회장을 만나 제휴를 제의했다. 노다 회장은 직접 내한하여 호텔의 필요성과 신용도를 조사한 뒤 호암의 제의를 받아들였다. 지금까지 한국의 여러 호텔이 제휴를 제안했지만 거절했던 노다 회장은 호암에게만은 비즈니스의 차원을 넘어 적극적인 협력을 아끼지 않았다. 그리고 노다 회장은 호암에게 다음과 같이 말해주었다.

"오쿠라호텔의 외관과 내부시설의 일부는 서양식이기는 하지만 일단 현관으로 들어서면 어떤 사람이든 일본에 왔다는 느낌을 받을 수 있도록 분위기를 연출했습니다. 로비는 헤이안시대(平安時代, 794~1192)의 문화를 그대로 재현하여 고대 일본의 문화석 정취가 감돌 수 있도록 고심했지요."

노다 회장은 호암에게 다음과 같은 충고도 해주었다.

"만약 한국에 호텔을 세우신다면 표면적인 아름다움을 내부로 응집시킨, 한국의 전통미와 예술이 짙게 배어 있는 그런 분위기를 연출해야 합니다. 한국에 대해 잘 모르는 외국인이라도 호텔에 들어서는 순간 고대 한국의 문화적 분위기에 흠뻑 취할 수 있도록 충분한 배려를 하십시오."

호암 역시 노다 회장과 비슷한 생각을 하고 있었다. 한국에서만 느낄 수 있는 분위기를 연출할 수 있는 호텔을 만드는 것이 호암의 바람이었다. 그래서 호텔 이름은 '신라'로 정했다. 우리나라의 역사와 전통과 문화의 향기를 간직하는 것을 상징하기 위해서였다. 신라는 고대시대에 분열된 국가를 처음으로 통일하여 한국 역사상 가장 찬란한 문화를 꽃피운 나라이기도 했다. 남산 기슭에 건립된 신라호텔은 9만 3,000여 평방미터(약 2만 8,000평)의 녹지대에 둘러싸인 한적한 곳에 위치해 있다. 신라호텔에는 한국의 전통적인 건축모양을 한 영빈관이 서 있다. 완만한 곡선의 기와지붕, 적색·청색·녹색 등이 어우러진 정면의 영빈관은 다른 호텔에서는 볼 수 없는 독창적인 곳이기도 하다. 영빈관의 옆으로는 지상 23층, 지하 3층의 웅장한 현대식 건물이 자리를 잡고 있다. 특히 신라호텔은 정원이 매력적인 곳으로 꼽힌다. 녹색의 나무들이 계절마다 변화를 보여 정원을 산책하는 여행객들의 긴장을 풀어주고 대한민국의 아름다움을 호텔에서도 보여줄 수 있도록 설계되었다.

호암은 금속공예의 세계적 걸작으로 불리며 한국문화유산의 상징으로도 평가되는 신라 금관의 이미지를 모티브로 삼아 신라호텔을 디자인하였다. 1973년 가을에 착공된 신라호텔은 여러 가지 난항을 겪었으나

1978년 마침내 완공하였다. 그리고 노다 회장이 감탄했을 정도로 아름답고 화려한 자태를 남산 기슭에서 뽐내고 있다.

이건희 회장을 한마디로 함축해 표현하라면 '소통형 리더'가 적절할 것이다. 이 회장의 소통경영은 1993년 신경영을 통해 '소통 1.0'을 선보였고, 2010년 경영 복귀를 계기로 '소통 2.0'으로 업그레이드된 모습이다. 이 회장은 과거 상명하달식 소통을 뜯어고쳐 시공과 세대를 초월한 소통을 지향하고 있다.

그 대표적 사례가 2010년 3월 경영 복귀 후 곧바로 나타났다. 이 회장의 경영 복귀 발표시점인 3월 24일 오전 9시 30분에 삼성그룹의 공식 트위터를 통해 복귀하는 소감을 올린 것이다.

이 회장은 삼성그룹 공식 트위터인 '삼성인(@samsungin)'에 "지금이 진짜 위기다. 글로벌 일류기업들이 무너지고 있다. 삼성도 언제 어떻게 될지 모른다. 앞으로 10년 내에 삼성을 대표하는 사업과 제품은 대부분 사라질 것이다. 다시 시작해야 된다. 머뭇거릴 시간이 없다. 앞만 보고 가자"라는 글을 올렸다.

'삼성인'은 삼성이 운영하고 있는 그룹 공식 트위터로 대외 커뮤니케이션의 장으로 활발하게 운영되고 있다.

이건희 회장의 트위터를 통한 경영 복귀에 대해 삼성 임직원들의 반응은 직급과 나이를 초월해 반향을 일으켰다. 과거 같으면 이 회장이 전

직원을 강당에 모아 놓거나 사내방송을 통해 일장연설을 하는 식으로 진행했겠지만, 첨단 커뮤니케이션 수단인 트위터를 통해 경영 복귀의 소감을 알렸기 때문이다. 일명 이건희식 '소통 2.0시대'의 도래를 실감하는 순간이다.

당시 트위터에서의 삼성 임직원의 반응을 일부만 아래와 같이 소개한다.

"10년 뒤 삼성을 대표하는 사업과 제품이 사라질 것이다……. 정말 서두르지 않으면 안될 것 같습니다. 이제 시작이라는 생각이 듭니다."

"도요타의 최근 모습을 보면서, 회장님 말씀은 더 공감이 가고, 회장님의 복귀가 참 다행이라는 생각이 듭니다."

"삼성 내부 소식지인 미디어삼성에도 많은 임직원들이 환영 댓글을 올리고 있네요. 앞으로 삼성전자가 세계적인 기업으로 도약하는 데 큰 역할을 할 것으로 기대합니다! 임직원 반응도 사상 최대로 대단하네요. 사내 게시글 조회수와 댓글도 엄청나데요~."

"20만 삼성인의 가슴을 다시 한 번 고동치게 해주시고 IMF때처럼 위기 이후 삼성이 더욱 빛나게 이끌어 주시기 바랍니다."

이뿐 아니다. 전 세계 20여만 명의 삼성 임직원들이 이용하는 사내 인트라넷 '마이싱글' 내 '미디어 삼성'을 통해서도 이건희 회장의 경영 복귀 소식이 발 빠르게 알려졌다.

그 동안 신문이나 방송 등 외부 매체를 통해 회사 소식을 전해 듣던 삼성맨들이 이 회장의 복귀 소식을 가장 먼저 접하게 된 것이다.

이는 삼성그룹의 대내외 소통 방식이 온라인과 결합되면서 속도와 내용이 새롭게 변화하는 단면을 보여준 사례다.

    삼성은 최근 사내방송, 사내 인트라넷, 트위터 등 다양한 방안으로 임직원들과 소통하면서 소통에 변화를 주고 있다.

    또한 삼성은 '삼성인'을 개설한데 이어 삼성그룹 공식 블로그인 삼성이야기(삼성블로그스닷컴, www.samsungblogs.com)도 개설했다. 이어 이 회장 경영 복귀 후에는 이건희 회장 개인홈페이지도 재단장 했다.

    여기에는 '경영 복귀처럼 삼성과 관련된 사실을 삼성맨들에게 가장 먼저 알려야 한다'는 이건희 회장의 소통경영이 녹아 있다. 이런 이건희 회장의 소통경영은 호암으로부터 대물림 받아 발전시켰다고 볼 수 있다.

    본래, 이건희 회장은 호암으로부터 두 가지 선물을 받았다. '경청(傾聽)'이란 휘호와 '목계(木鷄)'의 교훈이 그것이다. 이는 호암이 아들에게 물려준 세상과의 소통방식이자, 경영노하우였다.

    호암은 이건희 회장이 삼성에 처음 근무하던 날 마음의 지표로 삼으란 취지에서 '경청'이란 휘호를 물려줬다.

    '경청'이란 사전적으로 '귀를 기울여 듣는다'는 의미다. 즉, 가급적 본인의 얘기를 삼가면서, 상대방의 말을 귀 기울여 들어서 의미를 깊이 새기라는 뜻이 담겨 있다.

    이런 이유에서 이 회장은 1993년에 임직원들과의 소통을 위해 팩시밀리를 개방했다. 이 회장은 자신의 집 팩시밀리부터 개방했다. 이어 삼성 계열사 사장단의 팩시밀리도 개방했다. 이는 현장의 문제와 불만의 목소리를 경청하기 위한 파격적인 조치였다.

    이뿐 아니다. 이 회장은 지난 1999년 정보화 비전을 수립하고, 전사적인 자원관리 시스템이자 사내 인트라넷인 싱글(Single)을 구축했다. 이를 통해 삼성 임직원들은 e메일을 주고받거나 정보를 공유했다. 2003년에는 싱글을 한 단계 업그레이드시킨 마이싱글(My-single)을 개발해 구축했다. 마이싱글은 국내외 20여만 명의 삼성맨들에게 e메일, 일정, 사내소식, 업무처리 등의 기능을 제공했다. 응당 업무생산성은 극대화됐다. 그 이후에도 삼성은 마이싱글을 지속적으로 업그레이드시켜 블로그와 이용자제작콘텐츠(UCC)까지 가능한 '마이싱글2.0시대'를 열어 소통의 차원을 끌어올렸다. 끝없는 소통경영의 진화였다.

이건희 회장식 소통은 여기서 그치지 않았다. 삼성은 국내 기업 최초로 모든 계열사의 사무실 곳곳에 40~50인치 가량의 대형 LCD모니터를 구비했다. 동시에 삼성 모든 계열사 상무급 이상 임원 자리에도 대형 LCD 모니터를 설치했다. 이 대형 LCD모니터는 전무에서 사장까지의 경영진의 업무 상태를 실시간 알려주는 안내판이다. 일명 '삼성의 4색 창'이다.

경영진의 상황은 실시간 해당 성명과 함께 색깔별로 (부재-흰색, 회의-빨간색, 출장-노란색, 재실-파란색) 등으로 나눠져 있어 직원들이 쉽게 알 수 있다.

이로 인해 직원들이 불필요하게 상사를 상대로 결재를 위해 시간을 허비하거나 위치를 파악하는 노력을 방지할 수 있다. 삼성식 스피드경영을 가능케 하는 '소통의 창' 역할을 톡톡히 하고 있는 것이다.

이뿐 아니다. 이 회장은 삼성 사장단 회의를 주재해도 주로 듣는다. 충분히 들은 뒤, 핵심이 되는 한두 마디만 한다. 하지만 사장단의 열 마디 보다 이 회장의 한마디는 울림이 크고, 본질을 파고드는 경우가 허다하다.

지난 2007년이었다. 이 회장은 사장단 회의를 주재했다. 이때 삼성의 A사장이 브리핑을 했다. 브리핑을 듣던 이 회장이 좌중을 얼어붙게 하는 촌철살인의 한마디를 날렸다. 이 회장은 "내가 당신한테 3년을 속았어"라고 돌발 발언을 했다. 이는 A사장을 그 동안 믿고 일을 맡겨왔지만, 실상은 그렇지 못한 거품이 많았다는 이 회장의 날카로운 지적이었다. 이 회장은 그간 A사장이 사업이 어려운지, 그렇지 않은지를 솔직하게 사실대로 보고하기를 바랬지만, 늘 사업에 대해 장밋빛 보고로 일관한 것에 대한 질책이었다고 한다. 이날 회의는 이 회장의 한마디에 찬물을 끼얹은 듯 당황스런 분위기 속에서 순식간에 끝났다.

이 회장은 그 후에도 A사장에게 1년 이상 해당 업무를 맡기면서 만회의 시간을 줬다. 그러나 뚜렷한 성과를 거두지 못한 A사장은 자연스럽게 경영 일선에서 물러났.

여기엔 "못 미더운 사람은 아예 쓰지 마라. 단, 일단 쓰려고 결정했거든 모든 것을 믿고 맡겨라' 라는 이 회장의 인재론이 그대로 적용됐다.

이 회장이 호암에게 물려받은 '목계' 는 장자의 달생편에 나오는 우화에서 유래됐다. 이는 이건희 회장의 리더로서의 또 다른 소통법이다.

'목계' 는 싸움닭이 경지에 오르면 상대 닭이 아무리 덤벼도 조금도 동요되지 않아 마치 나무로 만든 닭처럼 위엄있게 느껴진다는 의미가 담겨있다.

목계의 일화는 『목계의 가르침』에서 이렇게 전하고 있다.

2007년 7월 29일, 이건희 삼성 회장이 삼성전자 수원사업장에서 열린 '2007 선진제품 비교전시회'의 정보통신관에 들러 최지성 사장으로부터 제품에 대한 설명을 듣고 있다. 왼쪽부터 이건희 회장, 이학수 전략기획실장, 이윤우 부회장, 최지성 사장이다.

옛날 주(周)나라 임금 선왕(宣王)은 닭싸움(투계 鬪鷄) 구경을 좋아했다. 왕은 괜찮은 투계 한 마리가 생기자 '기성자'라는 당대 제일가는 투계 조련사를 찾아가 최고의 투계를 만들어달라고 부탁했다.

닭을 부탁한 왕은 닭을 맡긴지 10일 후에 기성자에게 물었다.

"닭이 싸우기 충분한가?"

"아닙니다. 닭이 강하나 교만하여 아직 자신이 최고인 줄 알고 있습니다. 교만을 떨치지 않는다면 투계용으로는 적합하지 않습니다."

'기성자'의 대답을 듣고 돌아간 왕은 10일 후에 찾아와 다시 물었다.

"닭이 싸우기 충분한가?"

"아닙니다. 상대방의 소리와 그림자에 너무 쉽게 반응합니다."

왕은 10일 후 다시 기성자에게 찾아와 물었다.

"닭이 싸우기 충분한가?"

이때도 기성자는 불만스런 말투로 "아닙니다. 상대방을 노려보는 눈초리가 너무 공격적입니다."

왕은 다시 10일 후 기성자에게 물었다.

"이제 닭이 싸우기 충분한가?"

그제야 기성자는 "예, 닭은 상대방이 소리를 질러도 아무 반응을 하지 않습니다. 완전히 마음의 평정을 찾아 마치 목계(木鷄)같이 보입니다. 닭이 덕을 완전히 갖추어가고 있습니다. 어느 닭이라도 그 모습만 보고도 도망칠 것입니다"라고 만족스럽게 답했다.

결국 목계는 초연한 마음으로 평상심을 유지하면서 상대와 소통하라는 깊은 의미를 담고 있는 것이다. 이건희 회장은 '경청'과 '목계'의 교훈을 바탕으로 삼성을 이끌어왔다.

호암도 생전에 "어린이의 말이라도 경청하라"면서 경청을 최우선 경영방식이자 삶의 지표로 삼았다. 이를 물려받은 이건희 회장도 "사람을 얻으려면 사람의 마음을 읽어야 한다"는 지론을 강조해왔다.

삼성을 작은 '씨앗'에서 아름드리 '거목'으로 키워낸 호암의 성공 비결도 일명 '경청득심(傾聽得心)' 또는 '이청득심(以聽得心)'에서 비롯됐다는 전언이다. 이는 '기울여 들으면 사람의 마음을 얻을 수 있다'라는 뜻이다.

『마음을 얻는 지혜, 경청』에서 제시하는 경청의 방법은 상대방의 생각을 받아들여 '공감하는 것', 상대를 완전한 인격체로 '인정하는 것', 자신의 생각을 전달하기 위한 말을 '절제하는 것', 상대를 이해하고 존중해 주는 '겸손한 마음을 갖는 것'이라고 했다.

이런 '경청의 리더십'은 조선시대 세종대왕의 일화에서도 쉽게 엿볼 수 있다. 세종은 왕위에 오른 첫날 "정치는 혼자 하는 게 아니라 더불어 하는 것"이라며 "신하들의 의견을 두루 듣고 싶다"고 경청을 강조했다. 한마디로 세종은 취임 첫날부터 경청을 시작한 것이다.

공교롭게 세종대왕과 이건희 회장은 셋째 아들이면서 예고 없이 부친으로부터 '권좌'를 물려받았다는 점에서 닮은꼴이다.

게다가 경청의 리더십을 바탕으로 과감한 혁신을 통해 입지전적인 업적을 쌓았다는 점에서도 비슷하다.

이건희 회장이 삼성그룹을 연매출 200조 원에 육박하는 일류 기업으로 키워내는 경영 능력을 발휘해 '존경받는 경영인'의 반열에 오른 이면엔 경청의 힘이 뒷받침하고 있는 게 아닐까. 이 회장은 경청형 소통을 통해 리더로서의 '존재의 중심'을 확실하게 잡고 있었던 것이다.

어쩌면, 이건희 회장의 경청의 리더십은 만해 한용운 선생이 『채근담』에서 강조한 '존재의 중심을 잡아라'라는 교훈과도 일맥상통하고 있다.

한용운은 "귀와 눈이 듣고 보는 것은 외부적인 적이 되고, 감정과 욕망 그리고 의식은 내부의 적이 된다. 그러나 주인공이 되어 본심이 맑아 미혹되지 않고 홀로 존재의 중심에 자리를 잡고 있으면 적도 집안의 사람으로 변한다"라고 피력했다.

호암에게서 시작된 '진화된 경청 리더십'은 이건희 회장에게서 꽃을 피우고 있어 삼성의 미래를 한층 밝게 하고 있다.

8. 인재와 천재

'의인물용, 용인물의(疑人勿用, 用人勿疑).'

의심이 가거든 사람을 고용하지 말라. 그러나 일단 사람을 썼으면 의심하지 말라.

호암의 인재관을 보여주는 대표적인 말이다. 이 같은 철학은 호암이 본격적으로 사업을 시작하면서부터 생기기 시작됐다.

호암은 1938년 3월 1일 삼성상회를 설립했다. 삼성상회는 주로 대구 일원의 사과를 비롯한 그밖의 청과류와 포항에서 반입되는 건어물 등을 만주와 중국으로 수출하는 것이 주요 업무였다. 호암은 판매업만으로는 생산에 종사한다는 실감이 느껴지지 않아 소규모이지만 제분(製粉)과 제면(製麵)도 겸업했다. 삼성상회는 당시에는 보기 드문 4층 건물을 사용했다. 1층 구석에는 사무실을 마련하였으며 1~3층은 진열대와 창고로, 4

층은 제면용 긴조실로 사용했다.

호암은 마산의 곡물거래에서 얻은 교훈을 살려 청과물의 작황이나 어황을 조사하는 일을 게을리 하지 않았다. 그 보람이 있어 가격의 등락 속에서도 호암 선생은 당황하지 않고 사업을 키워 거래량도 점점 늘어갔다.

삼성상회가 개업한 지 1개월쯤 지나 호암은 와세다대학 시절의 친구인 이순근을 지배인으로 맞아 삼성상회의 거의 모든 업무를 맡겼다. 그는 와세다대학을 졸업한 뒤 귀국했으나 재학 중 학생운동을 했다는 전력 때문에 경계인물이 되어 일자리를 얻지 못하고 있던 상태였다. 당시 호암의 주위에서는 신설회사의 경영 일체를 지배인에게 맡기면 안된다는 반대가 있었지만 은행의 거액 융자나 대량의 자재구입과 수주 등 극히 일부의 중요한 문제를 제외하고 어음발행이나 인감관리에 이르기까지 거의 모든 일을 이순근에게 일임했다.

이순근은 호암과 함께 5~6년간 함께 지내다가 해방과 함께 좌익운동에 투신했다. 그러나 그에 앞서 이순근은 호암을 도와 삼성상회가 단기간에 급성장할 수 있도록 중요한 역할을 했다. 호암도 삼성상회가 짧은 기간 안에 성장할 수 있었던 가장 큰 원동력이 자신과 이순근 사이의 우정에 있다는 사실을 인정한다.

이를 계기로 '의인물용, 용인물의' 란 호암의 철학은 자리를 잡게 됐다. 후일 그는 어떤 모임의 초대를 받아 기업에 관한 강연을 한 적이 있었다. 그 자리에서 그의 경영철학이라고 말할 수 있는 인재론에 대해 다음과 같이 이야기했다.

"요즈음 세상에는 돈이 돈을 번다거나 권력으로 돈을 번다는 식으로 말하는 사람도 있는 것 같은데 돈을 벌게 해주는 것은 돈도 권력도 아닌 사람입니다. 기업인으로서 40년에 걸친 저의 일생을 통하여 얻은 것이 있다면 그것은 이 세상의 모든 일은 사람이 어떻게 하는가에 달려 있다는 지극히 평범한 사실이 불변의 진리라는 점을 다시 한 번 발견했다는 것입니다. 성현들은 일찍부터 '국가를 흥하게 하는 것도 사람이고 망하게 하는 것도 역시 사람'이라고 말씀하셨는데, 이것은 기업에도 그대로 적용할 수 있습니다.

1956년 한국의 기업 중에서 처음으로 공개시험을 통한 사원채용제도를 도입한 이후 20여 년 동안 저는 한 번도 빼놓지 않고 그들의 면접시험에 참석했습니다. 일류대학을 우수한 성적으로 졸업한 응시자들 중에서도 채용되는 인원은 불과 10%에 지나지 않았는데, 제 입장에서는 많은 응시자들에게 고마운 마음을 전하는 한편으로 장래에 삼성의 모든 기업체를 움직이게 될지도 모르는 유능한 젊은이들을 한 명이라도 놓쳐서는 안된다는 바람이 있었기 때문입니다."

호암이 이와 같은 생각을 그의 사업인생 내내 하게 된 것도 어찌 보면 이순근이 성심성의껏 삼성상회를 맡아 열심히 운영을 해준 덕분인지도 모른다.

호암과 이순근의 호흡으로 삼성상회가 성장하면서 호암의 도전은 불이 붙기 시작했다. 자금에 여유가 생기자 호암은 양조업에 진출했다.

당시 대구에는 여덟 군데의 큰 양조장이 있었다. 한국인은 막걸리나 약주를 만드는 양조장 네 군데를 운영했으며 일본인은 청주 양조장 네 군데를 운영했다. 호암은 청주에 관심을 가졌다. 때마침 일본인이 경영하던 조선양조(朝鮮釀造)라는 회사가 매물로 나왔다. 연간 양조량 7,000석으로 대구에서 두 번째로 큰 규모였다. 당시의 양조업은 신규 허가를 받기가 거의 불가능해서 프리미엄이 붙은 매매가 이루어지던 시대였다. 그러나 조선양조가 마침 급매로 나왔기 때문에 그 회사가 10만 원을 호가했지만 호암은 즉시 매수했다. 삼성상회 개업 1년 후의 일이었다.

호암이 인수한 양조장은 날이 갈수록 번창했다. 당시 중일전쟁의 장기화로 일본은 갖가지 통제를 가했다. 밀주단속도 강화됐다. 이 때문에 양조업자들은 정부가 할당한 술을 빚기만 하면 절로 팔려나가 시장 개척에 대한 고민을 할 필요가 없을 정도였다. 당시 호암은 지배인으로 이창업, 부사장으로 김재소를 맞이했다. 이들은 후일 호암의 재기에 커다란 도움을 주게 된다.

호암은 해방이 된 뒤에는 청주의 상표를 '월계관(月桂冠)'으로 정하고 영남일대뿐 아니라 서울에까지 판매를 확대했다. 그러나 해방 직전까지의 국내 정세는 2차 대전이 끝을 향해 달려가면서 극도로 피폐해지고 있었다. 1942년에는 모든 자재와 노동력이 군수산업에 집중되어 양조량도 배급량의 95%를 군수용으로 납품하고 나머지만 업자가 재량을 갖고 판매할 수 있었다. 호암은 전쟁이 끝을 향해 간다고 생각하고 삼성상회와 양조장을 이순근에게 맡기고 고향으로 돌아가 과수원을 가꾸며 시간을 보냈다. 그러면서 호암은 단파 라디오를 통해 소련이 참전하고 히로시마와 나가사키에 원자폭탄이 투하되었다는 소식을 접할 수 있었다.

호암은 그렇게 고향에서 광복을 맞이하게 된 것이다.

그러나 해방의 기쁨도 잠시. 국내는 좌익과 우익의 투쟁이 연일 계속되었고 미군정은 정치활동의 자유를 보장한다는 원칙을 내세우며 무질서한 정쟁과 혼란을 수수방관하기만 했다. 게다가 적산(敵産)이라고 하여 일본인 소유의 값나가는 재산을 서로 차지하기 위한 쟁탈전이 도처에서 벌어졌다.

이 같은 혼란을 겪으면서 호암의 경영철학은 크게 바뀌게 되었다. 과거 학창시절 어렴풋이 느꼈던 조국의 필요성, 국가의 필요성을 이제는 도처에서 벌어지는 사건들을 보며 뼈저리게 체험한 것이다. 국가가 있어야 기업이 존재하고, 사회질서가 안정되어야 비로소 국민이 안심하고 생업에 종사할 수 있다는 것을 느낀 것이다.

비록 사회는 혼란스러웠지만 호암의 사업은 갈수록 번창했다. 그러나 호암의 사업과 달리 당시의 한국 경제는 참담하기 그지없었다. 일본의 식민지 수탈 이후 남북이 분단돼 많은 국민들이 정치적 혼란과 경제적 빈곤 속에 살았다. 새로운 생산시설을 만들려고 해도 자본과 기술이 전무했다. 단기간에 물자생산이 확대될 가능성이 없었던 것이다. 특히 일본인들이 한국에서 철수하면서 퇴거준비금을 조달하기 위해 통화를 너무 많이 발행한 것이 인플레이션을 유발하는 계기가 되었다. 1945년 8월 14일 48억 3,900만 원이었던 통화발행고가 그로부터 15일 후인 8월 말에는 79억 8,700만 원으로 약 31억 4,800만 원이 증가했을 정도였다.

이처럼 혼란한 시기에 국민들에게 필요한 것은 무역이라고 생각한 호암은 사무실을 서울로 옮겨 본격적인 국제무역을 시작하기로 결심했다.

호암은 회사 간부들을 모아놓고 이 같은 의지를 피력했다.

"우리 양조업이 오늘과 같이 발전하게 된 것은 우리가 단결하여 열심히 일한 덕분입니다. 여러분의 협동과 단결심이 살아 있는 한, 이 분야에서 경쟁에 지는 일은 절대로 있을 수 없습니다. 그 동안 축적된 이익을 이 기회에 국가와 사회의 급선무인 새 사업에 투자하고 싶습니다. 현 사업의 경영은 모두 여러분에게 일임합니다."

회사 간부들은 위험이 너무 크다며 반대했다. 그러나 호암은 당위성을 들며 그들을 설득했다. 결국 모든 간부들이 호암의 도전을 이해하게 됐다.

"나라를 잘 다스림은 사람을 잘 기용함에 달린 것이니, 군현이 그 규모가 작더라도 사람을 기용하는 이치는 큰 고을이나 다를 바가 없다."

다산 정약용 선생이 쓴 『목민심서』의 제3조 〈용인(用人)〉편의 내용 일부이다. 평소 정약용을 존경하는 이건희 회장의 인재경영과도 궤를 같이 하는 대목이다.

『목민심서』〈용인〉편의 자세한 내용은 아래와 같다.

"공자의 제자 중 한 사람인 자유가 무성의 원으로 있을 때에, 공자가 그에게, '쓸 만한 인물을 얻었느냐?' 하고 묻자, 자유는 '담대멸명이라고 하는 사람이 있사온데, 그는 샛길을 지나는 일이 없고 공사가 아니고는 저의 방에 들어오는 일이 없나이다' 하고 대답했다. 여기에서 샛

길을 걷는 일이 없다 함은 옆문이나 뒷문으로 드나듦는 일 없이 늘 떳떳하게 정문으로만 드나듦을 말하며, 공사가 아니고는 윗사람의 방에 들어오는 일이 없다 함은 오직 나라의 일이나 백성의 일이 있을 때에만 들어와서 의논한다는 뜻이다. 이것이 곧 향승이 아니겠는가. 공자의 제자 중궁이 계손 씨의 가신으로 있을 때에, 중궁은 스승에게 정사의 법을 물었다. 그러자 공자는 '어진 사람을 기용하는 이에 힘쓰라' 고 했다. 나라를 다스리는 사람은 마땅히 어진 사람을 기용하는 일을 우선으로 해야 한다. 이치에는 크고 작음이 없는 것이니, 소를 잡는 칼로 닭을 잡을 수도 있는 것이다. 그러므로 향승이나 군교 및 모든 아전에서부터 풍헌과 약정에 이르기까지 쓸 만한 사람을 얻는 일에 소홀함이 없어야 할 것이다."

이건희 회장은 100년 영속 삼성을 위해 인재확보와 육성에 심혈을 기울여왔다. 이는 호암으로부터 물려받은 경영철학이기도 했다. 호암은 생전에 '기업은 곧 사람' 이라는 신조를 지켜왔던 경영인이었다. 이를 물려받은 이건희 회장도 '인사가 만사' 라는 경영철학을 실천에 옮겨왔다는 평가다.

이런 이건희 회장의 인재경영은 『이건희 에세이 생각 좀 하며 세상을 보자』에서도 그대로 드러난다. 아래의 내용을 살펴보자.

"나는 선친으로부터 '기업은 곧 사람' 이라는 말을 수없이 들어왔다. 나 자신 삼성의 회장으로서 제일 힘든 일이 사람을 키우고, 쓰고, 평가하는 일이라고 생각한다.

기업이 필요로 하는 사람을 키워, 필요한 때에 쓰는 일이야말로 기업

2005년 4월 13일 삼성 이건희 회장(오른쪽 세 번째)과 사장단들이 첨단 디자인과 패션이 융합된 이탈리아 밀라노 가구박람회장을 방문, 명품 가구업체 몰테니사의 부스에서 회사 관계자로부터 최신 디자인 동향에 대해 설명을 듣고 있다.

경영자의 의무인 것이다. 손자병법에서도 천시는 지리만 못하고 지리는 인화에 못 미친다고 하여 사람의 중요성을 거듭 강조하지 않았던가. 인사가 만사인 것이다."

"기업이 인재를 양성하지 않는 것은 일종의 죄악이며 양질의 인재를 활용하지 못하고 내보내는 것은 경영의 큰 손실이다. 부정보다 더 파렴치한 것이 바로 사람을 망치는 것이다."

이건희 회장의 '인재경영'의 단면 중 하나가 매년 이뤄지는 삼성 사장단과의 생일 만찬이다.

이 회장은 특별한 경우를 제외하면 매년 1월 9일 생일에 삼성 계열사 사장단을 신라호텔로 초대해 함께 식사를 해왔다. 그만큼 이 회장이 삼성의 특급 인재인 사장단을 가족처럼 중요하게 여긴다는 방증이다. 이 회장 생일만찬에는 '자랑스러운 삼성인상' 수상자도 초대해 격려해왔다. 자랑스러운 삼성인상은 통상 30여 명이 선정되는데, 삼성의 핵심 인재로 볼 수 있다. 이 회장은 자신의 생일에도 삼성 경영진과 자랑스러운 삼성인들과 함께하면서 인재의 소중함을 몸소 실천해온 것이다.

지난 2000년의 일이었다. 이건희 회장은 계열사 사장단을 호출했다.

이 회장은 사장단에게 '다가올 5~10년 후 무엇을 먹고 살 것인지에 대해 보고하라' 라는 지시를 내렸다. 사장단은 다급하게 다양한 내용을 보고했다. 그러나 이 회장의 반응은 시큰둥했다. 이 회장이 원하는 답변이 없었기 때문이다.

이 회장이 원하는 답변은 우수한 '인재육성' 을 통한 영속이었다. 결국 이 회장은 사장단에게 "1년 앞을 내다보기 힘든 상황에서 다가올 5~10년을 내다보기는 어렵지만, 이런 변화에 대처할 수 있는 인재를 확보하고, 육성하는 일" 이라는 내용을 골자로 하는 인재경영론을 정답으로 제시했다.

특히 이 회장은 단순한 인재가 아닌 '천재경영론' 또는 '창조적 인재론' 을 역설했다. 호암이 주장한 '인재제일주의' 가 이건희 회장에서는 '천재경영론' 으로 한 차원 진화한 것이다.

이 회장은 '앞으로는 두뇌가 경쟁력' 이라는 취지의 경영메시지를 쏟아냈다.

『이건희 에세이 생각 좀 하며 세상을 보자』에 수록된 내용 하나를 살펴보자.

"우리는 지금 르네상스나 산업혁명과 같은 역사적 전환점에 서 있다. 현재가 자본주의 사회라면 미래는 지식의 내용이 부와 명예를 결정짓는 지식사회다. 지금은 총칼로 싸우지만 미래는 머리와 맨손으로 싸우는 시대다. 창조적 소수 집단의 역할이 중대되고 머리로 승부하는 '뇌력 사회(腦力 社會)'인 것이다. 과거는 수천 명, 수만 명이 한 사람의 봉건 영주를 먹여 살리던 시대였지만, 미래는 한 사람의 비범한 천재가 수만 명을 부양하는 시대가 될 것이다. 이런 조짐은 이미 곳곳에서 찾아볼 수 있다. 아직 애티가 흐르는 컴퓨터 천재 빌 게이츠는 세계 소프트웨어 시장을 좌지우지하며 세계 최고의 부호로 부상했다. 어디 그뿐이랴. 이탈리아 특급 디자이너들의 말 한마디 한마디가 세계의 패션 방향을 바꾸어 놓기도 한다. 월트 디즈니의 만화가들이 창조한 캐릭터 상품 하나는 우리나라 자동차 수출로 벌어들이는 돈의 몇 배나 되는 수익을 가져다주기도 한다. 영화 스타워즈는 20년이 지나 재개봉 돼도 여전히 달러 박스다. 앞으로 다가올 지식사회에서는 창조적 천재들이 역사를 발전시키고 세계를 이끌어가게 될 것이다. 바둑 1급짜리 10명이 머리를 싸매고 함께 달려들어도 바둑 1단을 이기기 힘든 이치와 같다."

지난 2002년 6월 삼성인력개발원에서 열린 '인재전략사장단 회의'에서도 이 회장은 사장단에게 천재경영론을 역설했다.

당시 이 회장은 "200~300년 전에는 10~20만 명이 군주와 왕족을 먹여 살렸지만 21세기는 탁월한 한 명의 천재가 10~20만 명의 직원을 먹여 살리는 인재경영의 시대, 지적 창조의 시대"라고 강조했다.

이어 이 회장은 2002년 11월에 열린 '인재전략사장단 회의'에서도 사장단에게 우수 인재 확보를 강력히 주문했다. 이 회장은 마치 우수 인재 확보에 사활을 건듯 모든 수단과 방법을 동원해 사장단을 압박하는 분위기였다. 당시 이 회장은 이렇게 독려했다.

"앞으로 나부터 경영업무의 50% 이상을 핵심 인력 확보 및 양성에 쏟겠습니다. 사장단의 인사평가 점수를 100점으로 했을 때 40점은 핵심 인력을 얼마나 확보했느냐 또는 얼마나 양성했느냐에 둘 것입니다."

그 결과, 삼성 사장단은 우수 인재 확보를 위해 발 벗고 나서기 시작했다. 심지어 해외에 전용기까지 보내 국적을 불문해 인재를 영입하는 노력을 기울였다. 이렇게 영입한 대표적인 우수 인재가 진대제 전 사장, 황창규 전 사장, 권오현 사장, 임형규 사장 등이다. 그 중 삼성이 황창규 사장을 영입한 과정도 이건희 회장의 우수 인재 확보차원에서 적극적으로 이뤄졌다.

『황의 법칙』을 통해 황창규 사장 스카우트 과정을 살펴보자.

지난 1988년 10월 어느 날, 스탠포드대학에 있는 황창규의 연구실로 손님이 찾아왔다. 그는 삼성전자 반도체 기술기획실 김상욱 실장이었다. 김 실장은 "박사님을 저희 삼성으로 모시고자 찾아왔습니다. 지금 저희는 반도체에 회사의 운명을 걸고 있습니다"라고 정식으로 스카우트 제의를 했다.

황창규는 갑작스런 제의라서 고민스러웠다. 이때 김 실장은 "일본을 앞지르는 게 우리의 목표입니다. 박사님이 우리와 함께 해주신다면 우리로서는 천군만마를 얻은 거나 다름없습니다"라고 거듭 제의했다. 김 실장은 끈질기게 설득했다.

황창규는 이후 고민에 빠졌다. 고민 중이었던 황창규는 우연히 일본 반도체업계를 둘러보게 됐다. 이때 황창규는 일본 히타치 연구소 부소장과 저녁을 먹게 됐다.

히타치 연구소 부소장은 "한국의 반도체 기술 수준은 어느 정도라고 생각하십니까?"라고 질문했다. 이에 황창규는 "글쎄요. 저는 미국에서만 있어서 한국의 수준을 잘 모르겠는데요. 부소장님이 보시기에는 어떻습니까?"라고 되물었다.

다시 히타치 연구소 부소장은 "삼성 반도체가 비록 제품을 만들고 있지만 솔직히 수준 미달입니다. 우리 일본의 기초기술이나 응용기술을 따라오려면 아직 멀었습니다. 삼성은 아마 20년이 지나도 도시바나 NEC를 따라오지 못할 겁니다"라고 지적했다.

황창규는 히타치 연구소 부소장의 자만심에 충격을 받았다. 동시에 오기가 발동했다. 이어 황창규는 "고국에 돌아가야겠다"라는 생각이 스쳤다.

황창규는 일본에서 미국으로 이동하는 항공기에 안에서 귀국을 결심했다. 황창규는 일본을 이기기 위해 한국행을 선택했던 것이다. 이때가 1988년이었다. 이어 황창규는 1989년 4월, 스탠포드 연구원 생활을 접고 귀국해서 삼성맨으로의 인생을 시작했다. 황창규는 "삼성을 선택한 것은 반도체분야에서 당시 최고 강국이었던 일본을 넘어서겠다는 포부 때문이었다. 내가 지금껏 내린 결정 가운데 가장 잘한 결정이었다"라고 회고했다.

이 회장이 우수 인재 확보차원에서 스카우트한 황창규의 목표대로 삼성은 결국 1992년에 메모리반도체에서 일본을 이겼다. 이후 삼성은 2009년까지 메모리반도체에서 일본에 지지 않고 있다. 이 회장의 우수 인재 확보의 효과를 실감할 수 있는 대목이다.

이 회장의 인재 중시 경영은 취임시절부터 왕성했다. 삼성에 해외의 우수한 인력을 처음으로 스카우트한 경영자가 이건희 회장이다. 이 회장은 지난 1960년대 중앙일보 이사로 재직할 당시 일본에 가서 일본인 인재를 스카우트하려고 힘썼다. 그 결과, 마쓰우라 히데오, 후쿠다 타미오 등 일본의 우수 인재들을 다수 고문으로 영입해 삼성의 경쟁력을 크게 높였다.

이후에도 인재육성과 발굴을 위해 이 회장은 1991년 '지역전문가제도'를 도입했다. 1993년에는 '21세기 CEO과정'도 마련했다. 또한 1993년에 '21세기리더양성과정'도 만들었다. 이후 1994년엔 '테크노-MBA'를, 1995년엔 '소시오-MBA'를 도입했다. 이뿐 아니라 1996년엔 '삼성경영기술대학'도 신설했다.

지난 2002년에는 '삼성 펠로우' 제도를 도입했다. 이 제도는 우수 인재에겐 최고의 대우를 해주고, 지원도 최상급으로 해주는 게 취지다. 실제, 삼성 펠로우는 전용 연구실과 높은 연봉, 연간 10억 원 상당의 연구비 지원 등을 보장받고 있다.

이후 지난 2004년에는 '삼성학회'와 '성균관대 MIT MBA'도 만들어 우수 인재의 육성에 힘을 보탰다.

이 회장은 '인사가 만사'이자 '인재가 100년 영속 삼성의 열쇠'라는 생각으로 지금도 세계 곳곳에 숨어 있는 최고의 인재를 찾아 데려오기 위해 안간힘을 쓰고 있다.

9. 봉사와 상생

　한 평생 기업을 일으키고 성장시키는데 열정을 바쳤던 호암은 1965년 전혀 새로운 영역에 관심을 보이기 시작했다. 그의 나이 55세에 삼성문화재단과 중앙일보를 창간한 것이다.
　호암이 기업 이외의 영역에 관심을 보인 것은 경제적인 가치 이외의 것에도 관심이 많았기 때문이다. 사람이 밥만으로는 살 수 없듯이 호암도 평소 문화적인 식견을 쌓았으며 경제가 어느 정도 궤도에 오르면 문화적인 욕구를 충족해야 국가가 진정으로 번성할 수 있다는 철학을 갖고 있었다.
　호암은 외국 재벌의 사례를 조사하고, 여러 친지들과도 기탄없이 논의했다. 육영사업에 나설 수도 있고 복지재단을 설립할 수도 있었다. 기업이 사회에 공헌하는 방법은 여러 가지가 있었다.

호암은 노벨, 록펠러, 포드, 카네기 등 세계적으로 유명한 재단의 기금 구성과 운용방식 및 사업 내용 등을 치밀하게 조사했다. 그리고 55회 생일을 맞아 삼성문화재단을 설립하겠다고 발표했다. 특히 호암은 재단을 운용하는 기금을 안정적으로 확보하기 위해 제일제당, 제일모직, 동방생명, 신세계 등의 주식 가운데 개인 소유로 있던 10억 원 어치의 주식과 부산시 용호동 소재 임야 10여만 평 등의 부동산을 기금으로 출연했다. 게다가 호암은 '재단이 해산되는 때에는 잔여재산을 국가에 귀속한다'는 조항을 정관에 규정했다. 훗날 혹시나 재단의 재산이 사사로운 이익에 이용되거나 사장되는 일을 방지하기 위해서였다. 재단설립에 즈음해 호암은 다음과 같은 취지서를 발표했다.

"본인은 본인 소유 재산을 내놓아, 다년간의 숙원이었던 육영과 문화·복지사업을 위하여 삼성문화재단을 창설키로 하였습니다. 본인은 경제계에 투신한 이후 30여 년의 긴 세월을 오직 기업의 창설·개척·확장에만 전념해왔습니다. 본인이 이룩했던 업체 하나하나는 모두 본인의 꿈과 피와 땀이 엉기지 않은 것이 없습니다. 그야말로 혈한각고(血汗刻苦)의 결정입니다.

그러나 허다한 기업의 창설과 발전, 그리고 자본의 축적은 그 목적이 후손의 풍요한 생활번영보다 우위에 있었던 것은 결코 아니었습니다. 그러므로 개인생활 영위에 필요한 범위를 훨씬 초과하는 본인의 재산은 이것을 계속 사유함으로써 사장·방치하느니보다는 국가·사회를 위해 유용하게 전환·활용하는 것이 옳다고 늘 생각해왔습니다.

이제 영구히 본인 소유를 떠나 다시는 본인에게 돌아오지 않을 이 재산이 새로운 공익재단 사업 활동의 근원이 되어, 재단이 목적하는 바 각 분야의 사회공익에 많은 기여를 하도록 국민 여러분의 절대적인 성원을 거듭 기대하여 마지않습니다."

이어 호암은 6년 뒤인 1971년에도 두 번째로 사재의 처분을 단행하였다. 호암은 문화재단 설립에 주식과 부동산 등을 출연한 뒤 나머지 개인 소유 재산도 3등분했다. 당시 금융기관에서는 호암의 재산이 180억 원이라고 평가했다. 호암은 이 가운데 60억 원은 삼성문화재단에 추가 출연하고 다음 60억 원은 가족과 삼성그룹의 공이 있는 사원들에게 주식으로 배분했다. 나머지 60억 원 중 10억 원은 사원공제조합 기금으로 기증했으며 50억 원은 일단 호암이 보관했다. 삼성문화재단 이외의 유익한 사회공헌활동에 사용하기 위해서였다.

호암은 늘 '한 개인이 너무 많은 재산을 가질 필요가 없다'는 생각을 해왔다. 이는 호암이 미국의 강철왕 알프레드 카네기의 저서 『부론(富論)』의 한 구절을 마음에 새기고 있었기 때문이다. 이 책에서 카네기는 '잉여(剩餘)재산이란 신성한 위탁물(委託物)'이라고 표현했다.

또한 호암은 우리나라에도 스위스의 노벨재단이나 미국의 카네기재단처럼 튼튼한 재정기반을 바탕으로 사회에 공헌하는 문화재단을 만들어 보고 싶어 했다. 진정으로 국가에 기여하는 기업은 종업원과 주주들의 경제적인 이익을 실현하는 것에서 나아가 국민과 문화의 발전을 위해 이익을 공유하는 것이라는 철학을 가졌던 것이다.

이 같은 호암의 뜻을 살려 삼성문화재단은 다양한 문화 사업을 벌여 나갔다. 우선 삼성문화재단은 삼성장학회의 사업을 계승하여 확충하기 시작했다. 단순히 학생들에게 장학금을 수여하는 것에 그치지 않고 학술 연구기관이나 학자들의 연구 활동에도 자금을 지원하는 제도를 마련하였다. 그 연구비로 연구발표회가 개최되고 논문집과 학회지가 발간되기도 하였다. 호암의 철학인 '인재제일(人材第一)'을 위해 대학교도 지원하였다. 삼성문화재단은 자금 부족으로 운영난을 겪고 있는 대구대학을 인수하였다. 대구는 삼성물산의 발상지이자 제일모직의 본 공장이 있어 삼성과 인연이 깊은 고장이기도 하였다. 훗날 대구대학은 박정희 대통령이 양도를 간청해 넘겨 주었다.

성균관대학도 인재육성을 위해 인수하였다. 당시 성균관대학은 종합대학인데도 문화계에만 치우쳐 있었으며 재정난과 내분으로 운영에 어려움을 겪고 있었다. 삼성문화재단은 이런 성균관대학을 인수해 운영을 정상화한 뒤 이공계 교육을 강화하기 위하여 과학관을 신축, 기증하였다.

삼성문화재단은 육영·연구사업 이외에 '도의문화의 앙양(昂揚)'에도 다양한 기여를 하였다. 호암이 어릴 적 서당에서 『논어』를 비롯한 유교 사상을 교육받았기 때문에 애국심, 공과 사의 구별, 봉사정신, 효도, 타인을 위한 배려 등 제도나 법률을 초월한 인간사회의 도의를 중시했기 때문이다. 호암은 동서고금의 역사를 막론하고 도의가 땅에 떨어지고 망하지 않은 국가가 없다고 생각했다. 우리 민족에게는 유구한 역사를 통해 갈고 다듬어진 많은 미풍양속이 있고, 우리 민족은 그것을 자랑으로 여겨왔다. 그러나 시대의 변천과 더불어 그 미풍양속이 급격히 사라져가는 현실을 호암은 개탄해 마지않았다. 그가 문화재단을 출범시킨 근본적인 이유도 여기에 있었다.

　이런 취지를 살려 삼성문화재단은 도의의 앙양을 주제로 한 논문이나 소설, 희곡 등을 공모하여 우수작을 포상했다. 그리고 양심의 회복을 위해 국내외의 양서를 골라 '삼성문화문고'를 간행한 후 고교와 대학도서관 및 공공도서관에 무상으로 기증했다. 일반 독자에게는 실비로 배포했다. 삼성문화문고는 호암이 생존해 있던 1986년까지 200여 종의 서적을 출판했고 총 간행 부수는 1,000만 부를 넘었다.

　삼성문화재단에서 시행하는 또 다른 중요한 사업으로는 '효행상' 시상이 있다. 1년에 한 차례씩 전국 각도에서 숨은 효행자를 한 사람씩 추천받아 포상하는 것이다. 이 역시 '효'를 중시하는 호암의 뜻이기도 했다. 어릴 적 유교사상을 흡수한 호암에게 효는 우리나라 전통사회에서 가장 소중한 가치 가운데 하나였다. 비록 시대가 변하고 사람들의 가치관도 많이 바뀌었지만 어버이를 생각하는 자식의 마음에는 고금의 차이가 있을 수 없으며 효가 바탕이 된 가정은 건전하다. 그 가정들이 하나씩 모여 이룬 사회도 건전하다. 인간의 본성에서 저절로 우러나오는 효도야말로 시대의 고금을 초월한 영원한 인간의 질서이고 규범이라는 것이 호암의 확신이었다.

　삼성문화재단은 미술관도 건립했다. 호암은 평생 사업을 하며 귀중한 시간과 돈을 내 모은 국보급 가치의 여러 가지 예술품을 수집했다. 그가 33세 때 대구에서 삼성상회를 설립하여 양조장을 확장하던 시절 여유 자금으로 서(書)에서부터 회화, 토기, 백자, 청자, 불상, 조각 등 2,000여 점의 각종 예술품을 수집하게 되었다. 호암은 60세가 될 무렵부터 이들을 어떻게 후세에 남길 것인가를 고민했다. 비록 개인이 소장하고 있지만 이것들은 모두 우리 민족의 문화유산이었다. 호암은 이것들을 영구히 보존하여 국민 누구나 쉽게 볼 수 있도록 미술관을 세워서 문화재단의 사업으로 공영화하는 것이 최상책이라는 결론에 이르러 미술관을 건립하기로 한 것이다.

호암의 뜻은 1975년 2월 삼성문화재단 이사회에 전달되었고 국내외 개인미술관에 대한 조사가 이루어졌다. 그 결과 호암은 용인자연농원(현 삼성에버랜드)에서 제일 좋은 위치에 1만 5,000평의 부지를 마련하고 미술관 건립에 착수하였다. 호암은 미술관의 건물부터 우리나라 고유의 건축미를 보여줄 수 있도록 설계하라고 당부했다. 미술관이 화강석조를 사용한 것도 오래도록 풍설에 견딜 수 있도록 하기 위한 것이었다. 이 미술관 건립을 계기로 호암은 삼성문화재단을 삼성미술문화재단으로 개편했다.

미술관은 1982년 4월 22일 개관하였다. 미술관의 명칭은 '호암(湖巖)'으로 정했다. 호수처럼 맑은 물을 잔잔하게 가득 채우고, 큰 바위마냥 흔들리지 않는 준엄함을 가지라는 호암의 호를 그대로 붙인 것이다.

호암미술관의 1층은 경주 불국사의 백운교와 같은 아치형 돌계단을 기단구조로 하고, 그 위에 청기와 단층건물을 얹어 2층으로 만들었다. 내부에는 국내에서 가장 최신의 습도조절 장치와 조명, 방화, 방범, 냉·온방시설 등을 완벽하게 갖추었다. 총 240평의 1층 전시실에는 현대미술품을, 230평의 2층 전시실에는 선사유물과 도자기 및 금속품 등의 문화재를 전시했다. 호암미술관에는 특히 박수근의 50호짜리 '소와 아이들'

가장 아끼던 청자진사연화문표형주자를 감상하고 있는 호암 이병철

이란 작품이 있다. 이 작품은 호암이 고가로 매입한 것이다. 2층에서는 국내 유일의 것이자 신라금관보다 1,000년을 앞서는 순금제 가야금관도 있다.

문화사업과 함께 호암이 우리 사회의 영속과 창조를 위해 구상한 것이 언론 사업이다. 호암은 4·19와 5·16을 거치며 정치에 투신하려고 생각한 적도 있었다. 그러나 호암은 기업인 본연의 업무에 충실하기로 하고, 대신 매스컴에 대한 뜻을 키우기 시작했다. 비록 자신이 정치를 하지 않더라도 올바른 정치를 권장하고 나쁜 정치를 못하도록 하며, 정치보다 더 강한 힘으로 사회의 조화와 안정에 기여하는 것이 바로 언론이라고 생각했기 때문이다.

그러나 언론도 잘못 사용되면 오히려 사회에 해악이 될 수 있다. 언론을 어떻게 쓰느냐에 따라 정의가 구현될 수도 있지만 불의를 조장할 수도 있다. 호암은 이처럼 '양날의 검'의 속성을 가진 언론 사업에 진출하기 위해 고민하다가 자율적이고 균형감이 있는 종합 매스컴을 만들기로 했다.

호암은 1964년 5월 9일 라디오서울을 개국했고 같은 해 12월 7일에는 동양TV방송(TBC)을 개국해 홍진기 사장이 경영을 맡도록 했다. 그리고 1965년 9월 22일, 마침내 중앙일보를 창간했다. 호암은 의논을 거듭한 끝에 지면 편집의 지침이 될 사시(社是)를 다음과 같이 정하였다. 중앙일보 사시는 호암의 언론관을 보여주는 것이자 우리나라 언론이 지향해야 할 바를 나타내주는 것이어서 의미를 갖고 있다.

1. 사회 정의에 입각하여 진실을 과감 신속하게 보도하고 당파를 초월한 정론을 흰기함으로써, 모든 사람들이 내일에 희망과 용기를 갖도록 고취(鼓吹)한다.

2. 사회복지를 증진시키기 위하여 경제후생의 신장을 적극 촉구하고 온갖 불의와 퇴영을 배격함으로써, 자유언론의 대경(大經) 대도(大道)를 구축한다.

3. 사회 공기(公器)로서 언론의 책임을 다함으로써 이성과 관용을 겸비한 건전하고 품위 있는 민족의 목탁이 될 것을 자기(自期)한다.

이처럼 중앙일보의 사시를 정한 호암은 언론인들이 '품위 있는 사회의 목탁' 기능을 수행하려면 투철한 사명감과 능력을 갖춰야 한다고 생각했다. 또 그러한 사명감을 가지려면 긍지와 보람을 갖고 일을 할 수 있도록 제반 환경과 경제적인 뒷받침이 있어야 한다고 생각했다. 이에 호암은 신문사로서는 국내 초유의 현대식 사옥을 건립하고, 최신 시설과 기자재도 구비했다. 당시 중앙일보 사옥은 지상 10층, 연건평 4,300평의 규모를 자랑했다. 전관에 냉·온방시설을 한 것도 신문사로서는 국내 처음이고, 고속 윤전기와 모노타이프 등의 설비도 최신으로 갖추었다. 기자들을 비롯한 직원들에게는 동업 타사보다 급여를 2~3배 많이 책정해 직원들이 자긍심을 갖고 금전적인 부족함 없이 언론인의 사명을 다하도록 했다. 당시만 해도 기자들과 취재원들 사이에는 '촌지(寸志)'라는 관행이 있었다. 취재원들이 기사 편의를 봐달라며 기자들에게 금품이나 향응을 베풀었던 것이다. 일부 기자들은 경제적으로 어려워 촌지를 받았으며, 이런 관습에 익숙해지면 올바른 기사를 작성할 수 없다. 호암은 이 같은 사정을 알고 중앙일보 기자들에게 최고의 대우를 해주었던 것이다. 이 역시 최고의 상품을 생산하려면 최고의 시설과 대우 및 인재 발굴에 힘써야 한다는 호암의 기업 경영 신조가 구현된 것이다.

중앙일보가 창간하자 일각에서는 호암을 비난하는 목소리가 높았다. 그 동안 신문 때문에 삼성이 곤욕을 치르자 언론을 내세워 삼성그룹에 대한 공격의 방패로 삼을 작정이라는 등의 각종 험담과 중상이 들렸다. 그러나 호암은 일체 침묵을 지키고 사장 취임사에서 다음과 같이 자신이 언론에 진출하게 된 속내를 보여주었다.

"정신생활의 해이와 사회윤리의 타락은 거의 위기에 이른 감을 주고 있습니다. 사회 기풍을 발전의 방향으로 진작시키고, 인간의 존엄성과 사회의 공정성을 일깨우며, 창조와 생산의 풍토가 이룩될 수 있는 길잡이가 되고자 합니다."

이 한마디로 호암과 중앙일보에 대한 온갖 험담과 중상을 불식시켰다.

1976년, 우리나라에 가족들이 쉴 수 있는 대규모의 자연농원이 개장했다. 바로 용인자연농원이다. 경기도 용인군 포곡면 일대 산야 450만 평에 들어선 용인자연농원은 당시 우리나라의 경제 사정이나 생활수준에서 보면 수준에 맞지 않는 것이었다. 먹고 살기 바쁘고 정치·경제적으로 급변하는 상황에서 자연농원을 방문하기가 쉽지 않았던 것이다. 그러나 또 한편으로는 산업화가 빠르게 진전되면서 오히려 우리의 국토와 자연이 훼손되고, 핵가족화에 따라 사람들 간의 정이 점점 희미해지는 상황에서 가족들끼리 휴일을 보낼 만한 장소가 없었던 것도 사실이다.

용인자연농원은 이 같은 휴양시설이기도 하지만 호암에게는 일제 강점기와 6·25전쟁을 거치면서 헐벗은 우리나라의 산하를 푸르게 가꾸어 후손들에게 남겨 주겠다는 의미도 있다. 일부에서는 용인자연농원 개발을 두고 자연파괴라고 비판했으며 심지어는 반사회적인 사업이라는 비난도 서슴지 않았다. 그러나 당시 박토였던 용인의 산야는 풍요로운 옥토로 변했고 호두, 밤, 은행, 살구, 사과 등의 유실수와 마늘, 고추, 당근, 토마토 등 개량종을 재배하는 임야산업의 산 교재 역할을 하게 되었다. 이곳에서 재배한 개량종은 일반인들도 직접 관찰할 수 있다. 또 5만 평이 넘는 저수지에는 다양한 물고기를 길렀으며 묘목, 종돈(種豚), 유실수 개량 등 농가소득 향상에 길잡이 역할도 하고 있다.

용인자연농원은 오래 전부터 호암이 구상해왔던 것이다. 해방 후 해외여행이 잦았던 호암은 비행기에서 내려다보이는 유난히 헐벗은 우리나라 산하에 항상 안타까운 생각을 갖고 있었다. 태평양전쟁 중에 군수

물자나 연료용으로 벌채만 하고 계획적인 조림을 하지 않았기 때문이다. 어떤 전문가는 우리나라의 토양이 기름지지 못하고 강우도 적어 수목이 잘 자라지 않는다고 주장하기도 했다. 그러나 호암은 그 의견에 동의하지 않았다. 실제로 고려시대만 하더라도 산림이 울창했다는 기록이 있고, 옛 건물에는 아름드리 재목이 많이 쓰이고 있었기 때문이다. 서울대학교 농대의 권위 있는 임학자인 현신규 박사는 대표적인 사례로 광릉수목원을 꼽았다. 광릉은 거목의 수해(樹海)였다. 토질도 우리나라에서 흔한 반사토(半砂土)였다. 일본의 저명한 농업전문가인 미야자와는 일본에서 간토지방을 제외하고는 토질이 반드시 비옥하지 않고 우기에는 기온이 냉한데다 나무는 1년에 한 번 우기 중의 고온 시기에 집중적으로 자라는데 한국의 우기는 전국적으로 고온 다습하므로 일본보다 조림에는 오히려 기후조건이 좋다는 의견을 제시했다. 미야자와는 몇 번이나 내한하여 실제로 조사를 했으며 그 좋은 예가 광릉이라고 한 것이다.

이러한 국내외 학자들의 의견으로 자신감을 가진 호암이 1958년부터 중앙개발을 주축으로 용인을 개발하기 시작한 것이었다.

용인자연농원을 개발하는 데에도 많은 난관이 따랐다. 우선 포곡면 일대 산야 450만 평을 개발하려다보니 산지 소유자가 2,000명이 넘었고, 2,000기가 넘는 분묘가 있었다. 그 많은 사람들과 협상을 하다보니 땅 매입에서부터 어려움이 닥쳤다. 조상 전래의 땅이라 팔 수 없다는 사람에서부터, 시가의 몇 배를 요구하는 사람도 있었다. 그러나 호암은 농원사업의 목적과 의의를 설명하고 꾸준히 설득하면서 협력을 구했다.

자연농원 개발에는 헐벗은 우리 산을 푸르게 가꿀 수 있다는 것을 보

생전 용인 한옥에서의 호암 이병철

어주기 위해 종합적이고 체계적인 개발이 진행되었다. 우선 묘포(苗圃)를 마련하고, 식목이나 묘목 육성에 불가결한 퇴비를 공급받기 위해 양돈을 키웠다. 묘포와 양돈에 필수적인 용수는 5만 평 규모의 저수지를 만들어 지하수를 끌어들였다. 이곳에 물고기를 길렀다. 그리고 농장을 찾는 사람들이 휴식을 취할 수 있도록 동물원과 유원지도 마련했다. 나무는 유실수를 택했고 다양한 꽃과 채소도 길렀다. 이처럼 공을 들여 용인자연농원이 탄생한 것이다.

용인자연농원에는 한옥이 있다. 이 한옥 역시 호암의 시대를 초월한 철학을 엿볼 수 있는 곳이다. 호암은 한국식 목조건축을 좋아했다. 서양의 직선과 웅장함이 깃든 건축물도 좋지만 살아 숨 쉬는 목재가 직선과 곡선으로 어울려 짜임새 있게 몇 백 년 이상을 이어온 한국식 전통가옥의 멋도 세계 어디에 내놔도 손색이 없는 것이다. 호암은 용인자연농원의 한옥 기본 설계에서부터 이 같은 한옥의 철학을 담고 싶어 했다. 목수나 와공과 직접 대화를 나누며 한옥 고유의 모양과 색조의 조화를 표현하려고 하였던 것이다.

"미래를 가장 정확히 예측하는 방법은 미래를 스스로 창조하는 것이다."

이는 이건희 회장이 평소 임직원들에게 즐겨 하는 경영메시지 중 하나다. 이건희 회장은 1978년 삼성그룹 회장 취임 이후 미래에 대비한 창조적 경영행보를 걸어왔다. 쉽게 말해, 이 회장은 변화무쌍한 미래를 미리 선견력으로 대비해 삼성의 100년 영속에 도전해왔던 것이다.

미국 마이크로소프트(MS)의 창업자인 빌게이츠가 주장한 『생각의 속도』에서 '21세기는 생각의 속도가 결정한다'고 주장했듯, 이건희 회장은 고속으로 변하는 세상을 10년 이상 앞서 통찰하면서 끊임없이 창조적 혁신을 거듭한 경영자로 평가되고 있다.

빌게이츠는 『생각의 속도』를 통해 아래와 같이 밝혔다.

"비즈니스는 다가올 10년 동안에 지난 50년보다 훨씬 더 큰 변화를 겪게 될 것이다. 1980년대가 질의 시대요, 1990년대가 리엔지니어링의 시대였다면, 2000년대는 속도의 시대가 될 것이다. 비즈니스의 본질이 매우 빠른 속도로 바뀔 것이고, 비즈니스의 처리속도 또한 빨라질 것이기 때문이다. 비즈니스의 속도가 충분히 빨라지면서 비즈니스의 본질 또한 변화하기 마련이다. 주 단위가 아니라 시시각각으로 판매변화에 민감하게 반응해야만 하는 제조업체나 소매상은 이제 더 이상 생산하거나 판매만 하는 입장이 아니라, 제품에 대한 서비스 제공자로 그 성격이 변하는 것이다."

일반인들이 시속 10km로 생각한다면, 이건희 회장은 시속 100km로 생각하면서 다가올 격변에 대해 앞서 고민하고 예비하는 행보를 걸어왔다. 이는 이 회장의 10년 앞을 내다보는 선견이자, 미래 준비경영을 낳게 하는 이유로 분석됐다.

이 회장의 선견 중 가장 빛나는 분야는 스포츠일 것이다. 2010년 2월 밴쿠버 올림픽 비인기종목인 빙상에서의 금메달 획득은 아직도 우리 국민들의 가슴에 강한 울림을 주고 있다. '2010 밴쿠버 동계올림픽'에서 남자 스피드스케이팅의 모태범 선수를 시작으로 이상화, 이승훈, 김연아, 이정수 등이 줄줄이 금메달을 획득해 대한민국의 위상을 드높였다. 이는 '2002년 월드컵' 4강 이후 온 국민을 가장 감동시킨 놀라운 일로 기록되고 있다. 이명박 대통령까지 나서 "국운이 융성하고 있다"면서 선수들을 격려할 정도였다.

이처럼 동계올림픽에서 우리나라가 세계를 제패해 세상을 깜짝 놀라게 한 이면엔 이건희 회장의 남다른 스포츠에 대한 선견과 지원이 작용했다는 사실을 아는 사람은 많지 않다.

지난 1997년 초였다. 1년 전 국제올림픽위원회(IOC) 위원으로 선출된 당시 이건희 삼성그룹 회장이 박성인 부사장(2010년 밴쿠버 동계올림픽 한국선수단장 겸 대한빙상경기연맹 회장)을 집무실로 불렀다. 박 부사장은 긴장된 표정으로 다급히 이 회장에게 달려갔다. 박 부사장은 당시 삼성스포츠단장으로서 제일모직 전무를 거쳐서 삼성생명 부사장직을 맡고 있었다.

이 회장은 박 부사장에게 뜬금없이 "비인기종목인 빙상 종목을 육성하라"고 주문했다. 우리나라에서 황무지나 다름없는 빙상 종목을 육성해야 동계올림픽 유치에 도움이 된다는 게 이 회장의 논리였다. 이 회장은 벌써 1997년부터 우리나라의 동계올림픽 유치까지 생각하고 있었다는 방증이다. 무려 14년을 앞선 선견이다.

이날 이 회장은 박 부사장에게 "겨울 스포츠의 기본은 빙상"이라면서 "향후 동계올림픽을 유치하려면 빙상 종목을 육성해야 한다"고 당부했다.

이 회장은 또한 "적극 지원하겠다"면서 "서두르지 말고 길게 보고 차근차근 준비해서 육성하라"고 거듭 강조했다.

이 회장의 주도 아래 삼성이 한국 빙상 육성을 위한 10년 대계에 나서는 순간이다.

이 회장의 당부를 경청한 당시 박 부사장은 1997년 8월 대한빙상경기연맹 회장에 취임한다. 이후 박 대한빙상경기연맹 회장은 과거 탁구 육성에서 그랬듯, 10년 대계식 빙상 육성 구상을 마련했다. 박 회장의 빙상 육성 구상은 10년 후엔 쇼트트랙, 피겨스케이팅, 스피드스케이팅 등에서 한국이 적어도 금메달 1개씩을 획득하는 것이었다.

이런 박 회장의 구상에 대해 이건희 회장은 전폭적으로 지원했다. 박 회장이 대한빙상연맹에 회장으로 올라선 1997년 이래 삼성은 14년째 지원을 아끼지 않았다. 그간 삼성이 대한빙상연맹에 지원한 투자액만 100억 원이 넘는 것으로 집계됐다. 삼성은 삼성화재를 통해 빙상연맹 후원사로 지금까지 14년째 훈련비 등을 지원해오고 있다. 한마디로 삼성이 '한국의 금빛 질주'를 위해 10년 넘게 100억 원 이상을 쏟아 부었다는 얘기다.

이처럼 삼성이 비인기종목인 빙상에 대한 지원을 시작하면서 경기력 향상을 위해 해외 전지훈련이 본격화됐다. 아울러 국가대표 일류코치 영입도 가능해졌다는 분석이다.

박 회장은 삼성의 지원 아래 국내 빙상 스포츠 저변 확대를 위해 각종 상금과 장학금을 내걸고 꿈나무 대회를 신설했다.

이렇게 발굴된 빙상 꿈나무들이 바로 1988~1990년생들인 스피드스케이팅의 모태범, 이상화, 이승훈과 피겨스케이팅의 김연아, 쇼트트랙의 이정수 등이다.

박 회장은 "나도 운동을 해봤지만 운동하는 사람이 아무리 뛰어나도 제대로 지원 받지 못하면 이름을 빛내기 어렵다"면서 지원의 중요성을 강조했다.

삼성은 동계올림픽 스폰서로 나서는 방식으로 측면 지원도 아끼지 않았다. 삼성의 주력인 삼성전자는 1998년 나가노 동계올림픽부터 솔트레이크, 토리노에 이어 이번 밴쿠버올림픽까지 4회 연속 올림픽 무선부문 공식 파트너사로 대회를 지원해왔다.

삼성전자의 경우 2010년 밴쿠버 동계올림픽에서 무선 올림픽 정보 서비스인 '와우(WOW, Wireless Olympic Works)'를 제공했다.

여기에 이건희 회장도 IOC위원으로 2018년 평창 동계올림픽 유치활동에도 나서고 있는 등 동계올림픽에 경영자와 기업이 한꺼번에 나서 혼신을 다하고 있는 것이다.

이 회장은 2010년 동계올림픽 개막 직전 밴쿠버의 한국선수촌을 방문해 선수단을 격려하는 자리에서 "정부에서 지원하는 지원금의 50%에 해당하는 성과금을 추가로 IOC 위원 자격으로 주겠다"고 해 선수단의 사기를 북돋았다. 이런 삼성의 중장기 구상에 따른 빙상 육성 노력은 2010년 밴쿠버 동계올림픽에서 금메달이 되서 돌아왔다. 사실, 88서울 올림픽에서 우리나라가 탁구에서 획득한 금메달도 이면엔 이건희 회장의 선견에 의한 전폭적인 지원이 낳은 결과다.

지난 1978년의 일이다. 이건희 회장은 제일모직 탁구단을 창단했다. 이 회장은 감독으로 박성인 현 대한빙상연맹회장을 임명했다. 당시만 해도 중국이 세계 탁구계를 호령하던 때다. 한국은 도저히 중국을 이길 수 없을 것이란 패배감이 팽배하던 시절이었다. 심지어 한국 선수들은 중국이 참가하는 대회마저도 기피할 정도로 공포감이 컸다. 한국과 중국의 축구경기에서 '공한중'이 있는 것과 대조적으로, 당시 탁구에선 '공중증' 현상이 빚어졌던 것이다.

이때도 이건희 회장의 생각은 남달랐다. 이 회장은 제일모직 창단식장에서 '호랑이론'을 설파했다. 이 회장은 "호랑이를 잡으려면 호랑이굴에 들어가야 한다"면서 "중국이 출전하는 탁구대회에 나가서 그들을 배워야 한다"고 힘주어 말했다.

이 회장은 탁구 육성 장기 플랜도 제시했다. 이 회장은 "서두르지 말고 10년 계획을 세워야 한다"면서 중장기 탁구 육성의지를 보였다. 이 회장의 10년 앞을 내다보는 선견이 그대로 드러나는 대목이다. 이미 이 회장은 탁구단 창단 시점부터 10년 뒤에 열린 1988년 올림픽 금메달까지 염두에 뒀던 모양이다. 놀라운 '생각의 속도'이다.

이후 중장기 플랜에 따라 발굴한 선수가 탁구 올림픽 금메달리스트인 양영자 선수와 유남규 선수였다. 유남규와 양영자는 중학생 시절이던 1981년 삼성 탁구단이 유망주 발굴프로젝트를 통해 찾아낸 꿈나무였다. 이 회장은 이들을 육성하기 위해 물심양면으로 지원했다. 게다가 전문가 못지않은 식견으로 기술적인 조언도 했다. 그 사례로, 양 선수의 지난 1983년 도쿄 세계선수권대회 경기 모습을 직접 지켜본 이 전 회장은 획기적인 아이디어를 제시했다.

이 회장은 "세계 정상이 되기 위해선 유럽의 힘과 중공의 속공을 통합한 제5의 전형이 필요하다"면서 "셰이크핸드와 팬홀더를 합한 라켓을 사용하는 방안을 생각해 봐라"고 제안했다.

이 회장은 제일모직 선수단의 연습강도 수시로 찾아 깜짝 선물을 하기도 했다.

이 회장은 1980년경 제일모직 탁구 선수단의 연습장을 찾은 적이 있다. 이때 추운 겨울인데도 선수들이 야외에서 연습을 하고 있었다. 시설이 너무 열악했다. 이 회장은 "이런 데서 연습하는 줄 몰랐다"면서 "이렇게 추운 데서 운동하면 부상의 위험이 있다"면서 걱정했다고 한다.

이어 이 회장은 당시 박성인 감독에게 격려금과 함께 제대로 된 실내 연습장을 마련해 주기로 약속했다. 그 후 선수들은 제대로 환경이 갖춰진 연습장에서 운동을 하게 됐다는 것이다. 이 회장의 세심한 배려와 탁구에 대한 애정이 배어나는 대목이다.

이 회장은 스스로 탁구를 즐기기도 했다. 아래는 『이건희 에세이 생각 좀 하며 세상을 보자』에서 탁구에 대해 밝힌 내용으로 이 회장의 탁구에 대한 식견이 그대로 담겨 있다.

"나는 이따금 아이들과 탁구를 친다. 탁구는 누구에게나 무난한 스포츠여서 나도 부담 없이 즐기는 편이다. 하루는 아들이 평소 사용하던 펜홀더형 탁구채를 세이크핸드형으로 바꿨다. 웬일이지 하면서 게임을 했는데, 평소 점수와는 비교도 할 수 없는 점수 차로 지고 말았다. 게임을 끝낸 후 아들과 얘기를 하며 나는 많은 것을 생각하게 되었다. 탁구채를 잡는 데는 펜홀더형과 세이크핸드형이 있다. 우리나라 사람들이 일반적으로 많이 쓰는 펜홀더형은 펜을 잡는 것처럼 잡는다고 해서 그렇게 부르고, 세이크핸드형은 잡는 방법이 꼭 악수하는 것 같다고 해서 그런 이름이 붙었다. 보통 세이크핸드형 탁구채는 공의 접촉면이 넓은 힘이 분산되는 약점이 있어 수비형 선수에게 적합한 것으로 통하고 있다. 그런데 언제부터인가 힘이 좋은 유럽의 남자 선수들 중 공격형 선수들이 세이크핸드형 탁구채를 사용해 스매싱의 파괴력을 높이기 시작했다. 그러더니 1980년대 후반 마침내 유럽의 신형 공격수들이 세계 최강인 중국 선수들을 누르고 세계 정상에 올라섰다. 그 후로 세이크핸드형 러버를 수비수를 위한 러버라고 생각하는 사람은 아무도 없게 되었다. 여기서 내가 강조하고 싶은 것이 펜홀더형은 공격형, 세이크핸드형은 수비형이라는 고정관념을 뒤집어 상대 전략의 허를 찌르는, 다시 말해 공격과 수비의 구별 없이 공격 위주로 게임을 펼치는 쪽이 승리할 기회를 많이 잡을 수 있다는 점이다."

이런 이 회장의 탁구에 대한 식견과 배려는 1988년 빛을 발했다. 한국 탁구는 88서울 올림픽에서 금메달 2개를 따낸 것이다.

   삼성은 88서울 올림픽 이후 그룹 비서실에 스포츠단을 두고 체육 분야를 더욱 적극 지원한다. 현재도 이 회장의 스포츠를 통한 봉사와 상생의 의지는 꺾이지 않고 있다.

creation

4장
불굴의 리더십도
부전자전

SAMSUNG

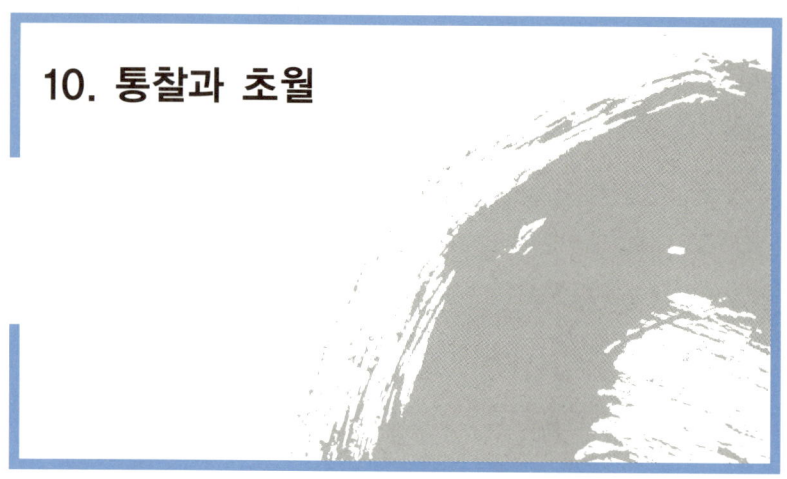

10. 통찰과 초월

    1938년 대구시 수동에서 삼성상회를 설립하면서 시작된 호암의 사업 인생은 1980년대 반도체로 상징되는 첨단 산업에 진출하면서 만개하기 시작한다. 1983년, "기술을 지배하는 자가 세계를 지배한다"는 신념으로 반도체산업에 대규모 투자를 결정한 것이다. 호암은 사업 초기 무역업으로 시작했으나 자본을 모으고 시장이 성숙되는 시기를 기다려 점차 소비재 제조업에서 시작해 전자산업, 중화학공업 등을 거쳐 최첨단 반도체 사업에까지 이르게 된다. 호암의 인생 역사가 우리나라 산업의 역사와 괘를 같이 하는 것이다. 또한 호암이 반도체 사업에 진출하면서 비로소 우리나라는 세계 일류 산업국가의 대열에 합류할 수 있게 된다.

    호암이 반도체 사업 진출의지를 굳히며 1982년 미국을 방문했을 때의 일이다. 호암은 아침 일찍 샌프란시스코 변두리로 나갔다. 아침 출근 시간대에 8차선 도로에는 출근 차량으로 가득 차 있었다. 그러나 거의 모두 대형차였고 그나마 혼자밖에 타고 있지 않았다. 호암의 눈에는 명백한 낭비였다. 우리나라에서는 도저히 상상할 수 없는 낭비가 있는데도 미국은 여전히 세계 경제를 주도하고 있었다. 그 이유가 무엇인가.

이러한 원인을 고민하던 호암은 첨단기술에서 해답을 찾았다. 일본도 미국과 비슷하게 전통산업에서 어려움을 겪다가 뼈를 깎는 구조조정을 실시했고, 새로운 성장 동력으로 반도체를 비롯한 첨단기술 산업을 택했다. 물론 미국도 IBM과 같은 첨단기술 기업이 있었다. 그러나 소수 대기업을 제외하면 벤처기업이 대다수였다. 국가적인 장려 속에서 대기업이 체계와 규모를 가지고 사업을 하는 것에는 당해낼 수가 없는 것이다.

우리나라도 비슷했다. 초기 삼성은 무역업에서부터 사업을 키워왔다. 무역업을 통해 늘린 자본금으로 소비재 위주의 제조업에 진출했고 이후에는 중화학공업으로 사업을 점점 고도화했다. 이와 때를 같이 하여 우리나라의 경제도 점차 성장했고 국가적인 인프라 환경도 성숙했다. 그러나 여기서 멈춘다면 삼성의 발전과 우리나라의 발전은 더 이상 기대할 수 없다는 것이 호암의 판단이었다.

우리나라의 경제 상황도 삼성의 발전과 비슷하게 발전하고 있었다. 우리나라는 1945년 외부의 도움으로 광복을 맞이한 뒤 좌익과 우익이 나뉘어 서로 싸웠던 3년여의 혼란기를 거쳐 1948년 대한민국 정부가 수립되었다. 1950년대에는 민족 최대의 비극인 6·25전쟁을 겪어 수많은 사람들과 재산을 잃었다. 1950년대에 부분적으로 소비재 중심의 경공업이 나타나기 시작했으며 1960년대에 접어들면서 비로소 공업이 발전하기 시작했다. 그러나 당시의 공업발전 역시 국민들이 당장 생활에 필요한 물품 중심으로 발전했으며 사회간접자본이나 중공업, 부가가치가 높은 산업 등은 꿈도 꾸지 못하는 상황이었다. 이러한 과정을 겪은 뒤 1970년대 들어 드디어 한국은 한 단계 비약할 수 있는 전자, 조선, 기계공업 부문이 발달하기 시작한 것이다.

이러한 상황을 고려해 호암은 21세기 첨단기술의 총아로 불리는 '산업의 쌀' 반도체 사업에 진출해야 한다는 생각을 굳히기 시작했다. 반도체 산업의 세계적 추세에서 한국이 더 이상 뒤떨어질 수 없다는 신념으로 삼성그룹의 운명을 걸고 대규모 투자를 단행하기로 결정한 것이다.

반도체 산업에 대한 투자는 호암의 생애 마지막 신규 사업이었다. 또한 호암의 '사업보국'의 철학이 가장 짙게 배어나는 철학이기도 했다. 그는 1982년의 한 회의석상에서 "삼성이 돈벌이를 하려면 반도체 말고도 많다. 왜 이렇게 고생하고 애쓰는가. 반도체는 국가적 사업이고 미래 산업의 총아이기 때문이다"라며 반도체를 하지 않으면 대한민국이 영원한 후발 국가로 남을 수밖에 없음을 역설했다.

삼성이 반도체 개발에 성공했을 당시에도 호암은 미국이나 일본의 견제가 심할 것으로 내다보고 일체 비밀에 부칠 것을 당부했다. 불필요하게 해외 선발 국가들을 자극할 필요가 없다는 판단에서다. 부천공장의 고문직을 맡아온 어떤 일본인 박사가 일본에 일시 귀국하였을 때, 동료 전문가들과 삼성의 VLSI 성공비결을 놓고 논의를 했다. 일본인들은 일본 반도체 산업의 성공을 일본인 특유의 문화적 특성 때문이라고 생각해왔는데, 한국의 삼성반도체도 성공을 거두자 이들은 "한국에는 어른을 존중하고 그 명령에 순종하는 가부장적 제도가 아직 현존하고 있어 융화와 통솔이 잘 되고 일치단결하여 놀랄 만한 성과를 거둘 수 있었다"고 결론 지었다는 것을 그 박사가 어느 회의석상에서 호암에게 전해주기도 했다.

이처럼 세계가 놀란 삼성의 성공비결에 대해 전문가들은 다음과 같이 분석했다.

첫째, 경제적 계산이나 위험을 초월하여 국가적 견지에서 첨단기술에 도전한 삼성의 확고한 기업정신이 있었다.

둘째, 바이폴라 IC가 주제품이었는데 부천 IC공장에 10여 년간의 경험과 인력의 축적이 있었다.

셋째, 삼성이 VLSI에 투자하기로 결정한 후 세계 경제가 호황으로 전환되어 반도체 산업의 활기가 되살아났다.

넷째, 최신 최고이면서 최염가의 시설을 설치할 수 있었다.

다섯째, 재미 한국인 박사 등의 사심 없는 조국애에서 비롯된 적극적인 참여로 고도의 두뇌집단과 기술 인력을 확보할 수 있었다.

여섯째, 여자종업원에 이르기까지 양질의 근면한 노동력 확보와 훈련이 가능했다.

일곱째, 어려운 입지요건 속에서도 반도체 사업에 적합한 부지를 얻을 수 있었다.

여덟째, 긴축정책 속에서도 각 금융기관의 각별한 이해와 협력을 얻어 소요자금을 순조롭게 조달할 수 있었기 때문이다.

호암이 나이 73세에 위험부담을 안고 시작했던 삼성 반도체는 호암 생전에 VLSI분야에서 미국이나 일본과 나란히 서게 되었다. 그러나 호암의 도전은 멈추지 않았다. 호암은 삼성 반도체의 성공 여부가 삼성의 운명뿐만 아니라 국가의 운명까지 달려 있다고 생각했다. 게다가 전 세계는 점차 장기 불황의 늪으로 빠져들고 있었다. 선진국들은 신흥국들의 추격을 따돌리기 위해 보호무역주의를 강화하고 있었다. 과거처럼 값싼 노동력을 바탕으로 염가의 제품을 만들어 수출하던 시대는 한계에 다다르고 있었다. 이를 극복할 수 있는 길은 오직 첨단 기술로 승부를 거는 것밖에는 없었다. 비록 미국과 일본이 반도체로 첨단기술 시장을 장악하고 있었지만 호암은 자신이 있었다. 그리고 그 길만이 우리나라가 경제대국으로 성장할 수 있는 유일한 길이라고 생각했다.

한민족이 1910년 한일병탄이라는 치욕을 맞던 해 태어나 우리 민족을 35년간 수탈해갔던 일본 치하에서 사업의 기틀을 잡은 뒤 일본 기업들과 때로는 협력하고 때로는 경쟁하며 마침내 그들을 이긴 삼성을 창조한 호암. 그는 1987년 11월 19일 78세를 일기로 타계했지만 그는 언제나 도전을 즐겼으며 숱한 위기의 순간에서도 결코 좌절하지 않고 '사업보국'이라는 일념으로 기업을 가꾸고 종업원과 국가에 봉사하는 자세로 마지막까지 혼신의 힘으로 새로운 길을 개척한 선구자였다. 호암은 자신의 인생을 되돌아보며 다음과 같이 말하였다.

"생각하기에 따라 인생은 재미있기도 하고 인색하기도 하다. 아무리 하찮게 보이는 인생도 소중하다. 반대로 아무리 소중해 보이는 인생이라도 하찮을 수가 있다. 인생이란 다듬기 나름인 것이다.

'보보시도량(步步是道場)'. 이것이 인생이다. 언제 어디서 들은 말인지는 모르지만 나는 가끔 이 말을 되새겨본다. 사람은 늙어서 죽는 것이 아니다. 한 걸음 한 걸음 길을 닦고 스스로를 닦아나가기를 멎을 때 죽음이 시작되는 것이라는 생각이 든다."

'초월'이란 사전적 의미로 여러 가지 의미에서 '어떤 영역을 넘어서는 것', 또는 '넘어선 맨 앞의 것'이다. 이런 사람을 '초월자'라고도 한다. 그간 이건희 회장은 삼성 경영에서 초월적 통찰과 몰입을 보여준 경영인이다. 이 회장은 경영뿐 아니라, 여러 가지 다른 영역에서 초월적 행보를 걸어왔다. 이런 이유에서 이건희 회장은 '시대의 초월자'라 칭할 만하다. 부친인 호암이 통찰형 리더였다면, 이건희 회장은 초월형 리더로 칭할 만하다. 그는 세상과 권위, 돈, 명예, 권력 등과의 초월적인 행보를 보여왔다.

지난 2008년의 일이었다. 이 회장은 지난 2008년 4월 경영일선에서 퇴진한 후 칩거에 들어갔다. 이는 삼성 경영에서 손을 뗀 것이자, 세상과의 단절이었다. 아니 삼성 경영에서의 초월이었다. 지난 20년 삼성을 초일류로 만들기 위해 앞만 보고 달려온 시간이었다. 많이 지쳐 보였다. 생각할 시간이 필요해 보였다. 거미줄처럼 복잡한 머릿속도 시간을 갖고 정리할 필요가 있어 보였다. 사업만에 몰두하면서 지친 심신도 추슬러야 할 시점이었다.

그래서일까. 이 회장은 경영퇴진 후 삼성 사옥에는 가지 않았다. 이 회장은 해외 출장도 거의 가지 않았다. 마치 속세를 등진 '은둔자'처럼 보였다.

대신, 이 회장은 경기도 용인을 찾는 시간이 부쩍 늘었다. 호암도 이건희 회장처럼 생전에 머리가 복잡할 때 용인 호암미술관 뒤편 호암장을 찾아 정리하곤 했다. 공교롭게, 호암이 한때 경영 일선에서 한 발짝 물러나 있을 때도 용인 호암장을 찾았다. 이건희 회장과 비슷한 행보였다. 호암은 반도체 사업에 대규모 투자를 결정할 때도 용인에 머무르면서 장고를 거듭했다.

생전의 부친처럼 이건희 회장도 경영퇴진 후 1~2주에 한 번씩 용인을 찾았다. 용인엔 에버랜드를 중심으로 호암미술관, 자동차박물관, 안내견센터, 연수원 등이 위치해 있다.

이 회장은 미술작품과 자동차, 개 등에 깊은 관심이 있다. 단순한 관심을 뛰어넘어 마니아 수준으로 집착할 정도다. 웬만한 전문가도 이 회장 앞에선 초라해질 수밖에 없다는 게 지인들의 전언이다.

당시 이건희 회장은 주로 용인 에버랜드 인근 자동차 경주장인 '스피드웨이'에 자주 들렀다.

2009년 4월, 이 회장이 용인 에버랜드 정문 앞 자동차 경주장 '스피드웨이'에 방문해 여러 대의 고급 외제차를 번갈아 시승하는 장면이 특정 언론에 보도되기도 했다.

이 회장은 뭔가 삼성 경영을 초월할 몰입 대상이 필요했던 것일까. 이런 이유에서 평소 전문가 수준의 자동차 마니아인 이 회장은 삼성 경영 대신 자동차 경주장에서 시간을 보내기 시작했다.

이 회장은 직접 자동차를 여러 대 번갈아 운전을 하면서 속도를 즐겼다. 아울러 이 회장은 자동차 경주장 코스의 상태를 살펴보면서 안전상의 문제를 개선토록 지시하기도 했다. 이는 삼성 경영이 아닌 분야인 자동차에 초월적 몰입을 하는 장면들이다.

당시 이 회장이 에버랜드에 자주 방문하면서 웃지 못할 에피소드도 있었다.

지난 2008년경이었다. 이날도 이 회장은 에버랜드 내 자동차 경주장을 찾았다. 이 회장은 일부 임직원의 안내로 자동차 경주장을 살폈다. 이 곳저곳을 꼼꼼하게 살폈다. 그때 이 회장 눈에 낯선 임원 하나가 동행하고 있다는 사실을 알았다. 해당 임원은 에버랜드 소속으로 자동차 경주와 연관이 없지만, 이 회장을 지근에서 따라다니던 터였다.

이때 이 회장은 이 임원에게 자동차 경주에 대한 돌발 질문을 던졌다. 내용은 구체적으로 알 수 없지만, 이 임원은 대답을 제대로 하지 못했다고 한다. 어차피, 웬만큼 알아선 자동차 마니아인 이 회장의 성에 차지도 않았을 것이다. 그렇다고 대충 대답했다간 불호령이 떨어지거나 이 회장 특유의 선문답식 연속 질문이 쏟아질 게 뻔한 일이어서 당황스러웠을 것이다.

이후 이 회장은 별 말을 하지 않았지만, 표정이 그리 좋지 않았다. 이 회장의 표정이 좋지 못한 이유는 단순히 자동차 경주에 대해 몰라서만은 아닌 듯했다. 이 회장이 평소 삼성 임직원들에게 '업의 본질'을 알고 업무에 임하라는 지시를 누차 했기 때문이다. 그러나 이날 이 임원은 제대로 답변을 못하면서 '업의 본질'을 알기 위해 기초 지식이 부족하다는 인상을 이 회장에게 줬던 모양이다.

이날 사건 이후, 에버랜드 임직원들은 단체로 자동차 경주에 대해 교육을 받았다. 전 임직원이 자동차 경주의 개념과 경기 방식, 용어 등에 대해 최소한의 지식을 갖기 위해서다. 무엇보다, 이 회장이 불시에 자동차 경주에 대해 질문을 할지 모르는 상황을 사전에 염두에 둔 조치이기도 했다.

이 일화에서는 '사물의 본질'을 파악하지 못하면 주체적인 삶을 살기 어렵다는 이 회장의 생각이 그대로 드러난다.

이 회장은 『이건희 에세이 생각 좀 하며 세상을 보자』에서 '업의 본질'에 대한 중요성을 아래와 같이 강조했다.

"나는 일하고 챙기는데 내 나름의 몇 가지 원칙과 습관이 있다. 먼저 목적을 명확히 한다. 보고를 받으려면 보고의 목적과 결정해야 할 일을 분명히 한다. 다음은 일의 본질이 무엇인가를 파악한다. 본질을 모르고는 어떤 결정도 하지 않는다. 본질이 파악될 때까지 몇 번이고 반복해서 물어보고 연구한다. 나는 삼성의 임직원들에게 '업의 개념'에 대해 자주 이야기한다. 그런데도 '당신은 하는 일의 '업의 개념'이 무엇이냐?'라고 물으면 대부분의 사람들이 당황한다. 대답할 준비가 되어 있지 않기 때문이다. 자기가 하는 일의 본질이 무엇인지를 깊이 생각해 보지 않는다는 의미이다. 손을 들어 달을 가리키며 달을 보라고 외치는데 달은 보지 않고 손만 쳐다보고 있다면 어찌 되겠는가?

목적관 본질 파악이 나의 원칙이라면 숲을 먼저 보고 나무를 보려 하는 노력은 나의 습관이다. 동양과 서양은 크게 다른 사고방식을 가지고 있는데 대표적인 예가 주소표기법이다. 우리는 국가, 시도, 시군구, 동읍

면의 순으로 전체에서 부분으로 접근하고 있다. 그러나 서양은 그 반대다. 나는 동양의 주소 표기 방식으로 문제에 접근하는 것을 좋아한다. 일을 할 때 대소완급의 구분도 매우 중요하다. 이는 곧 일의 본질에 바탕을 두고 우선순위를 판단하는 것이다."

이 회장이 '업의 개념'을 강조한 일화는 또 있다. 『이건희 개혁 10년』에 의하면, 지난 1990년대 초 이 회장과 사장단들이 호텔신라에서 점심식사를 하는 자리였다. 이 회장은 당시 신세계백화점 사장에게 백화점의 업 특성이 뭐라고 생각하느냐고 물었다. 순간 다른 사장들도 멈칫했다. 백화점은 당연히 상품 유통업이 아닌가. 그러나 이 회장은 그때 백화점은 '부동산업'이라고 진단했다.

지난 1980년대 후반 현명관 호텔신라 전무는 이 회장으로부터 '호텔업의 특성이 뭐냐'는 질문을 받은 뒤 일본 출장까지 다녀온 일도 있다. 현 전무는 일본 오쿠라호텔 등 일본 유수의 호텔을 비롯해 전문가들을 두루 만났다. 그 후 현 전무는 이 회장에게 "호텔 사업은 로케이션업이자 장치산업의 성격이 강하다"고 보고했다. 이에 이 회장은 "부동산업의 성격이 강하다"라고 제시했다. 이는 호텔의 입지가 개발이익으로 직결되는 만큼 호텔사업은 부지 선정이 중요하다는 뜻이다.

이 회장은 당시 반도체 사업은 '시간 산업', 시계 사업은 '패션 사업', 가전 사업은 '조립양 산업', 카드 사업은 '술장사' 등으로 개념을 독특하게 정리했다. 그 중 카드 사업의 경우가 가장 흥미롭다. 술장사가 돈을 버느냐, 못 버느냐는 술값을 제대로 받아내는 것에 달렸다는 것이다. 이와 마찬가지로 카드사업도 부실 채권의 회수와 연체율 최소화, 채권 회수 시스템 구축이 중요하다는 게 이 회장의 논리다. 이런 이 회장의 '업의 개념'은 일반적인 상식을 초월한 통찰과 몰입에서 비롯됐다.

이건희 회장은 집무실에 혼자 앉아 깊은 생각에 잠기기도 했지만, 현장에 직접 가서 챙기는 현장경영에도 적극적이었다. 이 회장은 각 사장단에게 강한 신뢰를 주면서 일을 맡겼지만, 큰 그림을 그리는 '컨트롤 타워'로서 현장 감각을 잃지 않기 위해 국내외 사업장을 동분서주해왔다.

이 회장이 항상 권위를 초월해 현장 속에서 해답을 얻는 경영자이기 때문이다. 이 회장은 '본질을 꿰뚫는 직감과 통찰을 현장에서 찾아왔던 것'으로 볼 수 있다.

실제, 이 회장의 현장경영은 평소 누차 강조해왔다. 『이건희 에세이 생각 좀 하며 세상을 보자』에서 이 회장은 현장경영에 대해 아래와 같이 말하고 있다.

"기업 경영자도 사무실에만 죽치고 앉아 측근이 전해주는 장밋빛 소식에 솔깃해서는 이내 권위주의에 빠지기 쉽다. '문제의 해답은 현장에 있다'는 신념을 갖고, 고객과 협력업체로부터 솔직한 의견을 들을 뿐 아니라, 아랫사람이 신바람 나게 일할 수 있도록 권한을 주어야 한다. 사회 지도층 인사나 기업 경영자부터 아집과 독선의 권위의식에서 벗어나야 한다."

이는 일본의 현장중심 경영자인 다카하라 게이치로는 『현장이 답이다』에서 "현장이 답이다. 이론은 언제나 죽어 있다. 본질을 꿰뚫는 직감은 현장에서 나온다"라고 역설한 것과 일맥상통하는 이건희 회장의 경영행보다.

다카하라 게이치로의 현장 경영에 대한 내용은 아래와 같다.

"나는 어떤 문제에 대한 해답을 찾고 싶을 때, 무엇인가를 절실히 알고 싶을 때, 또 나의 생각을 충분히 다듬고 싶을 때, 망설이지 않고 '현장노트'를 펼친다. 과거의 추억과 상념에 빠져드는 것이 아니다. 이제부터 어떻게 움직이고 또 어떠한 방법을 취해야 하는지 알기 위해서다. 즉, 과거를 향수하기 위해서가 아니라 미래를 계획하기 위해 '현장노트'를 펼치는 것이다. …(중략)… 많은 사람들이 문제에 부딪쳤을 때 머리로만 고민한다. 하지만 모든 것의 해답은 바로 현장에 있다. 지금 당장 현장, 현실, 현상, 현물로 돌아가라. 바로 그것이 최선의 해결책을 얻는 유일한 방법이자 길이다. 현장에서 벗어난 이론은 언제나 죽어 있다. 이론에 따른 생각의 한계는 현장에서 발로 뛰는 노력으로 눈 깜짝할 사이에 해결되곤 한다."

다카하라 게이치로는 1961년 자본금 3,000만 원으로 '유니참'을 설립해 매출액 2조 원이 넘는 아시아 최고의 위생용품 회사로 성장시킨 인물이다. 그는 일본의 신현장중심주의의 대표주자이다. 또한 그는 45년간 현장에서 발로 뛰며 경험한 사실들을 모아 700권에 달하는 노트를 써온 것으로 유명하다.

이건희 회장의 현장경영은 2010년 3월 삼성 경영에 복귀한 후 첫 대외 공식 행사에서 그대로 이어졌다.

이 회장은 2010년 5월, 경기 화성 반월동 소재 삼성나노시티 화성캠퍼스(삼성전자 화성 반도체공장)에 들렀다. 이날 '화성사업장 메모리 16라인 기공식'에 참여한 것이다.

이날 삼성전자는 이건희 회장의 주도로 시설 투자 16조 원(반도체 11조 원, LCD 5조 원), 연구개발(R&D) 투자(8조 원) 등을 포함해 총 26조 원 규모의 2010년 투자계획을 발표했다. 2010년 투자 26조 원은 삼성전자의 연간 투자로는 사상 최대 규모다. 삼성전자는 이런 투자를 바탕으로 올해 LCD 4,000명을 비롯해 1만 명 정도의 신규 인력을 채용키로 했다.

구체적으로, 삼성전자의 올해 투자 계획을 살펴보자.

삼성전자는 일단 반도체 사업의 경우 차세대 메모리 제품 생산을 위한 신규 생산라인(16라인) 건설과 30나노미터(㎚) D램 양산을 위한 15라인 캐파(생산능력) 확대를 위해 메모리 반도체 투자를 종전 5조 5,000억 원에서 9조 원대로 확대키로 했다.

그 중 삼성전자는 2011년부터 화성사업장내 56만 1000㎡(17만 평) 부지에 들어서는 16라인을 새롭게 가동키로 했다. 12인치 웨이퍼로 월 20만매 이상을 생산하게 되는 16라인은 완공까지 단계적으로 12조 원 규모를 투자하게 된다.

삼성전자는 45㎚ 이하 공정을 적용하는 모바일, 디지털TV 등 시스템 온칩(SOC) 사업과 파운드리(수탁생산) 사업 강화를 위해 2조 원대 투자도 추진키로 했다.

삼성전자는 LCD 부문에서도 2011년 이후 대형 LCD TV용 패널 수요 증가에 대비키 위해 총 2조 5,000억 원을 투자키로 했다.

그 일환으로 삼성전자는 8세대 LCD 신규라인(8-2 2단계)을 탕정사업장에 건설하기로 했다. 이번 8세대 신규 라인에 대한 추가투자 결정으로 삼성전자는 총 4개의 8세대 라인을 확보하게 되며 2010년 투자 규모를 총 5조 원으로 확대키로 했다.

이날 기공식에는 이건희 회장을 비롯해 최지성 사장, 권오현 사장(반도체 사업부장), 조수인 사장(메모리담당), 이상훈 사장(사업지원팀장), 윤주화 사장(경영지원실장), 이재용 부사장 등 500여 명이 참석했다.

이건희 회장은 이날 축사를 통해 "지금 세계 경제가 불확실하고 경영여건의 변화도 심할 것으로 예상은 되지만, 이런 시기에 투자를 더 늘리고 인력도 더 많이 뽑아서 글로벌 사업기회를 선점해야 한다"며 "그래야 삼성그룹에도 성장의 기회가 오고 우리 경제가 성장하는 데도 도움이 될 것"이라고 투자확대를 역설했다. 여기에는 이건희 회장이 반도체 사업 초기부터 과감하게 추진해온 '월반(越班)식 경영'을 통한 미래 기회선점 전략이 녹아 있다.

삼성이 '인프라 사업'이자, '타이밍 사업'인 반도체와 액정표시장치(LCD)사업에서 확실한 독주체제를 굳히기 위해 "경쟁사가 투자를 머뭇거릴 때 5~10년 앞선 선제 투자를 단행해 기회를 선점하라"는 게 이건희 회장이 주창해온 '월반식 경영'이다.

앞서, 이건희 회장은 지난 1993년 일본 경쟁사들이 15㎜(6인치) 웨이퍼를 주로 생산할 때, 후발 주자인 삼성이 20㎜(8인치) 웨이퍼로 건너뛰는 등의 공격 경영으로 일본을 추월한 바 있다.

이번 삼성전자의 파격적인 투자 전략은 연이은 사상최대 실적으로 쌓은 자금력을 바탕으로 해외 경쟁사의 추격 의지를 완전히 꺾으려는 '공격은 최선의 방어'란 전략도 녹아 있다.

2010년 5월 17일 이건희 삼성 회장이 경기 화성 삼성전자 반도체 사업장을 찾아 반도체 기공식에 참석한 뒤 여사원 대표와 악수를 나누고 있다.

여기에, 반도체와 LCD가 호황기를 맞았지만, 공급부족으로 인해 주문량을 100% 소화하지 못하는 현실도 투자확대에 작용했다. 어쨌든, 이건희 회장은 경영 복귀를 하자마자 '통 큰 투자 보따리'를 풀어내면서 시황에 흔들림 없이 고수익을 거두는 반도체 사업 육성의지를 분명히 보여준 것이다.

이 회장은 이날 기공식 후 삼성 화성 반도체공장 내 임직원식당으로 이동했다. 이곳에서 삼성전자 사원대표들과 갈비탕을 점심식사로 먹었다. 이건희 회장 특유의 권위를 초월한 현장 경영이 그대로 발휘되는 순간이다.

이 회장은 직급을 초월해 사원대표들과 격의없는 대화를 나눴다. 이 회장은 경영 복귀 후 삼성을 초일류 기업으로 만들기 위해 노력하겠다는 의지를 전했다. 또한 근무상 애로사항이나 건의사항을 담담하게 경청했다. 사원대표들은 이건희 회장의 경영 복귀를 환한 얼굴로 환영하면서 솔직한 대화를 나눴다. 이 회장은 사업장 곳곳에서 직원들의 두 손을 잡아 인사하면서 '삼성가족'으로서 서로 인간적인 조화와 소통의 풍경을 연출했다. 이날 이 회장이 현장에서 얻은 직감은 '권위를 초월한 현장 중심의 삼성'이 아니었을까.

11. 변화와 혁신

"사업은 어디까지나 사람이 만드는 것이다. 우수한 인재가 많을 때 사업은 발전한다. 사람이 사업의 주축을 이루기 때문이다. 우수한 인재가 없으면 사업은 쇠퇴한다. 자본? 그것은 2차적인 문제다."

호암의 사고방식을 보여주는 대표적인 말이다. 호암은 세상만사가 사람으로부터 시작된다는 기본적인 철학을 갖고 있었다. 어찌 보면 가장 단순한 이 철학에서부터 호암의 변화와 혁신이 시작된 것이다.

호암이 혁신적인 경영기법으로 대규모 기업집단인 삼성을 만들 수 있었던 것은 무엇보다 호암만의 독특한 철학에 기반을 둔 것이다. 호암의 경영철학은 크게 세 가지로 요약된다. '인재제일(人材第一)' '사업보국(事業報國)' '합리추구(合理追求)' 다.

이 가운데 그는 어느 기업인들과 달리 '사람'을 기업의 가장 중요한 재산으로 보았다. '인재제일'을 표방하며 이를 바탕으로 사람을 신뢰하고 이들에게 자율권을 보장함으로써 모두가 마음껏 자신의 능력을 펼칠 수 있도록 한 것이다.

호암은 과거 프로테스탄트 윤리가 서구의 자본주의 발전을 이끌어왔듯이 유교를 통해 당시의 한국 사회에 가장 효율적이고 적합한 발전을 이끌어왔다. 호암은 유교주의적인 경영기법만 고집하지 않았다. 오히려 시대 상황을 앞서가며 서구의 합리적인 사업방식은 적절히 수용함으로써 삼성만의 독특한 기업문화를 형성시켜갔다. 대표적인 사례가 종업원주주제도이다.

호암은 1948년 11월, 서울 종로 2가 영보(永保)빌딩 근처의 2층 건물 100여 평에 '삼성물산공사'란 간판을 걸면서 직원들의 참여의식을 높이기 위해 출자를 권유했다. 삼성물산의 지분은 호암이 75%, 김생기, 이오석, 문철호, 김일옥, 조홍제 등이 나머지를 출자해 설립했지만 사원들의 참여의식을 독려하기 위해 조금씩이나마 회사 자본 출자에 참여하도록 했다.

삼성물산의 당시 직원들은 20여 명에 불과했다. 해방 직후여서 나라는 어수선했다. 좌우가 나뉘어 대립과 반목이 심했다. 이런 상황에서 무엇보다 중요한 것은 참여의식이었다. 호암은 회사의 이익이 많이 나면 그 배당을 출자한 직원들에게 나눠 주기로 했다. 이 같은 호암의 생각을 삼성물산공사의 운영 기본방침으로 삼아 이를 다음과 같이 공표했다.

첫째, 일정한 자본금의 규모를 정하지 않고 사원이면 누구나 응분의 투자를 하고, 이익의 배당을 투자액에 비례해서 모두 공평하게 받을 수 있는 제도를 채택한다.

둘째, 사장이거나 평사원이거나 간에 공존공영의 정신으로 일에 몰두하는 것은 물론 능력에 따라 대우와 신상필벌(信賞必罰)의 기풍을 확립한다.

셋째, 사원의 생활안정을 도모하기 위하여 운영에 지장이 없는 범위 내에서 가능한 한 우대해서, 가족적 분위기가 항상 유지되도록 한다.

호암의 이 같은 정책은 적중했다. '의식이 풍부해야 예절을 안다'는 말처럼 사원들에게 충분히 생활을 할 수 있는 수준의 급료를 지불하고, 기회가 있을 때마다 상당한 배당금을 분배하자 회사는 순식간에 번창한 것이다. 당시 삼성물산이 취급하던 물자는 수백 가지였다. 또한 상품을 발주해서 도착하기까지는 몇 달이 걸렸다. 무역업은 가능하면 이런 기간을 단축해 자금을 빨리 회전시켜야 한다. 그렇게 하려면 항상 유동적인 시장의 상황을 재빠르게 파악하고 있어야 한다. 동시에 관계 관청과도 원만한 관계를 유지해야 한다. 복잡한 서류라도 가급적 빨리 결재를 받기 위해서다. 국내 대기업 상사와의 경쟁은 물론 시간과의 경쟁도 하고 있었던 것이다. 삼성물산이 사원지주제를 도입해 모든 사원들이 전력을 다해 움직이지 않았다면 그렇게 빠른 시간 안에 회사가 성장하는 것은 불가능했을 것이다.

오늘날 종업원지주제와 유사한 이 제도는 곧 여기저기로 소문이 퍼져 삼성물산공사에 입사하고 싶다는 사람들이 줄을 서게 된다. 삼성물산은 동남아시아에 오징어, 한천 등을 수출하고 면사를 수입하는 일부터 착수해 곧 수백 종의 무역제품을 취급하게 되었다.

종업원들의 헌신적인 노력과 호암을 비롯한 회사 간부들의 경영노력에 힘입어 삼성물산공사는 빠른 속도로 성장해갔다. 설립 다음해인 1949년 삼성물산의 거래액이 무역업계 랭킹 7위에 오른 것이다. 당시 무역업에서는 천우사, 동아상사, 대한물산, 화신산업, 경향실업 등의 쟁쟁한 업체들이 경쟁하고 있었다. 이런 상황에서 설립한 지 1년밖에 되지 않은 무명의 회사가 이들과 어깨를 나란히 견줄 수 있게 성장한 비결이 무엇인지 회자되었다. 바로 종업원 지주제를 비롯한 혁신적인 경영기법이 사람들의 입에 오르내린 것이다.

호암은 '사업보국'에 대한 믿음도 강했다. 기업을 일으키고 이를 확대·발전시켜 국가와 사회의 발전에 기여해야 하는 것이 기업인들의 소명이라고 생각한 것이다. 이 같은 사고방식은 지금의 기업 경영자들도 제대로 고민하지 않은 '발상의 전환'이라고 평가되고 있다. 그는 심지어 "삼성이 중요하냐, 국가가 중요하냐? 국가가 중요하다"고 말할 정도로 투철한 국가의식을 가지고 있었다. 이처럼 자신보다 기업, 기업보다 국가를 중요시하는 유교적 사고방식이 혁신적인 경영철학으로 승화된 것이다. 그가 6·25전쟁 직후 무역업에 진출했다가 전쟁이 끝난 뒤에는 외화절약과 물가안정을 위해 제당사업을 제조업의 첫 번째 목표로 정한 것도 이 같은 사업보국의 철학이 바탕이 됐다. 1970년대 한국의 경제가 자리를 잡으면서 국가가 필요한 사업이 전자기기와 중화학공업이라고 보고 임원들의 반대 속에서도 사업을 개척한 것 역시 사업보국에 대한 신념이 컸다.

호암은 제조업에 처음 진출하던 1953년 제일제당공업주식회사를 설립하면서 공장건설에서도 대대적인 혁신을 일으킨다. 당시 호암은 정부로부터 설탕 제조에 필요한 원심분리기와 결정관 등의 플랜트를 정부의 지원을 받아 일본에서 도입하기로 하였다. 호암은 다나카기계의 플랜트를 수입해왔다. 그러나 문제가 발생했다. 당시까지만 해도 우리나라와 일본은 일제강점기의 앙금이 남아 국교를 수교하지 않았으며 이승만 대통령은 배일정책을 펴 일본인 기술자의 입국을 허가하지 않은 것이다. 호암은 난감했다. 우여곡절 끝에 일본으로부터 기계는 수입했지만 이를 조립하고 설치할 인력이 없었던 것이다. 그러나 호암은 기계류를 조립하는 국내 회사들에 문의한 결과 설계도가 있으면 가능할 것 같다는 답변을 들었다. 그랬더니 이번에는 일본 측에서 난색을 보였다. 플랜트를 수출하는 것은 좋으나 규격대로 제품이 생산되지 않으면 일본 측이 책임을 져야 하기 때문에 반드시 일본인 기술자가 설치해야 한다는 것이다.

결국 호암은 한국의 기술진만으로 문제를 해결하기로 했다. 김재명 공장장도 국내 기술진만으로 공장을 완공할 수 있다는 확고한 자신감을 보여주었다. 호암은 기존 사고의 틀을 깨고 한국 기술진만으로 플랜트를 설치하기로 결심했다. 지금까지 한 번도 경험해본 적은 없지만 혁신이란 것은 사소한 것에서도 중요하다고 생각한 것이다.

물론 플랜트 설치 과정이 순탄하지만은 않았다. 설비 자체가 일본에서 건너온 것이었기 때문에 지금까지 그러한 설비를 구경조차 하지 못했던 국내 기술진들은 여기저기에서 어려움을 겪고 있었다. 그러나 호암은 현장에서 혁신을 주도했다. 필요하면 자신이 직접 일본 다나카기계에 국제전화를 걸어 문의했다. 당시의 국제전화 사정은 아침에 신청하면 오후나 다음날 아침에 간신히 연결될 정도였다. 통화 감도도 아주 나빠서 마치 싸움을 하는 것처럼 소리를 질러야 상대방이 알아들을 수 있는 지경이었다. 서신문의는 더 사정이 나빴다. 편지를 보내면 받을 때까지 2주일이 걸렸다. 그 사이의 작업은 중단되기 일쑤였다. 그러나 호암은 단 하루도 건설현장을 떠나지 않으면서 막중한 책임감을 갖고 현장 근로자들과 함께 국내 최초의 설탕공장 완성에 매진했다. 게다가 원심분리기와 결정관 등의 핵심 플랜트 설비를 제외한 일부 기계는 국산품으로 대체했다. 이러한 시도는 의외로 발품을 많이 파는 것이었다. 철판이나 철관 등의 중고품을 찾기 위해 전국의 철물상을 뒤지고 다녔기 때문이다. 호암이 국산 기계류의 도입을 결정한 것은 외화를 절약해야 한다는 이유도 있었지만, 이럴 때가 아니면 국산 기계류가 발전할 수 있는 기회를 찾기 어렵다는 생각 때문이었다. 이러한 우여곡절 끝에 6개월이 지나고 드디어 공장이 완공됐다. 당초의 예정보다 2개월이나 앞당긴 것이다.

또 다른 호암의 경영철학은 바로 '합리추구'다. 사업을 추구할 때 주변 정세에 맞지 않는 사업은 전개하지 않았다. 호암의 '합리추구' 정신은 그가 1936년 마산에서 협동정미소를 동업할 때 뼈저리게 체험한 것이기도 하다. 그는 당시 무리하게 은행의 대출에 의존해 사업을 확장하다가 은행의 대출이 일시에 중단되면서 모든 것을 처분하는 위기를 겪었다. 이때 호암은 "사업은 반드시 시기와 정세를 맞추어야 한다"고 반성했다. 뿐만 아니라 호암의 합리추구 정신은 사람을 가리지 않은 것으로도 유명하다. 주위의 의견을 들을 때 그가 누구이든, 어떤 의견을 제시하든 호암은 참을성 있고 끈질기게 들었다. 그리고 그의 의견을 평가하고 자신의 것으로 만드는 것이다.

호암이 사람을 가리지 않고 좋은 의견은 적극 수용한다는 대표적인 사례는 제당공장 준공 후에 일어났다. 당시 호암은 고생 끝에 우리 기술자들의 손으로 제당공장을 완성했다. 그리고 시운전을 했다. 타이완에서 수입한 원당(原糖)을 기계에 넣고 가동 스위치를 넣자 원심분리기가 크게 흔들리면서 균형이 잡히지 않았다. 게다가 하얀 색의 설탕이 나오지 않고 이상한 물질이 나왔다. 그 즉시 호암은 기계를 세우고 원인을 찾았다. 그러나 국내에서는 제당 공장을 경험한 사람이 없었기 때문에 그 이유를 아는 사람이 하나도 없었다. 모두들 원인을 찾지 못한 채 3일이 지난 어느 날 공장의 한 용접공이 원심분리기 근처에서 작업을 하다가 지나가는 말로 "무슨 원료를 이렇게 많이 넣느냐?"고 했다. 공장 직원들은 "당신이 뭘 아느냐?"며 그의 말을 무시했지만 호암은 그렇지 않았다. 호암은 그의 말대로 직원들에게 원당을 많이 넣지 말고 균형을 맞춰가며 조금씩 넣으라고 지시했다. 그러자 잠시 후 순백의 정제당이 쏟아져 나오기 시작했다. 전문가도 아닌 용접공의 말을 흘려듣지 않은 호암의 판단이 정확했던 것이다.

호암의 혁신적인 경영철학은 공장 근로자들의 업무환경 개선이라는 곳에서도 빛이 났다. 호암이 기숙사나 조경에 마음을 쓴 것은, 여종업원을 포함해 전 종업원을 가족처럼 대우하고자 했기 때문이다. 이 역시 유교적 사상에 기반을 둔 것일 뿐더러, 동시에 쾌적한 환경에서 일하면 작업능률도 반드시 향상되리라는 확신에서 나온 것이다.

호암은 도쿄 유학시절 '여공애사(女工哀史)'라는 글을 읽은 적이 있다. 비참한 노동조건에서 일하는 방적공장의 참담한 여공생활을 그린 책이었다. 당시 호암은 큰 충격을 받았다. 자신의 공장에서는 절대 그런 일이 일어나서는 안된다는 것이 호암의 생각이었다.

훗날(1976년 4월) 호암은 당시를 회상하며 다음과 같이 밝혔다.

"모직공장 건설을 서두르던 중에 나는 특히 쾌적한 노동환경의 조성작업에 대해 각별한 신경을 썼다. 제당과는 달리 모직에서는 1,000명이 넘는 여직공들이 일하게 된다. 그리고 이들은 대부분 홀로 대구에 온 처녀들이다. 따라서 우리는 단순히 이들에게 직장을 제공해 주기만 하면 되는 것이 아니다. 그들의 부모로부터 받은 여망에 대한 책임을 져야 하는 것이다."

호암은 우리나라의 산업 민주화에 전제조건인 금융 사업 선진화에도 노력을 기울였다. 1957년 정부는 전쟁 중의 악성 인플레이션 현상이 1955년을 기점으로 점차 안정되자 금융의 민주화를 추진하기 위해 그 동안 정부가 관리하던 은행의 민영화를 단행하였다. 당시 재무부에서는 몇 명의 대기업가를 은행주 공매에 참가시켜 입찰에 응하도록 만든다는 의향을 밝혔다. 거액의 자본을 가진 대기업가들만이 은행주를 인수할 수 있으며 이들의 협조 없이는 정책이 성공할 수 없다는 것을 알았기 때문이다. 기업 입장에서도 은행을 소유하면 기업의 자금을 조달하기가 편하기 때문에 정부의 이런 방침에 찬성을 보냈다. 일부에서는 정보를 수집하기 위해 열을 올렸으며 언론에서는 이 같은 정부 방침을 비판하기도 하였다.

물론 호암에게도 입찰에 응해달라는 요청이 왔다. 호암은 주저하지 않고 입찰에 응했다. 호암이 은행 소유에 관심을 가졌던 것은 자금 융통의 창구가 필요했기 때문이 아니었다. 정부의 금융 민주화 자체에 찬성했기 때문이다. 정부의 시책대로 금융의 민주화가 이루어지면 우리나라의 산업이 보다 건전하게 성장, 발전할 수 있다는 것을 외국의 사례에서 충분히 보아왔고, 가능하면 은행을 소유해 정부가 가지고 있던 은행을 민간으로 이전해 산업 발전을 도모할 수 있을 것이란 기대감이 있었던 것이다.

당시 정부는 4개의 시중은행을 공개입찰 방식으로 진행했다. 호암은 흥업은행(이후 한일은행, 우리은행 등으로 개명) 주식을 18명의 응찰자와 경합 끝에 소유하게 되었다. 또 조흥은행(현 신한은행) 주식의 50%, 상업은행(현 우리은행)의 주식 30%를 인수하였다.

그러나 호암은 대주주로서의 인사권을 행사하지 않았다. 그는 "자본과 경영은 완전히 분리되어야 한다. 그래야 금융의 민주화가 가능하다"란 생각으로 은행의 경영에 관한 모든 문제를 은행장을 비롯한 해당 기업에 맡겼다. 은행이 민영화되었는데 특정 주주의 입김으로 은행이 운영되거나, 은행이 특정 기업의 사금고화가 되면 오히려 민영화를 하지 않느니보다 못하다는 생각에서였다.

호암은 은행의 소유에 대해 다음과 같은 그의 의견을 피력하였다.

"내가 시중은행의 대주주가 되려 한 것은 한 가지 생각에서였다. 즉, 자본과 경영을 가능하면 분리시켜서 은행은 은행가로서 유능한 인물에게 맡긴다. 이를 통해 은행이 충분히 창의력을 발휘하여 경영을 합리화시키고 서비스를 개선시켜 일반 시민과 밀착된 민주적인 은행을 육성하려고 생각했다. 시중은행협회의 창립을 적극적으로 후원한 이유도 금융계가 정부의 어용기관으로 변질되는 현상을 막기 위해서였다."

이 같은 호암의 포부는 1961년 5·16 군사쿠데타에 의한 부정축재처리 과정에서 시중은행 주식의 국고환수 조치에 의해 물거품으로 돌아갔지만 금융의 민주화는 지금도 완전히 구현되지 않은, 당시로서는 혁신적인 사고방식으로 평가되고 있다.

한편, 호암은 1960년대부터 외부 전문가에 의한 그룹 각사의 경영진단을 정례적으로 실시했다. 이를 통해 특정인에 의해 회사가 좌지우지되지 않고 합리적으로 경영이 이루어지도록 했다. 이와 함께 호암은 장·단기 경영계획제도를 도입하여, 각 기업의 목표를 구체적으로 제시하도록 하였으며 매월 계획 대비 실적을 평가함으로써 기업마다 목표달성을 위해 유효적절한 대응과 노력을 경주할 수 있도록 했다.

이 같은 경영기법은 오늘날에는 상식이 되었지만 그 당시로서는 획기적인 것이었으며 삼성이 처음으로 시도한 것이기도 하였다.

1970년대에 들어서도 호암의 경영 혁신은 이어졌다. 각 회사의 사업부가 일정 분야에 대해서는 독자적으로 의사결정을 할 수 있도록 사업부제를 도입했으며 TQC운동을 시도해 삼성의 조직관리를 더욱 발전시켰다. 특히 기능별·제품별 사업부제는 사장에서부터 말단사원에 이르기까지 그들의 달성목표를 분명히 해줌으로써 부서마다 팀워크의 단합을 촉진시켰으며, 전사적·전그룹적인 경영관리의 체계화를 실현시켰다.

사업부제는 1970년대 초부터 제일모직, 중앙개발 등에서 도입되었다.

이 제도는 사장을 비롯한 회사 내 전 임직원의 권한과 책임을 명확하게 해준다. 호암은 1975년 9월, 이 제도를 그룹 전체로 확산시켰다. 이를 통해 이윤의 원천을 정확하게 밝혀내고 부서가 독립적으로 자율권을 갖고 업무에 정진할 수 있도록 하기 위해서다. 호암은 또 1986년 3월, 여기서 한 발 더 나아가 개인별 사업부제를 도입했다. 각 사원이 자신의 업무목표를 세우고 이것을 스스로 관리, 평가하는 시스템이다. 각 직원들은 이 목표를 달성하기 위해 선진국의 지표를 참조하며, 업무의 개선 가능성을 구체화시키고 개인과 부서의 발전을 동시에 달성할 수 있게 된다. 이 같은 개인별 사업부제는 너무나도 혁신적이고 전 직원의 공감대가 없으면 구현하기 어려운 제도여서 우리나라의 대기업 가운데 아직도 도입하지 못하고 있는 곳들이 있을 정도다.

  1969년 삼성전자가 설립된 뒤에도 호암의 혁신은 이어졌다. 삼성전자공업의 사장으로는 강진구 사장을 임명했다. 그는 미8군 방송국과 KBS를 거쳐 동양텔레비전의 기술담당이사로 있었으며 한국 제일의 TV 기술자로 높은 평가를 받았다. 무엇보다 그는 공과대학을 졸업한 인물이다. 지금까지 한국의 기업들 중에서 경영자의 대부분이 문과계열 출신이었지만 호암은 이과 출신인 그를 삼성전자의 사장으로 앉힌 것이다.

  또한 호암은 당시 독특한 판매방법을 사용했다. 즉, 소비자들이 문제를 겪으면 대응하는 애프터서비스(AS)가 아니라 사전에 문제가 발생하지 않도록 점검해 주는 비포서비스(BS)였다. 소비자들이 대리점에서 소비자카드를 작성하여 제출하면 1년에 두 차례 반드시 사원이 직접 소비자들을 찾아가 서비스를 하도록 했다. 제품에 문제가 있으면 즉시 수리를 해주고 아무런 문제가 없으면 청소를 해주고 돌아올 때 반드시 방문자의 명함을 두게 해 역할과 책임을 명시하도록 했다. 또 최고경영자에서부터 현장 종업원에 이르기까지 전 직원들은 오전 8시에 출근해서 그날의 분담할 일들을 회의로 결정한 뒤 작업에 들어가고 퇴근할 때에도 그날의 성과를 검토한 뒤 일을 끝내는 방식을 도입했다. 삼성전자는 전자산업 분야에서 후발주자였지만 이 같은 혁신적인 기법과 품질향상, 대리점 확대 등을 통해 업계 1위의 자리에 오르게 된다. 특히 1973년 오일쇼크 때에도 삼성전자의 매출은 오히려 전년대비 133% 증가하는 기염을 토해 업계를 놀라게 하기도 했다.

호암의 혁신적인 경영기법은 무엇보다 공개적으로 사원들을 채용하고, 채용한 사원들을 교육시키는 직원연수에서 돋보인다. 호암이 공개채용제도를 도입한 것은 그가 사업에 본격적으로 뛰어든 지 얼마 지나지 않은 1950년대 중반부터이다. 당시에는 전쟁 직후 사회가 어수선한 상태였으며 일반 기업들이 공채를 통해 인재를 구할 만큼 기업 자체가 성장해 있었던 시기가 아니었다.

그러나 호암은 '인재제일'을 가장 중요한 가치 기준으로 삼고 있었으며, 훌륭한 인재를 모집하기 위해서는 공개적인 채용방식을 도입하는 것이 가장 효과적이며 공평하다고 생각했다. 이 같은 호암의 인재제일 철학은 삼성의 경영정책에도 반영되어 오늘날 전 세계 인재들이 모이는 글로벌 기업의 원동력이 되었다.

호암은 공채제도를 도입하면서 전공을 제한하지 않고 기술계나 상법계(商法系)뿐만 아니라 인문계도 이유를 들어보고 대담하게 뽑았다. 당시 삼성의 공채 지원자 가운데 사회학과를 나온 어떤 사람은 응시자격이 없었지만 앞으로 노동문제가 중요해질 것이므로 삼성에서 노동문제를 꼭 한 번 다뤄 보고 싶다고 하여 입사를 하고 비서실을 거쳐 후에 삼성의 계열사 사장까지 지내기도 했다.

호암은 기업을 하려면 인문적 지식이 중요하다는 말을 많이 했다. 인문학적 지식의 필요성은 최근에도 중요성이 강조되고 있다. 글로벌 기업들을 중심으로 문과와 이과를 아우르는 통섭형 지식의 필요성이 제기되어 인문학을 배우자는 열풍이 불고 있을 정도다. 그러나 호암은 당시부터 인문학의 중요성을 인식하였다. 특히 호암은 손자들이 대학에 갈 때도 경영학은 회사에 들어와 배우면 될 터이니 기본적인 것을 배우라 하여 한 사람은 동양사학과에, 또 한 사람은 서양사학과에 들어가도록 권유하였다.

한때 삼성이 신입사원을 채용할 때에는 호암이 관상사를 배석시킨다는 소문이 돌기도 했다. 그러나 호암이 직접 신입사원들의 면접에 들어간 것은 사실이지만 이는 관상을 본다기보다는 얼굴 풍모나 몸가짐을 보기 위해서였다. 지금도 삼성의 주요 계열사 사장 가운데 호암 생전에 채용됐던 사람들이 있다. 이들은 호암이 신입사원 면접에 참석하여 자신에게 아무런 말도 하지 않고 그저 얼굴만 보고 자신이 하는 얘기를 듣기만 했다고 회상하고 있다. 이는 호암이 유교적인 철학을 가졌기 때문으로 풀이된다. 옛말에 '신언서판(身言書判)'이란 말이 있다. 당나라 때 관리를 뽑는 기준으로 그 사람의 용모나 몸가짐, 말투, 글, 생각 등을 보고 평가했다는 것에서 유래된 말이다. 즉 사람을 평가할 때는 이들 네 가지 요소가 중요하다는 것을 의미한다. 호암은 사람들의 말투나 행동거지를 아주 중요하게 생각했다. 인재제일을 경영의 가장 우선 원칙으로 삼았기 때문에 신입직원이지만 삼성에 입사하는 모든 이들에게 관심을 가졌던 것이다.

호암은 직원을 채용하는데 그치지 않고 이들이 '인재'가 될 수 있도록 사원 교육에도 각별한 신경을 썼다. 신입사원은 어디까지나 가능성이 있는 원석이며, 이들을 잘 갈고 다듬어 훌륭한 보석으로 만드는 것은 신입사원을 채용한 경영자나 회사의 몫이라는 생각이 그 누구보다 뚜렷했기 때문이다. 호암이 용인자연농원 안에 1,000명을 일시에 수용할 수 있는 세계적인 대형 연수시설을 만든 것도 이 때문이다. 호암은 과학적인 교육시스템이나 대규모 연수시설이 필요하다고 보고 기꺼이 돈을 아끼지 않았다. 이곳에서 호암은 신입사원들에게 직무기초와 교양연수를 배울 수 있도록 했다. 호암은 1970년대 말 삼성의 사업 규모가 팽창하고 삼성그룹 종업원 수가 수만 명에 이르자, 보다 체계적으로 교육하는 전문적인 연수시설이 필요하다고 보고 1982년에 삼성종합연수원을 개원했다. 그 해 6월 24일 연수원 개원식에서 호암은 다음과 같은 인사말을 했다.

"삼성인의 수련도장이며 인재 형성의 기본이 되는 종합연수원은 인재제일이라는 삼성의 경영이념을 구현하고자 하는 의지가 담겨 있다. 삼성이 과거 많은 어려움과 시련을 이겨내고 사업보국의 창업정신에 투철할 수 있었던 것도 우수한 인재의 확보와 양성에 일찍부터 관심과 노력을 기울여 왔기 때문이다."

신입사원뿐이 아니다. 임직원들도 끊임없이 직무훈련을 받는다. 심지어 대표이사 사장들도 첨단지식이나 세계적인 흐름에 대해 계속 교육을 받는다. 지금도 삼성은 그때의 전통을 이어받아 매주 수요일마다 삼성의 계열사 사장들이 참석하는 삼성 사장단 수요협의회를 통해 사회 각계의 저명인사들을 초청해 다양한 분야의 흐름을 배운다. 정치, 경제, 군사, 사회뿐 아니라 미술, 음악 등의 예능분야와 인문학에 대해서도 늘 열린 귀와 마음으로 청취하고 있다.

후일(1985년) 호암은 KBS와의 방송대담에서 자신의 인재관에 대해 다음과 같이 피력했다.

"훌륭한 인재를 뽑았다고 해서 끊임없이 교육을 시키지 않는다면 쓸모가 없어진다. 따라서 나는 일단 입사한 사람을 올바른 인재로 키우기 위한 교육제도 확충에 심혈을 기울였다. 삼성 경영이념의 하나가 '인재제일(人材第一)'인 것처럼 나는 50여 년간의 경영활동을 통해 '기업은 사람이다'라는 신념으로 인재양성에 남다른 정력을 쏟아왔고 이를 실천해왔다. 삼성의 성장배경에는 여러 가지 요인이 있겠으나 가장 핵심적인 것은 역시 인재의 힘이라고 할 수 있겠다."

삼성의 비서실도 호암의 혁신적인 경영기법 가운데 하나로 유명하다. 삼성의 비서실은 단순히 회장의 업무를 보조하거나 스케줄만 관리하는 곳이 아니라 사실상 삼성의 전체를 아우르는 기획조정 기능을 하는 곳이었다. 가장 우수한 인력을 뽑아 비서실에 두고 산하기업 간의 인력이나 투자 조정과 신규사업 발굴, 조사, 기획, 감사 업무들을 맡겼다. 혼자 일을 하는 게 아니라 시스템을 움직여 일을 훨씬 더 효율적으로 한 것이다. 효율성이 높아지면서 자연스레 혁신적인 사고와 행동이 나오게 되는 것이다. 이런 비서실 시스템은 지금의 거의 모든 대기업들이 가동하고 있지만 효율성이나 혁신성은 천차만별이다.

호암은 모든 사업을 준비할 때에는 100% 이상의 에너지를 쏟은 것으로도 유명하다. 용인자연농원을 개발할 때에는 온갖 자료를 다 읽고 사람을 만나고 회의를 하고 전문가에게 다시 확인한 뒤에야 결단을 내렸다. 업무의 혁신이란 뭔가 새로운 방법을 찾거나 새로운 시도를 하는 것도 있지만 그에 앞서 가장 중요한 '기본'부터 확실하게 챙긴 것이다.

이 같은 호암의 습관은 70세가 넘어 반도체를 준비할 때 더욱 빛을 발했다. 반도체란 지금도 일반인들 입장에서는 작동 원리를 제대로 이해하기 어려운 분야다. 그런데 70세가 넘은 노인이 반도체란 것을 우리나라에서 처음 시도했으니 그 당시의 주위 환경이 어땠을지 상상이 간다. 그러나 호암은 전문가들을 불러 놓고 "왜 전도체(全導體)가 아니고 반도체(半導體)냐?" "반도체의 원료는 무엇이냐?"면서 스스로 체득할 때까지 끊임없이 질문을 했다. 호암의 학습 의지는 누구보다 강했다.

그가 40대 중반에 제일모직을 만들 당시 미국의 전문가들이 한국의 기술로는 어렵다며 모직공장엔 적어도 24개 항목의 준비가 완벽해야 한다고 하자 호암은 48개 항목에 걸쳐 미리 준비해 놓은 메모를 보여줘 미국 전문가들의 입을 다물게 한 일화도 유명하다. 반도체 사업을 시작할 때에도 그 당시처럼 호암은 자신이 모든 것을 체화할 때까지 끊임없이 묻고 찾고 했다. 그만큼 삼성의 혁신과 호암의 혁신은 사전에 철저한 준비 끝에 시작된 것이다.

또 호암은 혁신이란 어느 한 사람만으로는 불가능하다고 생각했다.

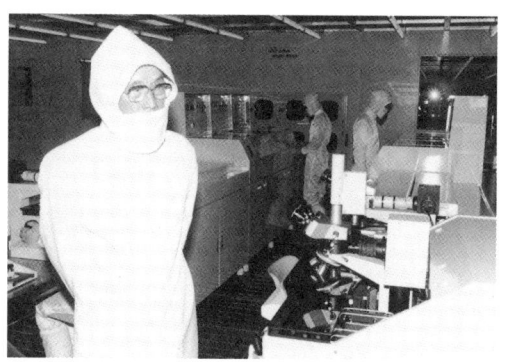
1985년 5월 반도체 생산라인을 둘러보는 호암 이병철

그는 사업 초창기부터 시스템을 만들어 사장에서부터 말단 직원에 이르기까지 모두 같은 생각을 할 수 있도록 시스템을 만들어 썼다. 앞서 기술한 신입사원 공개채용제도나 비서실 운영, 체계적인 연수시스템 등이 대표적인 것이다.

임원들이라고 해서 혁신의 대상에서 제외되지는 않았다. 호암은 삼성의 임원들을 위한 핵심 원칙을 다음과 같이 삼았다.

1. 삼성의 지속적인 발전의 열쇠로써 사원 교육의 중요성을 인식할 것.

2. 교육, 연수, 조직, 감시와 조사 시스템을 이용하여 부정직한 행위에 대처할 것.

3. 세계 시장 경쟁에 대비하여 살아남을 수 있도록 기업의 연구센터를 강화하고 신기술을 받아들이되 그 기술을 우리 고유의 기술로 만들 것.

4. 품질 개선을 위해 노력할 것.

5. 가격 인하, 기술 개발, 생산능력 제고 등 제품생산과 관련한 경영 합리화를 추구할 것.

6. 시대의 환경에 맞도록 조직을 변화시킬 것.

7. 상벌을 공정하게 처리할 것.

8. 각 부문별로 조직된 실질적인 시스템으로 개선할 것.

9. 습득한 정보를 최대한 이용할 것.

하나하나가 의미 있고 중요한 지침이다. 삼성의 임원이란 수많은 직원들과 협력업체, 그리고 이들의 가족까지 책임지는 중요한 자리인 만큼, 일반 직원들보다 회사 발전을 위해 더욱 더 긴장을 가져야 한다고 강조한 것이다.

이 같은 호암의 혁신적인 경영기법은 오늘날 삼성의 경영방침에도 고스란히 녹아 있다. 대표적인 것으로 '삼성인의 5대 정신'을 들 수 있다. 첫째, 최고의 상품과 최신 기술을 향한 탐구와 도전을 추구하는 창조정신이다. 둘째, 정직, 정확, 합리성을 추구하는 도덕정신이다. 셋째, 어려운 영역을 개척하고 야망을 추구하는 제일주의 정신이다. 넷째, 한계를 극복하고 완전을 향한 끊임없는 열정을 가지는 완전주의정신이다. 다섯째, 직원, 소비자, 주주 관계에서 상호존중하고 봉사의지를 갖는 공존공영정신이다.

호암의 혁신적인 경영기법으로 오늘날 삼성은 눈부신 성장을 거듭할 수 있었으며 매년 대규모의 일자리를 창출하고 해외 투자자들까지 만족시켜주는 재무구조와 높은 수준의 수익성을 유지할 수 있게 된 것이다.

호암이 전통적인 관습이나 틀에 박힌 고정관념에서 벗어나 언제나 혁신을 추구했다는 것은 3남인 건희를 후계자로 선택한 것에서 가장 극명하게 드러난다. 호암은 창업도 어렵지만 이를 지키고 이어 나가는 수성도 그 이상으로 어렵다고 생각했다. 호암은 한 평생을 바쳐 이룩한 삼성의 운영을 누구에게 맡겨야 할지 오래도록 생각했다. 당시 삼성은 선진국의 대기업 집단들에 비하면 크다고 할 수 없지만 우리나라 경제계에서는 언제나 정상의 자리를 유지하고 있던 1등 기업이었다. 업종과 분야도 복잡했다. 종업원은 10만 명을 넘었을 뿐만 아니라 협력업체, 대리점 등을 합치면 그 숫자는 어마어마하게 늘어난다. 혹시나 무슨 잘못이라도 생겨 삼성이 흔들리면 국가적인 문제로까지 확대될 수 있을 정도로 우리 사회에서 차지하는 역할이 커져 있었다. 그래서 호암은 삼성을 올바르게 보존시키는 일은 삼성을 지금까지 키워온 일 못지않게 중요하다고 판단했다. 게다가 호암은 삼성이 한 개인의 것이 아니고 국가와 사회의 것이라고 생각해 후계자를 선정하는 것도 개인 재산을 상속하는 것으로 생각하지 않았다. 이것이 이건희 회장에게 후계를 물려준 가장 큰 이유였다.

당시의 상황을 보자. 호암은 67세이던 1976년 9월 암 진단을 받았다. 그는 처음엔 수술을 거부하고 국내 치료를 원했지만 사촌형인 고려병원 이동희 박사의 조언을 받아들여 일본행을 택했다. 그리고 수술은 성공적으로 끝났으며 호암은 철저한 건강관리와 절제된 생활로 11년을 더 산다.

그러나 이 일을 계기로 호암은 삼성의 후일을 심각하게 고민하게 되었다. 그리고 일본으로 출국하기 전날 밤 호암은 가족들을 한 자리에 불렀다. 당시 출장 중이던 3남 건희를 제외한 6명의 자녀들이 용인에 있는 그의 자택에 모였다. 호암은 삼성의 후계자에 대해 처음으로 입을 열었다.

"앞으로 삼성은 건희가 이끌어간다."

가족들은 모두들 놀라움을 감추지 못했다. 장남인 맹희는 물론 차남인 창희와 누이들도 놀랐다. 가족들은 10년 넘게 후계자로 경영 수업을 쌓아온 맹희가 후계를 이어받을 것이라고 믿었다. 게다가 건희는 일본과 미국에서 공부를 마치고 한국에 들어왔으며 언론 분야에 관심을 가지고 있었다. 게다가 나이도 35세에 불과했다.

호암은 이처럼 건희를 선택한 이유를 '호암자전'을 통해 밝혔다.

"삼성을 올바르게 보전시키는 일은 삼성을 지금까지 일으키고 키워온 일 못지않게 중요하다. 덕망과 관리 능력은 후계자가 꼭 지녀야 할 덕목이다. 후계자는 단순히 재산을 상속 받는 사람이 아니다. 그룹 전체를 운영하고 지휘해야 할 책임이 있다.

처음에는 주위에서 권하기도 하고, 본인의 희망도 있어 맹희에게 그룹 일부의 경영을 넘겨 보았다. 그러나 6개월도 채 못 되어 맡겼던 기업체는 물론 그룹 전체가 혼란에 빠지고 말았다. 그러자 본인이 자청하여 물러났다. 차남 창희는 그룹의 많은 사람들을 통솔하고 복잡한 대조직을 관리하는 것보다 알맞은 회사를 건전하게 경영하고 싶다고 했으므로 본인의 희망을 들어주기로 했다."

참으로 조심스러운 표현이지만 호암은 삼성의 미래를 위해서는 건희가 가장 적합하다고 판단한 것이다. 그리고 그의 이 같은 판단은 정확하게 맞아 떨어졌다.

삼성의 후계자뿐 아니라 삼성의 임원들에 대해서도 호암은 언제나 혁신적인 사고와 행동을 추구했다. 호암은 특히 삼성의 사장에 대해 까다로운 조건을 걸고 있었다. 그가 보는 사장의 조건은 크게 네 가지였다. 첫째, 치밀한 계획 능력이 있어야 한다. 둘째, 통솔력이 있어야 한다. 셋째, 판단력이 있어야 한다. 넷째, 구상 능력이 있어야 한다. 이 같은 조건을 충족시켜야만 삼성의 사장으로서 임직원들을 이끌어갈 수 있다는 것이다. 혁신을 추구하는 호암의 정신은 자신부터 후계자, 사장단, 임직원, 심지어 신입사원들에게까지 철저하게 전파됨으로써 삼성이라는 기업과 '삼성맨'이라는 프라이드를 낳게 한 것이다.

이건희 회장은 삼성이란 거대한 조직이 느슨해질 때마다 변화와 혁신이란 충격요법을 썼다. 그리고 이 회장은 변화와 혁신과 동시에 새로운 비전을 제시했다. 한마디로 갈 길을 잃은 난파선에 방향타를 제시하는 조타수 역할을 이 회장이 묵묵히 담당해온 것이다.

가장 최근일로는 2010년 3월이었다. 이 회장이 2년여 만에 경영에 복귀하면서다. 이 회장은 경영 복귀시 그간의 공백을 만회하려는 듯, 위기의식이란 충격요법을 통해 느슨해진 삼성을 다잡았다.

사실, 사안을 넓고 깊게 보는 이건희 회장의 눈엔 삼성은 진짜 위기였다. 일본 도요타 사태를 보면서 "삼성도 저럴 수 있다"라는 위기감에 못 이겨 경영에 복귀한 이건희 회장이지만, 삼성의 현실과 미래를 생각보다 심각하게 봤다는 게 측근의 전언이다. 그가 없는 동안 한국형 항공모함

'삼성호'는 겉만 멀쩡했지, 실체는 미래를 향한 방향타를 잃은 난파선과 같았던 것이다.

삼성의 주력인 반도체 사업은 2010년 기나 긴 '치킨게임'의 악몽에서 벗어나 다시 고수익을 올리기 시작했지만, 여전히 시황에 따른 부침이 너무 심해 불안했다.

액정표시장치(LCD) 사업도 2010년부터 시황이 호전됐지만, 여전히 공급과잉의 우려가 남아 있어 수익이 안정적이지 못했다.

휴대폰 사업은 미국 애플 아이폰 열풍으로 급성장 중인 스마트폰시장에서 고전을 면치 못하면서 최대 위기상황이다. 이러다간 휴대폰시장에서 애써 쌓은 '애니콜 신화'가 한순간에 무너질지 모를 일이다. 생활가전사업은 아직 세계 최고에 도달하기엔 시간이 필요했다.

그나마 TV사업은 매년 혁신적인 제품을 선보이면서 4년 연속 세계 1위를 달리고 있어 안심이었다. 2010년에도 3D TV를 앞세워 5년 연속 세계 TV 1위가 유력했다. 하지만 애플이 TV시장까지 뛰어들 태세인데다, 일본 소니의 역공도 만만치 않아 안심할 수 없는 처지였다. 어딜 둘러봐도 안심할 수 없는 형국이다. '위기'란 단어가 머릿속에서 떠나지 않았다.

무엇보다, 이건희 회장의 고민은 5~10년 후의 먹을거리에 있는 듯 했다. 현재 삼성의 주력 사업은 당장 고수익을 창출하고 있지만, 5~10년 후엔 사라질 수도 있기 때문이다.

뭔가, 미래를 책임질 확실한 '씨앗사업'이 아직 없다. 삼성도 과거 공룡이 사라지듯, 흔적도 없이 사라질 수 있다는 두려움에 등골이 오싹했을 것이다.

삼성 임직원의 일부 안일한 의식도 바꿀 필요가 있어 보였다. 이건희 회장이 없는 동안 삼성은 '관재탑 없는 함공모함'처럼 위태로워진 모양새였다. 이건희 회장은 지난 1993년 목숨과 명예, 전 재산 등을 걸고 추진한 '제1신경영'과 2003년 '제2신경영'에 이은 일명 '제3의 신경영'이 필요하다는 생각이 들 수밖에 없는 상황이다. 이건희 회장은 경영 복귀 후 승지원에서 하루 종일 고민을 거듭했다. 일본 재계 인사와도 잇따라 만나 조언을 들었다. 이탈리아 밀라노에 출장을 가서도 지인들을 만나 새로운 길을 모색했다. 역시 새로운 변화와 비전이 필요했다.

결국 2010년 5월 10일 삼성 사장단을 한남동 승지원으로 소집했다. 저녁 6시경 사장단이 속속 승지원으로 들어섰다. 이건희 회장이 경영 복귀 후 처음으로 진행하는 승지원 사장단 회의인지라 사장단의 얼굴은 하나같이 긴장된 모습이 역력했다. 이날 사장단 회의에는 이건희 회장을 비롯해 김순택 부회장(신사업추진단장), 최지성 사장(삼성전자), 장원기 사장(삼성전자 LCD사업부장), 최치훈 사장(삼성SDI), 김재욱 사장(삼성LED), 김기남 사장(삼성종합기술원), 이종철 원장(삼성의료원), 이상훈 사장(삼성전자 사업지원팀장) 등이 참석했다. 이건희 회장의 외아들인 이재용 부사장(삼성전자)도 이날 회의에 참석했다. 호암이 생전에 이건희 회장을 사장단 회의에 매번 배석시켜 경영수업을 시켰던 모습과 오버랩되는 대목이다. 더욱이 이건희 회장의 경영 복귀 후 첫 사장단 회의에 이재용 부사장의 참석은 의미가 클 수밖에 없다.

삼성 사장단이 회의실에 모두 착석한 뒤, 이건희 회장이 특유의 무표정하면서도 결연한 얼굴로 들어섰다. 사장단은 일제히 일어나 고개를 숙

이건희 전 삼성그룹 회장이 미국 라스베이거스에서 열렸던 '소비자가전쇼(CES) 2010'와 평창 동계올림픽 유치 활동의 일정을 마친 후 2010년 1월 21일 김포공항을 통해 입국하고 있다.

여 인사를 한 뒤 다시 앉았다. 분위기는 엄숙하고 진지했다. 회의실에 어색한 침묵이 흐르는 순간, 이건희 회장이 느리지만 힘 있는 말투로 "다른 글로벌 기업들이 머뭇거릴 때 과감하게 투자해서 기회를 선점하고 국가 경제에도 보탬이 되도록 해야 한다"면서 투자확대를 지시했다.

이건희 회장은 또한 "환경 보전과 에너지 고갈 문제를 해결하기 위해 각국 정부도 녹색산업에 투자하고 있다"면서 "인류의 건강과 삶의 질을 높이는 사업은 기업의 사명이기도 하다"고 부연했다.

여기에는 단순히 기업의 이윤창출을 위해서가 아니라 인류 전체의 건강과 삶의 질을 위해 친환경 신사업을 추진해달라는 이건희 회장 나름의 '통 큰 소명의식'이 그대로 녹아 있다.

이건희는 평소 기업에게도 이윤을 뛰어넘어 인류에 기여하는 소명의식이 있어야 한다는 주장을 펴왔다. 특히 한국기업에게 있어 '홍익인간 정신'이 필요하다는 넓고 깊은 경영철학도 갖고 있다.

『이건희 에세이 생각 좀 하며 세상을 보자』를 통해 이건희 회장은 아래와 같은 홍익인간 정신을 강조했다.

"기업인에게 필요한 덕목은 무엇인가? 사회 지도층에게 선비정신이 있다면 기업인에게도 널리 인류에 도움이 되고자 애를 쓰는 홍익인간의 정신이 있다. 풍요로운 세상, 행복한 삶을 만들어 가는데 기여하는 사명이 홍익인간의 정신과 통한다고 할 수 있다. 나 자신도 기업을 경영하는 한 사람으로서 과연 홍익인간의 정신에 충실해 왔는지, 모자람은 없었는지 자문하면서 때때로 스스로를 채찍질할 때가 많다. 기업도 사람과 마찬가지로 계속 성장한다. 부도를 내지 않고, 오래 살아야 하고, 기업시민으로서 사회적 인격도 갖추어 나아가야 한다. 부실 공사를 일삼고 특혜로 돈을 버는 것이 기업이 걸어야 할 바른 길이 아니다. 이제 우리 기업도 세계적 기업으로 커 나아가기 위해서는 우리 정서 속에 면면히 흐르는 홍익인간의 이념을 정신적 기둥으로 삼고 경영력과 기술력으로 당당하게 승부하려는 각오를 다져야 하겠다.

아직도 아프리카의 여러 나라들은 20년 전이나 지금이나 변화도 진보도 없이 그대로인 상태에 있다. 이는 그 나라의 정치 사회 지도자들이 깨지 못해 국민과 공동체를 위한 공인 정신, 공복 정신이 없었기 때문이다. 우리 사회를 이끌어 가는 각 분야의 지도층 인사와 기업 경영자는 자라나는 후손을 위해서라도 지금 이 시대가 요구하는 선비정신과 홍익인간의 이념을 앞장서서 구현해 나아가야 할 의무가 있다. 나는 삼성 임직원들에게 '인류를 위하다'는 것이 분수에 넘치는 말인지 몰라도 최소한 국제사회에서 남에게 폐를 끼치는 일은 하지 말기를 자주 당부한다."

이 같은 이건희 회장의 홍익인간 정신은 부친인 호암에게서 그대로 대물림 받은 것이다.

호암은 생전에 '홍익인간 경영'을 주장했다. '호암어록'을 통해 미국 「워싱턴포스트」지 캐더린 그레이엄 명예회장은 "호암(이병철 창업주)은 언젠가 사석에서 '경영이란 기본적으로 국가와 민족을 위해 봉사하는 것이며, 나아가서는 국가의 경계마저 뛰어넘어 인류의 번영에 기여해야 한다'는 말을 한 적이 있다"고 회고했다.

호암이 물욕을 뛰어넘은 위대한 경영자였다는 사실을 익히 알 수 있는 대목이다.

이병철 창업주는 기업의 궁극적 목적을 크게는 인류의 행복증진으로 보았고, 작게는 한국의 보국위민으로 보았다.

그는 인간활동에서 최고의 미덕은 봉사이고 기업도 이 미덕을 가져야 한다는 생각을 했다. 아울러 기업의 존립기반은 국가이고, 사회공헌이 기업활동의 마지막 지향점이라고 여겼다.

여기에, 이병철 창업주는 기업이 인류와 국가에 공헌하는 방법은 정치와 종교가 공헌하는 방식과 다르다는 생각을 했다. 쉽게 말해, 기업은 세금, 임금, 배당 등으로 국가와 가계 운영에 기여하는 봉사의 방식을 취한다는 것이다.

따라서, 흑자를 내지 못하는 기업은 사원과 국가와 인류에게 해를 끼치는 범죄자와 같고, 부실기업으로 만드는 것은 국가경제에 해를 끼친다고 주장했다. 결국 흑자를 내면서 국가와 인류에 기여하는 기업이 홍익인간에 걸맞는다는 뜻이다.

사장단 회의로 다시 돌아와 보자. 이건희 회장은 경영 복귀 후 사장단 회의에서 '제3의 신경영'이라 불릴 만한 새로운 비전 수립과 정신무장을 주문했다. 그 일환으로 파격적인 선제 투자확대 전략을 제시했다.

이건희 회장의 진두지휘 아래, 이날 삼성 사장단은 오는 2020년까지 태양전지, 자동차용 전지, 발광다이오드(LED), 바이오제약, 의료기기 등 친환경·건강증진 분야 5개 사업에 총 23조 3,000억 원을 투자하기로 결정했다. 이건희 회장의 경영 복귀 후 삼성의 광폭 행보를 실감하는 순간이다.

시간을 거슬러, 이건희 회장이 경영에 복귀하기 전인 2009년 10월의 일이었다. 이 회장이 평생에 걸쳐 강조해온 '질경영'이 무너지는 사건이 벌어졌다. 삼성전자의 지펠 냉장고가 가정집에서 폭발한 것이다. 평소, "제품 불량은 암"이라면서 '질경영'을 강조해온 이건희 회장은 대노했다.

사건의 내막은 이렇다. 당초 지난 2009년 10월 10일 경기 용인의 한 가정에서 삼성전자의 지펠 냉장고가 폭발했다. 신고를 받은 삼성전자는 냉장고 폭발 사고를 조사했다. 그 결과, 삼성전자는 냉장고 냉매파이프의 서리를 제거하는 히터(제상히터)의 연결 단자에서 누전되면서 발열로 폭발이 발생했다는 결론을 내렸다.

삼성전자는 지난 2005년 3월부터 2006년 6월까지 생산해 국내에서 판매한 양문형 냉장고 21만 대에 대한 자발적 리콜을 2011년 1월 31일까지 실시키로 결정했다. 이는 국내 백색가전 부문에서는 최대 규모다.

삼성전자는 리콜 대상 기간에 생산한 제품이 아니더라도 동일 모델 계열의 제품을 보유한 소비자들에게도 무상으로 안전 점검 서비스를 제공하기로 했다. 이는 상당히 적극적이면서 파격적인 리콜 행보다.

이건희 회장이 제품 불량 문제로 대노한 것은 이번만이 아니다.

지난 2000년 초쯤이었다. 모 일간지에 1단짜리 삼성전자의 불량품 기사가 게재됐다. 기사는 삼성전자가 주문자상표부착방식(OEM)으로 판매하던 가습기의 불량관련 내용이 골자였다. 그러나 삼성의 신문 스크랩(신문기사 가운데 중요 내용만 오려 보고용을 만든 자료) 담당직원이 실수로 이 기사를 이건희 회장에게 보고하지 않았다. 매일 전 신문의 기사

내용을 하나도 빠짐없이 읽는 이건희 회장은 이 기사가 신문에 있는데, 신문 스크랩 보고엔 빠진 것을 발견했다. 이건희 회장은 곧바로 "나를 속이려 한다"면서 노발대발했다.

이는 단순히 이건희 회장이 신문 기사 하나 보고하지 않은 것에 대한 질책이 아니라, 삼성의 질경영이 무너진 것에 대한 질책이었다. 그가 얼마나 질경영에 집착했는지 알 수 있는 대목이기도 했다.

지난 1993년 6월에도 이건희 회장이 경악할 만한 일이 벌어졌다. 그해 6월 삼성 사내 방송인 SBC는 몰래 카메라로 삼성전자의 세탁기 생산 현장을 촬영했다. 현장에선 믿기 힘든 영상이 담겼다. 현장 직원이 세탁기 뚜껑 여닫이 부분의 플라스틱 품이 맞지 않자, 칼로 2mm 가량을 잘라서 조립하고 있었던 것이다. 밀려드는 주문량을 맞추기 위해 잘못된 금형을 다시 만들지 않은 채 임시방편책으로 생산을 하고 있던 것이다. 심지어 플라스틱 부품을 칼로 자르던 직원이 현장을 비운 사이 숙련되지 않은 하청업체 직원이 대신 작업을 하는 황당한 장면까지 포착됐다.

이 장면이 담긴 비디오테이프는 이건희 회장에게 그대로 전달됐다. 이건희 회장은 이를 본 뒤 대노할 수밖에 없었다. 이건희 회장은 당시 "3만 명이 만들고 6,000명이 불량품을 수리하는 회사가 무슨 경쟁력이 있는가"라면서 호되게 질타했다. 결국 이건희 회장은 그 해 6월 19일에 독일 프랑크푸르트 현지에서 해당 세탁기 생산라인을 멈추도록 긴급 지시했다.

이뿐 아니다. 지난 1993년 7월 27일에도 이건희 회장을 경악케 하는 일이 터졌다. 삼성전자 생산기술 직원 2명이 노드슨상사 직원으로 신분을 위장해 금성사(현 LG전자) 창원 1공장으로 갔다.

금성사측에서는 노드슨상사의 직원으로 알고, 의심 없이 김치냉장고 생산라인을 보여줬다. 1시간여 동안 금성사의 김장독 냉장고 생산라인을 관람했다. 그러던 중, 수상하다고 여긴 금성사 직원에게 삼성전자 직원들이 붙들렸다.

삼성전자 직원들은 당시 금성사가 70억 원의 연구비와 10개월여의 연구과정을 거쳐 '김장독 냉장고'의 기술을 개발한 점을 알고, 핵심기술인 단열기술을 파악하려 했던 것으로 전해졌다. 결국 삼성전자 직원 2명은 경찰 조사를 받았다.

이 사실을 보고받은 이건희 회장은 담당 경영진을 거세게 질책했다.

지난 1994년에 2월엔 제일모직이 전년인 1993년에 만든 갤럭시 양복 3,800벌을 마치 그 해에 제조한 것처럼 라벨을 변조해 팔다가 적발된 사건이 발생했다. 이때도 이건희 회장은 격노했다. 그러나 질경영에 대한 이 회장의 의지는 한층 강해졌다.

일련의 충격적인 사건들은 이건희 회장이 지난 1993년 삼성을 완전히 뜯어 고치기 위해 추진한 '신경영'을 가열시키는 촉진제 역할을 했다.

이건희 회장은 1993년 1월에 신년사를 통해 강력한 혁신과 변화를 제시했다.

그는 "전자는 암 2기, 중공업은 영양실조, 건설은 영양실조에 당뇨병, 종합화학은 선천성 불구기형으로, 처음부터 잘못 태어난 회사, 물산은 전자와 종합화학을 합쳐서 나눈 정도의 병"이라고 표현할 만큼 위기감을 드러냈다.

이후 이건희 회장은 삼성을 완전히 고치기 위해 비장한 각오로 움직이기 시작했다.

이 회장이 그 해 1월 31일 처음으로 방문한 곳은 미국 LA였다. 이때 김광호 삼성전자 사장, 이대원 삼성항공 사장, 현명관 삼성시계 사장 등 삼성 전자관련 경영진 20여 명을 대동했다. 먼저 이 회장 일행은 LA 시내 전자제품 매장을 찾았다. 매장에는 GE, 월풀, 필립스, 소니 등 유수 글로벌 기업들의 전자제품들이 눈길을 끌었다. 그러나 삼성전자의 제품은 매장 한구석에 먼지만 쌓여 있었다. 이건희 회장은 충격적인 장면에 발걸음을 떼지 못했다. 한숨만 내쉬었다. 이건희 회장은 순간 해외에서의 삼성의 진짜 모습을 실감했던 것이다. 동행한 삼성 경영진도 얼굴색이 하얗게 변했다.

그대로 물러설 이건희 회장이 아니었다. 그는 그 해 2월 LA 센추리플라자호텔에서 전자부문 수출품 현지 '비교평가회의'를 개최했다. 해외기업의 TV, 냉장고, 세탁기, VTR, 캠코더 등 70여 가지 제품을 전시했다. 삼성의 수준이 해외 일류기업과 비교해 얼마나 초라한지 뼈저리게 느껴보자는 취지였다.

이건희 회장은 이때 삼성 제품과 경쟁사 제품을 겉과 속을 비교하면서 문제점을 조목조목 지적했다. 동행한 경영진은 이건희 회장의 비장한 말과 행동에 얼굴을 들기가 어려울 정도였다고 한다.

이건희 회장은 이 자리에서 "삼성은 지난 1986년에 망한 회사다. 나는 이미 15년 전부터 위기를 느껴왔다. 지금은 잘해 보자고 할 때가 아니라 죽느냐 사느냐의 기로에 서 있는 때다. 우리 제품은 선진국을 따라잡기에는 아직 멀었다. 2등 정신을 버려라. 세계 제일이 아니면 앞으로 살아 남을 수 없다"라고 결연한 혁신 의지를 피력했다. 우물안 개구리처럼 국내시장에서 1위라는 자만에 빠져 세계 일류기업으로 가는 길이 얼마나 어려운지를 모르던 경영진에게 일침을 가하는 순간이었다.

이후 삼성은 매년 선진제품비교전시회를 지속적으로 개최해왔다. 이건희 회장도 매년 선진제품전시회에 빠짐없이 참석했다.

지난 2004년 8월 삼성전자 수원사업장에서는 2004년 선진제품비교전시회가 열렸다. 이 행사에는 이건희 회장과 이학수 부회장, 김인주 사장, 윤종용 부회장, 이기태 사장, 황창규 사장, 이상완 사장, 최지성 사장 등이 참석했다. 이 전시회에는 69개 품목 총 517개 제품이 비교전시됐다.

이건희 회장은 지난 2007년 7월 27일 삼성전자 수원사업장에서 열린 '2007 선진제품 비교전시회'에도 참석했다.

이건희 회장은 이날 비교전시회 참관과 함께 '전자 계열사 사장단 회의'도 주재했다.

이 자리에서 이건희 회장은 "2010년 정도 되면 지금 예측하기에는 힘들 정도의 급속한 변화가 일어날 것"이라며 "지금부터 디자인, 마케팅, 연구개발(R&D) 등 모든 분야에서 창조적인 경영으로 변화에 대비해야 한다"고 당부했다.

이 회장은 또 "위기라고 계속 이야기 하는 것은 지금 당장 힘들다는 것이 아니라 4~5년 후 밀려올 큰 변화에 대비하자는 의미"라며, "지금부터 잘 준비한다면 위기가 기회가 될 수 있을 것"이라고 덧붙였다.

이 자리에는 삼성전자 윤종용 부회장, 이윤우 부회장, 이기태 부회장, 최지성 사장, 황창규 사장, 권오현 사장, 박종우 사장, 임형규 사장, 삼성SDI 김순택 사장, 삼성전기 강호문 사장, 삼성코닝(겸 삼성코닝정밀유리) 이석재 사장, 삼성SDS 김인 사장 등 전자 관계사 사장단과 전략기획실 이학수 부회장, 김인주 사장을 비롯한 경영진 20여 명이 함께 했다.

다시, 1993년 6월로 돌아가자. 이때 이건희 회장은 일본 도쿄 오쿠라 호텔로 출장을 떠났다. 이곳에서 이건희 회장은 삼성전자 기술개발 대책 회의를 진행했다. 이 회의에는 이수빈 비서실장, 윤종용 삼성전기 사장, 배종렬 홍보팀장, 후쿠다 삼성전자 디자인 고문 등이 참석했다. 심각한 분위기 속에서 회의가 마무리된 후 이건희 회장은 후쿠다를 비롯한 일본인 고문 3~4명을 따로 불렀다. 이건희 회장은 이날 일본인 고문들과 삼성전자의 발전방향에 대해 마라톤 대화를 했다. 이날 일본인 고문들은 삼성의 문제점들을 거침없이 지적했다. 그 중 후쿠다는 삼성의 디자인에 심각한 문제가 있다는 조언을 했다. 이건희 회장에게 있어 후쿠다의 조언은 충격이었다.

후쿠다는 보고서까지 작성해 이건희에게 전달했다. 일명 '후쿠다 보고서'다. 이건희 회장은 다음날 충격이 가시지 않은 상태로 독일 프랑크푸르트행 항공기에 올랐다. 이어 항공기 안에서 후쿠다 보고서를 꼼꼼하게 읽었다. 한마디로 삼성이 디자인 혁신을 하지 않으면 삼성의 미래는 없다는 내용이 골자였다. 이건희 회장은 한동안 한숨만 내쉬었다.

아래는 '후쿠다 보고서'의 일부다.

"오늘날은 디자인의 시대인데도 불구하고 삼성 사람들은 패션디자인에만 집착할 뿐 공업 디자인이나 상품 디자인은 이해하지 못하고 있다. 새로운 상품을 생산할 때 아직도 상품기획서가 없는 회사가 삼성이다."

이건희 회장으로선 "그 동안 내가 속았다"면서 피가 거꾸로 솟는 기분이었다고 한다.

이어 이건희 회장은 후쿠다를 비롯한 일본 고문들에게 삼성에서 근무하면서 지적할 점을 구체적으로 정리해 보고하라는 지시를 내렸다. 그 결과는 이건희 회장에게 신경영의 다짐을 하게 했다. 일본인 고문들이 작성한 보고서는 아래와 같다.

첫째, 개인은 다 훌륭하지만, 연구한 것이 전달되지 않고 있다.

둘째, 현재 자신들이 제일이라는 자만에 빠져 창조적인 도전을 하지 않는다.

셋째, 한국 기업은 미래를 대비하지 않고 문제가 터진 후에 돈을 쓴다.

넷째, 삼성의 관리자들은 너무 급하고 실적과 결과만 평가한다.

다섯째, 부자 나라인 일본의 근로자도 살아남기 위해 일벌레처럼 일하고 연구소엔 밤늦게까지 불이 켜져 있는데 삼성은 그렇지 않다.

여섯째, 다행히 한국에는 젊은 파워가 있다. 이 젊은이들을 잘 발전시키는 것이 바로 경영자의 책임이다.

이건희는 이 보고서를 삼성의 간부 직원이 모두 정독하도록 지시했다.

지난 1993년 6월, 프랑크푸르트에 도착한 이건희 회장은 또 한번의 충격적인 일을 겪어야 했다. 이건희 회장은 호텔에 도착하자마자 SBC가 촬영한 비디오테이프를 시청했다. 앞서 언급한 바 있는 세탁기 생산라인에서의 불량품 내용이었다. 어이가 없었다. 이제 화조차 내기 힘들 정도로 실망감은 극에 달했던 모양이다. 이건희 회장은 당시 이학수 비서실 차장에게 전화를 걸었다. 이건희 회장은 격앙된 목소리로 "지금부터 내가 하는 말을 녹음하시오. 내가 질경영을 그렇게도 강조했는데, 이게 그 결과요? 몇년 동안 그렇게나 강조를 했는데, 변한게 고작 이거요? 사장들과 임원들 전부 프랑크푸르트로 집합시켜요. 이제부터 내가 직접 나섭니다"라고 벼락 치듯 지시를 내렸다는 게 삼성 고위 임원의 전언이다. 이를 녹음한 이학수 차장은 사장단에게 녹음내용을 여과 없이 들려줬다. 이어 김순택 경영관리팀장, 현명관 삼성물산 사장, 윤종용 사장 등 경영진 20여 명은 급박하게 프랑크푸르트를 향해 떠났다.

지난 1993년 6월 7일, 독일 켐핀스키팔켄슈타인호텔에 이건희 회장과 사장단이 한자리에 모였다. 긴장감이 흘렀다. 이건희 회장은 "불량 생산은 범죄다. 세탁기 공장을 중단하고 원인을 규명해 품질을 세계 수준으로 끌어올려라. 삼성은 이제 양 위주의 경영을 과감히 버리고 질 위주로 간다"라는 내용의 지시를 내렸다.

그는 이어 "21세기에는 초일류가 아니면 살아남지 못한다. 대변혁의 시대에 하루 속히 글로벌 스탠더드에 적응하지 못하면 삼성은 영원히 이류, 삼류로 뒤처지고 만다. 마누라와 자식을 빼고는 다 바꾸어야 한다"라고 강조했다.

이렇게 '마누라와 자식 빼고는 다 바꾸라'는 이건희식 삼성 신경영은 시동을 걸었다. 이 회장은 자신이 선봉에 서서 '신경영 전도사'로 뛰었다. 이 회장은 4개월간 LA, 도쿄, 프랑크푸르트, 오사카, 런던 등 삼성의 세계 주요 거점 도시에서 1,800여 명의 임직원을 대상으로 500여 시간에 걸쳐 삼성의 혁신을 역설했다.

이건희 회장은 삼성 사장단과도 800여 시간 동안 삼성 비전에 대해 회의를 했다.

이건희 회장이 주도해 프랑크푸르트에서 시작된 해외 간담회는 68일간 지속되면서 소위 '신경영 대장정'이란 말이 붙기도 했다.

신경영은 삼성에게 있어 과거와는 완벽한 단절이었다. 삼성의 얼굴만이 아니라, 체형과 뼛속까지 개조하는 혁명이었다. 이는 단순히 삼성에서 그치지 않고, 한국 재계 전체에 반향을 일으켰다. 일명 이건희 신경영 열풍이 한국 재계를 강타한 것.

신경영의 하나가 질경영이었다. 불량품이 나오는 생산라인은 아예 세우라는 '라인스톱제'가 이때 도입됐다. 삼성 직원에게 있어 생산라인을 세운다는 생각은 꿈도 꾸지 못할 일이었다. 엄청난 변화의 물결이 밀려왔다. 삼성 임직원들이 변화를 피부로 느낀 일은 인사단행이었다.

삼성은 지난 1993년 창립 이래 최대인 299명의 임원에 대한 인사를 단행했다. 이는 지난 1992년의 247명의 승진 인사에 비해 훨씬 큰 폭이었다. 이는 질경영을 강화하기 위한 이건희 회장의 파격과 혁신 행보로 해석되고 있다.

삼성은 조직도 대대적으로 재편했다. 임직원 대상 신경영 교육도 강화했다.

당시 삼성에는 '지행(知行) 33훈(訓)'이 유행했다. 이건희 회장이 직접 사원교육에 나서 정립한 신경영 교본인 셈이다. 삼성은 매년 신임 임원 교육과정에서 이 '지행 33훈'을 강연과목으로 운영하고 있다. 약 80페이지 분량의 책자로 만들어진 '지행 33훈'은 이건희 회장의 어록 중 주제별로 33가지를 모아 놓은 것으로 인사, 관리, 구매, 영업, 마케팅, 홍보 등 각 분야별로 중심 키워드와 그 분야에서 중점적으로 갖추어야 할 자세를 정리한 것이다. 그 중 10가지만 살펴보자.

첫째, 현장 책임자와 종업원들에게 진짜 서비스를 할 수 있는 권한을 주어야 한다.

둘째, 뒷다리 잡는 사람을 100명당 하나쯤 잡아내야만, 일하는 사람도 활기에 차고 아이디어도 속출한다.

셋째, 나의 철학은 최소의 양에서 철저히 질을 중시하며 이미지를 높고 완벽하게 소비자를 위한, 종업원을 위한, 협력업체를 위한 질 위주의 경영을 하면 저절로 이익이 나게 되어 있다는 것이다.

넷째, 고객 때문에 우리가 먹고 살고 있는데 말로만 고객중시를 하고 있지, 고객에게 정말로 신경을 쓰고 있는가. 레이더가 고객을 향해 있는 것, 이것이 바로 고객중시다.

다섯째, 21세기는 문화의 시대이자 지적 자산이 기업의 가치를 결정짓는 시대다. 기업도 단순히 제품을 파는 시대를 지나 기업의 철학과 문화를 팔아야만 하는 시대란 뜻이다.

여섯째, 우리 그룹은 한번 깊이 들여다보면 중공업같은 것은 18~19세기 업종인데도 지금 쩔쩔매고 있다. 모든 것을 완벽히 결정해서 없앨 것은 없애고, 줄일 것은 줄이며, 또 합병할 것은 합병하고, 그리고 앞을 내다보면서 온 신경, 온 힘을 미래 사업을 위해 준비해야 한다.

일곱째, 천재 교육을 반드시 해야 한다. 2~3세기 전에는 10~20만 명이 군주와 왕족을 먹여 살렸지만, 지금은 한 명의 천재가 10~20만 명을 먹여 살리고 있다.

여덟째, 위기는 내가 제일이라고 자만할 때 찾아온다. 발전이 없는 현재는 자만심에 찬 퇴보이기 때문이다.

아홉째, 나부터 변하자. 모든 변화의 시발점은 바로 자기 자신이다. 나부터 변하지 않으면 아무것도 변하지 않는다.

열째, 정치인은 주기적으로 선거를 통해 심판받지만, 기업인은 매일매일 시장에서 소비자의 심판을 받는다. 고객만족은 '하면 되는 것'이 아니라 '안 하면 망하는 것'이다.

그 후 미국 금융위기로 촉발된 글로벌 경기침체가 한창이던 2009년에는 삼성가에 '지행 33훈'의 속편인 '신지행 33훈'이 등장했다. '신지행 33훈'은 아래와 같다.

1. 우리가 지금 어디에 서 있는지, 어디로 가는지 파악하라
2. 5년, 10년 후를 내다봐야 한다.
3. 체질, 구조, 사고방식 모두 바꿔야 한다.
4. 사업의 개념파악 여부에 따라 성패가 좌우된다.
5. 버릴 건 버리고, 시작할 건 빨리 시작해야 한다.
6. 모든 제품과 서비스는 세계 1등을 목표로 한다.
7. 21세기에 맞는 경영구조와 시스템을 구축하자.
8. 단지 복합화로 효율을 증대해야 한다.
9. 미래를 위해 가장 먼저 할 일은 인재확보다.
10. A급 직원이 능력을 발휘하도록 챙겨야 한다.

11. 성과를 내는 직원은 사장보다 더 많이 보상하라.

12. 우수한 여성인력을 적극 활용하자.

13. 경륜보다 실력 있는 젊은 고문을 영입해야 한다.

14. 다양한 복지제도를 마련하라.

15. 노사 간 갈등은 회사 존폐와 직결된다.

16. 경영자 양성을 체계적으로 실시해야 한다.

17. 10년 앞을 내다보고 인재를 양성해야 한다.

18. 불황에도 R&D 투자는 줄이지 말아야 한다.

19. 기술 확보는 합작-제휴-스카우트 순으로 해야 한다.

20. 경쟁사보다 먼저 신제품을 상품화하자.

21. 최고의 품질로 승부해야 한다.

22. 작업현장은 안전이 최우선이다.

23. 구매업체와의 신뢰가 제품 경쟁력을 좌우한다.

24. 철학과 문화를 파는 마케팅을 해야 한다.

25. 고객서비스는 마음에서 우러나와야 한다.

26. 21세기는 디자인과 소프트의 싸움이다.

27. 세계에 글로벌 삼성의 뿌리를 내려야 한다.

28. 해외 현지에 맞는 경영모델을 개발하라.

29. 현지 인력을 삼성화시켜야 한다.

30. 도전과 창조정신이 가득한 일터를 만들어라.

31. 법과 원칙을 준수하고 도덕적으로 존경받아야 한다.

32. 삼성인의 일체감과 결속력을 강화해야 한다.

33. 존경받는 국민기업이 돼야 한다.

특히 질경영의 상징적인 일화인 '휴대폰 화형식'도 신경영 직후의 일이었다. 지난 1994년 불량 휴대폰이 시중에 나돌자, 모두 수거해 리콜했다. 이어 이건희는 일명 '휴대폰 화형식'을 삼성전자 구미사업장에서 진행했다.

2,000여 명의 삼성전자 임직원들이 보는 앞에서 500억 원 상당의 제품을 불태웠다. 당시 이를 지켜본 데이터통신사업부 무선사업부 이기태 이사는 "내 혼이 들어간 제품이 불에 타는 것을 보니 말로는 표현할 수 없는 감정이 교차했다"면서 "그 불길은 과거와의 단절을 상징한 것"이라고 회고했다고 한다.

이후 삼성전자 휴대폰은 애니콜 신화를 창조하면서 세계시장에서 2위를 차지하면서 승승장구하고 있다. 결국 500억 원어치를 불태워 '삼성 애니콜 신화의 불씨'를 살린 셈이다.

이건희 회장의 신경영은 단순히 임직원의 정신자세와 생산라인의 혁신만으로 끝난 게 아니었다. 삼성이 세계 제일이 되기 위한 해외 일류기업을 벤치마킹하는 작업도 진행했다. "자만심을 버리라"라는 이건희의 지시에 따라 삼성이 부족함을 겸허히 인정하고, 해외 일등을 배우기 시작한 것이다.

삼성은 지난 1993년부터 전자, 중공업, 섬유, 재고관리, 마케팅, 고객서비스, 물류, 판매관리 등 각 분야의 세계적인 노하우를 가진 일등기업들을 선정했다. 그리고 본격적인 연구와 벤치마킹에 들어갔다. 바꾸지 않으면 영원히 삼류로 전락할지 모른다는 이 회장의 위기감이 크게 작용한 일이었다.

먼저 산업부문별 벤치마킹부터 진행됐다. 그 일환으로 전자는 소니와 마쓰시타, 중공업은 미쓰비시, 섬유는 도레이를 벤치마킹 대상으로 정했다. 철저히 분석해 장점을 찾아 익혔다.

경영기법에 대한 벤치마킹도 병행했다. 그 일환으로 신제품 개발은 모토로라, 소니, 3M 등을 대상으로 삼아 꼼꼼하게 배웠다. 생산작업관리의 경우 HP, 필립모리스 등을 대상으로 삼았다. 품질관리는 제록스, 웨스팅하우스 등으로부터 한수 배웠다. 마케팅은 마이크로소프트, 헬렌 커티스, 더 리미티드 등의 장점을 익혔다. 판매관리는 IBM, P&G 등의 앞선 노하우를 벤치마킹했다. 재고관리는 웨스팅하우스, 애플컴퓨터, 페덱스 등으로부터 배울 게 많았다. 고객서비스는 제록스, 노드스트롬 등이 대상이었다. 물류는 허시, 메리케이 코스메틱 등으로 정해졌다.

이런 벤치마킹은 삼성이 훗날 글로벌 경쟁력을 끌어올리는 결정적인 밑거름이 됐다. 이렇게 글로벌 경쟁력을 높인 삼성은 2010년 현재 해외 기업의 벤치마킹 대상으로 위상이 바뀌었다. 일본 도요타, 소니 등을 비롯해 중국과 동남아지역 기업들까지 '삼성 배우기'에 안간힘을 쓰는 모습이다. 삼성이 전세계 기업의 '발전 모델'로 올라선 것이다.

2010년 3월, 미국 경제전문지 「포춘」은 최신호에서 '2010년 세계에서 가장 존경받는 기업 50곳'을 선정해 발표하면서 삼성전자가 지난해 50위에서 8계단 오른 42위를 차지했다고 밝혔다. 전자업체(Electronics) 순위에서는 지난해 9위에서 올해는 제너럴일렉트릭에 이어 2위를 차지해 무려 7계단이나 올랐다.

이는 삼성이 해외기업을 벤치마킹하던 기업에서 선도하는 일류 기업으로 혁신에 성공했다는 방증이다.

challenge

5장
100년 삼성의
영속 신화

SAMSUNG

12. 영속과 창조

 "『논어』에 '부여귀 시인지소욕야 불이기도득지 불처야(富與貴 是人之所欲也 不以基道得之 不處也)'란 말이 있다. 재물과 지위는 사람이면 누구나가 바라는 바이지만 아무나 다 얻을 수 있는 것이 아니며 정당한 수단으로 얻은 것이 아니면 그 속에서 살 수 없다는 뜻이다. 이 말을 내 나름대로 풀이해 본다면, 부나 귀란 천수(天授)의 것이나 다름없다. 따라서 도에 어긋남이 없어야 할 것은 물론이요, 부에 따르는 책무 또한 남다르게 큰 바가 있다 하겠다."

-1972. 호암선생 말씀 중에서

한국의 경영사에 커다란 획을 그은 호암은 대학교에서 가르치는 경영학이나 경제학을 통해 기업인이 된 것이 아니다. 호암은 가장 한국적이자 동양적인 철학과 사상을 현대적인 기업 경영에 접목했다. 독창적인 발상과 특유의 치밀함이 삼성이라는 거대 그룹을 발아시키고 성장시킨 것이다.

비록 호암이 경영학을 따로 배우지 않았으나 그는 평생 동안 공부를 멈추지 않았다. 또한 그는 어려서부터 독서를 즐겼다. 소설에서부터 사서에 이르기까지 책이란 책은 닥치는 대로 읽었다. 이 중에 호암이 가장 감명을 받은 책은 『논어』였다. 『논어』는 호암 이병철이라는 인간을 형성하는 데 가장 큰 영향을 미쳤다. 호암은 생전에 자신의 생각이나 생활이 『논어』의 세계에서 벗어나지 못한다 하더라도 오히려 만족한다고 말했을 정도다.

호암은 『호암자전』에서 "가장 감명 받은 책으로 좌우에 두는 책을 들라면 『논어』"라고 했고 "『논어』야말로 인간이 사회인으로 살아가는데 불가결한 마음가짐을 알려준다"고 적었다.

『논어』에는 내적 규범이 담겨 있다. 간결한 말 속에 사상과 체험이 응축되어 있다. 인간이 사회인으로 살아가는 데 불가결한 마음가짐을 알려준다. 법률과는 반대의 위치에 있는 셈이다. 법도 인간사회의 불가결한 규범이기는 하지만 이미 발생한 인간의 행위밖에 다루지 못한다. 행위가 발생하기 이전에는 법은 아무 상관이 없다. 남을 기만하거나 살상하거나 명예를 훼손하는 행위가 있고, 그것이 발각되어야만 비로소 작용하는 것이 법이다.

그러나 내적 규범은 이처럼 사회에 적대되거나 규율에 어긋나는 행위의 발생을 사전에 막는 역할을 한다.

호암은 경영의 어려움을 겪을 때에도 경영 서적은 별로 읽지 않았다.

평생 경영에 관한 책에는 커다란 흥미를 느끼지도 못했다. 호암은 경영의 기술보다는 그 저류에 흐르는 기본적인 생각, 즉 인간의 마음가짐에 관심을 가졌다. 그래서 한 평생 『논어』를 즐겨 읽었다. 그의 경영철학은 경영이론이 아니라 인간과 사회를 꿰뚫어 보는 혜안에 기초한 것이었다.

기업가로서 호암은 『논어』에 나오는 '신필신 행필과(信必信 行必果)'의 정신을 특히 중요하게 여겼다. 말의 신의와 행동의 일치에 대한 호암의 신념은 어린 시절 부친으로부터 비롯됐다. 호암의 부친은 거짓말을 싫어하고 정직을 강조했다. 이 역시 『논어』의 세계와 일맥상통하는 것이다.

호암의 부친은 '사필귀정(事必歸正)'을 자주 강조했다. 이것은 후일 호암의 생활 철학이 되기도 했다.

호암은 모든 이가 꿈꾸는 재물과 지위가 누구에게나 주어지는 것이 아니며 또한 정당하게 얻어진 것이 아니면 안된다는 『논어』의 가르침을 절대적으로 신뢰했다. 그래서 호암은 평생 자신의 부를 정당하게 쌓고 사용하기 위해 노력했다.

사람들은 평생 사업에 투신하여 대재벌의 위치에 오른 호암이 사업과 이재(理財)밖에 모를 것이라고 생각하기 쉽다. 그러나 호암은 일반인들의 선입견과 달리 『논어』의 가르침대로 자신의 성공을 즐기기보다 자기에게 주어진 책무를 더 깊이 생각하는 사람이었다.

호암은 언제나 자기 자신을 채찍질하며 일평생 새로운 도전을 즐기며 숙명으로 여겼다. 현실에 안주하며 안일하게 생활하는 것을 가장 경계했다. 위기에 직면해 성실하게 노력함으로써 자신을 성장시키고 확장해간

1968년 생가를 찾은 호암 이병철

다는 점을 중시했던 것이다. 호암은 발전하지 않는 인생은 곧 죽음과 같다고 믿었다. 인간의 진정한 죽음은 육체적 죽음이 아니라 정신적 성장을 멈춘 것이라는 것이다. 이 같은 자기계발의 욕구가 호암을 큰 사업가로 만든 힘의 원천이니.

또한 호암은 '도의(道義)'를 중요시했다. 그는 사재를 털어 삼성문화재단을 만든 뒤 1975년부터는 '효행상'을 제정했다. 공업화와 산업화가 급속히 진전되면서 우리나라의 사회구조도 과거의 대가족제도에서 핵가족제도로 빠르게 변화했다. 이 과정에서 인륜을 저버린 상식 밖의 사건과 사고도 이어지고 있었다. 돈을 벌기 위해 많은 사람들이 고향을 떠나 도시로 이동했으며 젊은이들이 없는 고향은 고향대로, 이방인들이 모인 도시는 도시대로 새로운 문화적 충격과 혼란이 심화되고 있었다. 호암은 아무리 과학과 물질이 지배하는 현대사회라고는 하지만 인륜의 기본인 '효(孝)'가 무너지면 사회의 정신적인 근간 자체가 무너진다고 보고 효행상을 제정한 것이다. 삼성문화재단은 단지 이론이 아니라 실천에 의해 이 일을 추진하기로 하고 전국 각지에서 진심으로 효를 행하는 효자, 효녀, 효부를 찾아 포상을 하였다.

이처럼 호암이 효를 중요시한 것은 호암이 자란 가정이 유교적인 가정이었다는 점이 깊은 영향을 주었다. 하지만 효가 모든 인류의 근본이라는 유교의 정신은 시대가 아무리 변해도 변하지 않는 진리라고 생각한 것도 커다란 이유 가운데 하나였다.

사람이라면 누구나 좌절의 시기를 몇 번씩 경험하게 된다. 호암 역시 다르지 않았다. 오늘의 삼성을 만들기까지 호암도 몇 차례의 실패와 시행착오를 거쳤다. 차이가 있다면 어떤 사람들은 실패 앞에서 좌절하고 포기하는 반면, 호암은 그 실패를 새로운 도약의 발판으로 삼는다는 점이다. 호암에게 실패란 인간의 그릇을 확장시키고 단련시키는 훈련의 장이었다.

호암은 결과도 중요시했지만 그 결과를 이루기 위한 과정을 더 중요하게 생각했다. 사람이 최선을 다하더라도 운세와 상황이 맞지 않으면 실패할 수 있다는 것을 누구보다 뼈저리게 체험했기 때문에 최선을 다했지만 결과가 좋지 않았을 경우 결코 그 책임을 묻지 않았다.

그래서 호암은 무엇보다 노력하는 인간, 근면한 인간을 최고의 덕목으로 꼽았다. 그리고 호암 자신도 그러한 노력을 부단히 계속해왔다. 호암의 성공은 성공에의 집착이 아니라 노력의 과정에서 얻어진 부산물인 것이다.

호암은 재산과 재물에 대해서도 세상 사람들의 생각을 초월했다. 돈이란 일정 정도 이상을 넘어가면 더 이상의 의미가 없으며 재산이란 신이 주신 위탁물이라고 생각했다. 그는 후배들에게 '탐욕에 빠지지 말라'고 언제나 경고했다. 호암은 사업에만 전념해 한평생을 살아왔지만 재물에 집착해 자신을 잃은 적은 한 번도 없다고 말했다. 또 부(富)에는 반드시 도에 어긋남이 없어야 하며, 부에 따르는 책무도 중요하다고 생각했다.

그래서 호암은 돈이나 재산보다 자신의 용기와 창조, 노력과 도전의 산물인 기업을 남기고 싶어 했다. 기업은 자신만의 것이 아니라 국가와 사회의 것이라고도 생각했다. 호암이 만약 부를 위해서만 사업을 했다면 제일제당만으로도 충분히 만족할 수 있었다. 그러나 호암은 재물을 위해 사업을 하는 단계를 이미 초월했다. 사업을 통해 자신의 사명감을 확인하고 창조력을 지속시키기 위해 쉴 사이 없이 끊임없이 자신을 단련시켰다. 이 같은 목표가 있었기 때문에 호암은 평생을 살아오면서 영욕이 엇갈리는 괴로움을 겪기도 했지만 부단히 자신의 사명감을 확인하고 창조력을 지속시켜나갔다.

이러한 그를 보고 전용순 씨가 '호암'이란 호를 지어준 것이다.

호암을 만난 미국 「워싱턴포스트」지의 캐더린 그레이엄 명예회장은 그를 회상하며 "카리스마를 가진 리더이면서도 대단히 매력적인 사람이었다"고 회상했다. 그레이엄 명예회장이 호암을 만난 뒤 특별히 느낀 점은 호암이 국가와 민족에 대해 남다른 애정을 갖고 있었다는 것이다. 세상 사람들은 흔히 경영을 돈벌이로 생각하지만 캐더린 그레이엄 명예회장은 호암을 물질에 대한 욕망을 이미 뛰어 넘어 국가와 민족을 위해 사업을 하는 사람으로 평가했다.

호암은 기업이 영원하지 않을 수 있다고 생각했다. 그러나 기업인은 기업을 영속할 수 있도록 부단히 변화의 노력을 기울여야 한다고 생각했다. 그래서 호암은 삼성을 통해 설탕과 모직에서 출발해 전자, 석유화학, 조선, 기계 등의 중화학사업에 진출한 뒤 항공, 정밀 기계 등의 방위사업으로 업종을 더욱 확대했다. 그리고 반도체, 컴퓨터, 유전자공학 등 최첨단의 사업 분야에 진출하면서 반세기 넘게 최고의 위치를 지키고 있었다. 호암은 그 이유를 합리적인 경영에서 찾았다. 호암은 일찍이 기간산업의 육성을 역설해왔다. 그렇지만 쉽사리 그 일에 뛰어들지는 않았다. 기간산업이 가능할 정도로 사회적 여건이 성숙되기를 기다렸던 것이다. 이것이 바로 합리적인 경영이다. 사업을 하려면 시대상황과 주위 여건을 고려해야 한다. 자신만의 의지와 생각으로 주위 여건을 무시한 채 기업을 운영하면 반드시 무리가 따르게 돼 있다. 기간산업이 필요하다고 해서 1950년대에 호암이 기간산업에 뛰어들었다면 오늘날의 삼성은 없었을 것이다.

특히 재산을 모으겠다는 개인적인 이익보다는 국가에 기여하겠다는 독특한 유교적인 철학으로 사업을 전개한 것이 바로 사업 성공의 비결이었다. 사리사욕만을 위해 사업을 했다면 삼성의 사업영역은 오늘날처럼 광범위하고 국가 경제에 기여하는 분야가 되지 않았을 것이다.

그러나 호암은 공익을 우선시하고 기업을 통해 국가에 기여하겠다는 일념으로 국가에 도움이 되는 사업을 정직하게 추진해왔다. 제품을 만드는 사람, 파는 사람, 사는 사람 모두가 덕을 보는 공존공영의 원칙을 평생 지켜온 것이다. 기업계나 학계에서 삼성이 반세기 넘게 성장을 지속하고 있는 비결도 바로 여기서 찾고 있다.

사업보국과 함께 호암이 중요시한 경영철학으로는 '인재제일'이 유명하다. 호암은 사람을 중요시하고 사람을 적재적소에 잘 씀으로써 그렇게 많은 일을 할 수 있기도 했다. 호암은 무엇보다 사람들의 특성을 정확하게 파악하였다. 그의 주위에는 기발하고 창조적인 기획형, 치밀하고 분석적인 관리형, 돌파력이 뛰어난 불도저형 등 다양한 특성을 가진 사람들이 많았다. 호암은 이들을 잘 조합하여 적재적소에 배치했다. 공장을 지을 때는 불도저형을 써서 밀어붙이고 공장이 완성되면 관리형을 넣어 조직을 안정시켰다. 외국과 합작 사업을 할 때 상대방이 삼성을 무시한다 싶으면 싸움을 잘 하는 사람을 배치해 사정없이 싸우게 하기도 했다. 그리고 호암은 일단 일을 맡기면 전권을 주어 마음껏 능력을 발휘하게 했다. '의인물용, 용인물의' 즉 사람을 의심하면 쓰지 말고, 일단 쓰면 의심하지 말라는 확고한 철학을 가지고 있었던 것이다. 호암으로부터 신뢰를 받은 사람들은 자신들도 놀랄 정도로 능력을 발휘했다. 자신보다 더 자신을 꿰뚫어 보는 능력이 호암에게 있었기 때문이다.

호암은 신상필벌(信賞必罰)에도 철저했다. 능력을 인정받은 사람들은 파격적이라고 평가될 정도로 놀랄 정도의 대우를 받았다. 삼성 초기에 호암으로부터 신뢰를 받은 사람들이 밤잠을 설치며 일을 하면 보너스에 '0'이 하나 더 붙어 있을 정도로 통이 컸다. 1970년대에는 30대에 대표이사가 된 사람도 있었다. 지금도 삼성 사장단 가운데에는 30~40대부터 지금까지 몇 십 년째 대표이사를 맡고 있는 사람이 있을 정도다.

사업이 커진 후에는 전 세계를 돌며 인재들을 구했다. 돈과 노력을 아끼지 않았다. 반도체를 처음 시작할 당시 호암은 삼성전자 사장보다 많은 봉급을 주고 전문가를 데려오기도 했다. 인재를 찾는 발상도 특이했다. 아주 재미난 사례가 있다. 한번은 "어느 회사가 부동산을 잡는 것을 보면 아주 뛰어난데 내가 그 회사 사장을 잘 안다. 그 사람 안목으로는 그럴 수가 없다. 반드시 밑에 뛰어난 전문가가 있을 것이니 찾아서 데려오라"고 지시했다. 실제로 그 회사에 대해 알아보니 전문가가 있었다. 삼성은 그 사람을 데려왔고 그 사람은 후에 삼성의 여러 프로젝트에서 큰 기여를 했다고 한다.

그러나 벌을 내릴 때는 누구보다도 단호했다. 호암은 일을 맡긴 뒤 점점 그릇을 키워가다가 더 이상 가능성이 없다 싶으면 다시는 부르지 않았다. 호암이 야단을 칠 때는 그 사람이 아직도 클 수 있는 가능성이 있을 때다. 그러한 가능성마저 없으면 아예 부르지 않고 그 사람의 신임과 권한을 회수한 것이었다. 호암은 인정에 매달려 인사를 머뭇거리면 조직이 병들고 결국 조직에 나쁜 습관을 주게 돼 회사가 망한다고 강조했다. 회사가 망한다는 것은 경영자로서의 책무를 다 하지 못한 것이기 때문에 호암 스스로 이를 용납할 수 없었던 것이다. 이 같은 신상필벌의 원칙은 호암의 가까운 가족이나 친인척에게도 해당되었다. 도저히 가망이 없다고 판단하면 다시는 보지 않았지만 단지 긴장이 풀어져 있다고 판단되면 혹독한 시련의 시기를 줌으로써 다시 분발할 수 있도록 기회를 준 것이다. 삼성의 사장 중에는 이처럼 혹독한 시련의 시기를 견딘 사람들이 많다.

또 호암은 언제나 변화를 중시했다. 변화를 게을리 하면 사람은 나태해지고 발전할 수 없으며 기업 역시 쇠퇴하기 시작한다는 것이다. 특히 기업은 일단 쇠퇴하기 시작하면 다시 재건하기 어렵다는 것이 호암의 소신이었다.

창업은 결코 쉽지 않다. 그러나 이미 이룩해 놓은 사업을 지켜간다는 것도 그 이상으로 어렵다. 호암이 일반적인 상식을 깨뜨리고 3남인 건희를 후계자로 선택한 것도 삼성이 쇠퇴하지 않고 지속적으로 성장하는 데에는 건희가 가장 적합했다고 판단했기 때문이다.

호암의 후계자에 대한 생각을 들어 보자.

"저보다 위대한 후계자가 나타나기를 바라는 마음이 간절합니다. 그것은 저 개인의 이기적인 바람이 아닙니다. 만약 후계자가 삼성을 잘못 경영하여 몇 가지 사업을 잃는 일이 발생한다면 그 책임은 그런 후계자를 선정한 제가 져야 합니다. 몇 가지 사업의 조업이 단축되거나 중난된다면 그 사업이 사회에 제공해온 편리함을 사회로부터 빼앗는 결과를 초래할 뿐 아니라 수많은 사람들로부터 일자리를 빼앗아 그 사람들의 생계를 위협하는 결과도 초래하게 됩니다. 그 결과는 삼성이 국가에 대해 파업을 선언하는 것과 같습니다."

결국 삼성이 경영에 위기를 초래하지 않으려면 자신보다 더 훌륭한 사람이 삼성을 이어가야 한다고 생각했으며 파격적으로 3남을 선택한 것이었다.

후계자를 선정한 뒤에도 호암의 일상은 예전과 다름없었다. 호암의 일과는 수십 년 동안 변함이 없었다. 아침 6시에 기상하고 저녁 10시에는 반드시 취침해 생활리듬을 절대로 깨뜨리지 않았다. 깨어 있으면 1분 1

초도 헛되이 보내지 않았지만 한번 잠자리에 들면 모든 것을 잊고 깊이 잠들었다. 일주일에 나흘은 회사에서 집무를 봤다. 호암은 스스로 규칙을 세워 놓고 그대로 실천하는 사람이었다. 집무 스케줄은 예정에 따라 분초를 쪼개어 나눴다. 말년까지도 호암은 깨어 있는 16시간 전부를 사업에 몰입했다. 이 무렵 호암의 관심은 온통 반도체와 생명공학에 쏠려 있었다. 남은 날이 멀지 않았을 때에도 호암은 삼성과 국가의 미래를 살릴 반도체를 생각하고 있었던 것이다.

당시 한국 사회는 기업인들을 높이 평가하지 않았다. 호암은 이러한 사회적 시각에 대해 고충을 털어놓은 적도 있었다. 지금은 기업인들이 고용을 창출하며 투자를 촉발해 국가 경제를 살리는 주역이라는 인식이 많이 확산되어 있었지만 호암이 생존해 있던 당시만 하더라도 국민들은 사농공상(士農工商)의 인식이 깊어 기업인들을 평가절하 했던 것이다. 게다가 기업인들은 '한강의 기적'으로 불릴 정도로 대한민국을 세계 10대 경제대국으로 끌어올렸지만 격변하는 정치변화 속에서 수차례 호된 고충을 치르기까지 했다.

그러나 해외의 시각은 달랐다. 해외에서는 오히려 호암의 경영철학을 높게 평가한 것이다. 1979년 호암은 미국 뱁슨(Babson)대학에서 최고경영자상을 받았고 1982년에는 미국 보스턴대학에서 명예경영학박사 학위를 받았다.

"이병철 회장이 새로운 사업을 일으킨 것은 항상 그 사업의 시장성이 가장 낮은 수준에 있을 때였고, 극히 곤란한 환경에 처해 있을 때였다. 끊임없는 개척정신으로 성취한 여러 사업의 업적은 사회에 대한 봉사, 바로 그것이었다."

이것이 뱁슨대학이 호암에게 최고경영자상을 수여한 이유였다.

뱁슨대학은 하버드대학 비즈니스스쿨에 비견되는 경영학의 명문이었다. 뱁슨대학이 수여하는 최고경영자상은 '탁월한 경영인으로서 기업업적을 통하여 세계경제 발전에 공헌한 인물'에게 수여하는 상이다. 동양인으로는 일본 혼다(本田)자동차공업의 창업자인 혼다 쇼이치로(本田宗一郎)에 이은 두 번째 수상이었다. 호암은 권위 있는 상을 받는다는 것을 영광으로 생각했지만 당시의 형편이 여의치 못해 수상식에는 참석하지 못했다.

그리고 1982년에는 미국 명문대학인 보스턴대학에서 명예경영학 박사학위를 받았다. 보스턴대학은 150년의 역사와 전통을 자랑하는 미국 동부지역의 명문대학이다. 당시 호암은 보스턴대학의 박사학위 수여 제의를 사양했다. 그러나 보스턴대학은 호암에게 거듭 학위 수여를 간청했다.

"국토가 협소하고 자원도 없는 한국에서 수십 개의 기업을 창설하여 한국의 경이적인 경제성장에 공헌한 실적은 찬양하고도 남는다. 대학으로서는 세계 각국에서 수상 후보자를 엄선한 결과 세계에서 귀하가 최적임자라고 전 교수진이 결정했으므로 꼭 수락해 주기 바란다."

이것이 보스턴대학의 학위수여 이유였다.

호암은 보스턴대학의 학위수여 간청을 더 이상 거절하기가 미안해 결국 수락하기로 결정했다. 그리고 1982년 4월 2일 미국으로 건너가 보스턴대학 학위 수여식에 참석하였다.

1982년 4월 2일 미국 보스턴대학에서 명예경영학 박사학위를 수여받고 있는 호암 이병철. 호암은 50여년간 삼성의 최고 사령탑으로 재임하면서 37개의 기업을 설립 또는 인수했다. 보스턴대는 국토가 협소하고 자원도 없는 한국에서 이처럼 많은 기업을 창설하여 한국의 경이적인 경제성장에 공헌한 실적을 찬양해 명예경영학 박사학위를 수여했다.

그날 호암은 답례연설에서 자신의 경영철학인 '인재제일'에 대해 피력했다. 삼성의 성공은 호암 자신만의 능력 때문이 아니라 수많은 인재들이 자신의 일에 헌신적으로 성실하게 일을 해준 덕분이었다는 것이었다. 단지 호암은 '기업은 사람이 만든다'는 인재제일의 철학에 따라 우수한 인재들을 모으고 이들을 끊임없이 교육시켜 그 우수성을 더욱 발전시킬 수 있도록 했던 것이었다.

호암의 연설이 끝나자 식장을 가득 메운 사람들은 일제히 기립박수로 그의 학위 수여를 축하했다.

보스턴대학은 전례 없이 4월 2일을 '이병철(B. C. LEE)의 날'로 정하고 오전에 수여식을 개최한 뒤 오후에는 축하 프로그램도 만들어 주었다. 200명이 참석한 축하오찬회에서는 존 실버 총장이 레이건 대통령을 비롯한 주지사, 보스턴 시장, 케네디 상원의원 등 저명인사들의 축전을 소개했다. 장내에서는 거듭 박수가 터져 나왔고, 호암은 무한한 감회를 느꼈다.

기업의 역사도 사람이나 국가와 마찬가지로 탄생하고 성장하고 쇠퇴한 뒤 사라진다. 대다수의 기업들이 이러한 과정을 밟고 있다. 그러나 이와 달리 과거에서부터 지금까지 영속하는 기업들도 있다. 이들은 쉽사리 쇠퇴할 것으로 보이지도 않는다. 이처럼 영속하는 기업들의 특징은 끊임없이 변화하는 경제발전과 산업구조의 흐름에 적응하고 있다는 것이다. 일본의 경우 1896년부터 1982년까지 거의 한 세기 동안 상위권 100대 기업의 지위를 유지한 기업은 2개뿐이다. 1896년 미국을 대표하는 기업으로 구성된 Dow Jones Industry Average에 속해 있던 기업 가운데 지금도 속해 있는 기업은 제너럴 일렉트릭(GE)사밖에 없다. 우리나라의 경우도 비슷하다. 지난 50여 년 동안 한국의 대규모 기업집단 가운데 아직도 10위권에 남아 있는 그룹은 삼성과 LG뿐이다.

호암은 경제 환경과 산업구조의 변화에 끊임없이 관심을 갖고 변화에 적응하고 변화를 주도해야 한다고 역설했다.

호암은 "기업은 영속해야 하고 그러기 위해서는 경영합리화가 이루어져야 한다. 기업은 경영원리에 충실해야 건전하게 성장할 수 있다. 정치적 결탁이나 투기 등을 통해 일시적인 성장이 가능할지 모르나 결국은 내부관리가 튼튼해야 영속할 수 있는 것이다. 기업이 경쟁에서 이기는 길은 합리화를 통한 원가절감으로 값싸고 질 좋은 물건을 생산하는 데 있다. 따라서 끊임없이 선진제도를 도입하고 기술을 개발해서 경영혁신을 이루어가야 한다"고 강조하였다.

호암이 50여 년간 삼성의 수많은 사업을 일구면서 설립 또는 인수한 기업은 모두 37개에 달한다. 이들 기업들은 현재 최고가 되어 있고, 또 최고를 지향하고 있다. 각 사업영역에서 규모와 영향력은 점점 확대되고 있다. 일본의 「니케이 비즈니스」지가 1896년부터 100년간 일본 100대 기업의 변천사를 조사한 결과 기업의 평균 수명은 30년인 것으로 나타났다. 1970년 미국 「포춘」지 선정 세계 500대 기업 중 약 3분의 1이 겨우 13년도 지나지 않아 사라졌다고 한다. 우리나라에서는 코스피 상장사의 평균이 32.9년, 코스닥 기업은 16.7년이라고 한다. 그러나 삼성은 1938년 삼성물산 설립 이후 국가에 헌납하거나 강제로 회사를 넘긴 사례를 제외하면 거의 모든 회사들이 건재하며 오히려 2008년 글로벌 금융위기를 계기로 더욱 더 강해진 모습을 보이고 있다. 이는 호암의 기업 경영 원칙의 명맥이 이건희 회장으로까지 이어지고 있다는 것을 방증한다.

호암은 후일 자신의 사업 인생을 다음과 같이 회고했다.

"나는 새삼 감회를 느낀다. 전쟁의 상처조차 제대로 치유되지 않았던 시기에 일본 기계를 자력으로 도입하여 제당공장을 만든 것, 한국 역사상 처음으로 독일 기계시설을 제일모직에 도입하여 우리 기술진의 능력으로 가동시켰다는 것, 비료공장 시설의 차관을 받기 위해 독일, 이탈리아, 미국 등의 재벌들을 설득하여 마침내 그 승낙을 얻은 것 등 20여년 전에 있었던 수많은 기억들이 뇌리를 스치고 지나간다. 그뿐 아니라 초대 경제인 회장으로서 회원 기업들의 대표들과 함께 각국의 기간산업을 시찰하기 위해 많은 국가를 순방한 일 등은 아직도 기억에 새롭다.

한일회담이 결실을 맺게 된 이후 급격히 신장한 외자도입은 우리나라의 빈약한 투자재원을 보충한다는 의미에서 커다란 공헌을 했을 뿐 아니라 그와 동시에 새로운 기술이 도입되면서 오늘의 고도성장을 가능하게 해주었다고 생각한다.

이런 것은 모두 자연적인 추세에 의해 나타난 결과이며, 경제의 발전 과정에서 당연히 발생한 인과관계였다고 말할 수도 있다. 그러나 내 입장에서는 이런 국제경제와의 연계를 추구하기 위해 처음에는 거의 혼자 고독을 맛보면서 뛰어다녔다는 점을 떠올리며 일종의 선구자적인 역할을 했다는 감회를 느낀다.

이른바 국제화시대에 진입한 오늘날, 내가 반드시 하고 싶은 말은 '국제화는 활동영역의 국제화임과 동시에 경쟁의 국제화를 의미한다' 는 점이다. 국제화시대의 기업이 국제적인 경쟁에서 열세에 놓여 있는 기업활동에 만족하거나 국가의 지원 등에 의지하여 경쟁력을 보완하려는 약체기업은 국가나 국민을 위해 존립해서는 안된다는 점을 몇 번이라도 강조하고 싶다.

인생은 짧다고 하지만 나도 벌써 고희를 맞이했다는 생각을 하면 마음이 우울해진다. 정미, 토지, 양조 등 한때는 젊은 혈기로 단순히 돈만 벌면 된다는 식으로 동분서주했던 시절도 있었다. 그런 내가 이른바 10월 폭등을 계기로 처음으로 깨닫게 된 정치와 사회 및 경제의 끊을 수 없는 상관관계에 눈을 돌리게 된 것이 30대, 그리고 4·19혁명과 5·16 군사쿠데타 등의 체험을 통하여 정치적 안정이 없이는 경제발전도 있을 수 없다는 신념을 가지게 된 것이 40대에서 50대의 일이었다. 이런 여정을 거치고 나름대로 체험을 쌓으면서 나는 마침내 인생과 사회와 국가에 대한 분명한 신념을 정립할 수 있게 되었다.

50대 후반 이후, 나는 기업 활동 이외에 정도(正道)를 걷는 언론을 목적으로 매스컴을 운영하는 한편 용인에 경제조림과 양돈(養豚)을 위한 모범단지를 만들었고, 문화재단을 통하여 도의(道義)와 민족문화의 진흥을 목적으로 삼는 사업을 펼쳐왔다.

최근 15년 동안에 걸쳐 나의 머릿속을 차지하고 있는 생각은 인생의 궁극적인 의미는 봉사라는 것이다. 기업인이 굳이 언론기관을 운영해야 할 필요성은 없다. 그런데도 내가 굳이 그 일에 손을 댄 이유는 왜곡된 사회풍조를 올바르게 되돌려 정의를 선도하기 위해서였다. 이것은 사회에

1965년 장충동 자택 정원에서 독서하고 있는 호암 이병철

대한 물질적 공헌을 생각하는 기업의 목적과는 그 의미가 일치하지 않을 수도 있지만 그 궁극적인 목적이 올바른 사회, 살기 좋은 사회의 건설을 추구한다는 점에서는 일치한다고 생각한다.

무엇을 위해 막대한 힘을 기울여 산에 경제수목(經濟樹木)을 심고 양돈 사업에 손을 대었는가. 그것은 오직 좁은 국토를 잘 활용하여 장래에 우리나라의 농민들이 보다 풍요로운 생활을 할 수 있는 길을 만들어 주고 싶다는 마음에서였다.

또 세상에서는 기업인인 주제에 도의가 어떻다, 민족문화가 어떻다고 건방을 떠는 것은 무슨 행동이냐고 비난하는 사람도 많았다. 그러나 '도의'라는 기둥이 없다면 개인, 가정, 기업, 사회, 국가, 인류 등 그 어떤 것이라도 발전은커녕 존립 자체가 불가능해지지 않을까. 경제가 발전하여 세계가 하나로 통합되어가는 이 시대를 살면서 우리의 도의적 규범이나 그 생활문화의 정도가 다른 민족, 다른 국가에 뒤지는 결과가 발생한다면 우리 민족은 결코 세계로부터 대우를 받을 수 없을 테고, 개인의 입장에서는 당연히 행복을 움켜쥐기 어려울 것이다.

이런 의미에서 기업인도 '도의'를 중시하는 태도를 갖추어야 한다고 생각한다. 나는 목숨이 붙어 있는 한, 죽을 때까지 쉬지 않고 도의를 강조하고 민족문화를 창달하며, 정도(正道)를 걷는 언론을 구현할 생각이다. 인생이란 어차피 봉사에 그 의의가 있다고 믿기 때문이다."

"선진국 지표 중의 하나가 식목이다. 나무를 심는 것은 자기 자식, 손자대까지도 수확이 안되는 것이다. 당대에 본전을 뽑으려고 하니 좋은 나무가 없는 것이다. …(중략)… 짧게는 10년, 길게는 100년을 내다보는 눈이 있어야 한다."

이는 이 건희 회장이 자신의 에세이를 통해 '100년 뒤를 생각하자'라는 내용을 강조한 것이다. 오래전부터 이건희 회장의 시선은 또 다른 100년을 향해 멀리 보고 있었던 모양이다.

그간 이 회장은 삼성 경영에 있어서도 5~10년 앞선 선견을 제시해왔던 모습이다. 이런 이 회장의 선견은 위기 때마다 기회를 선점하는 놀라운 결과로 돌아왔다.

이 회장은 항상 미래 변화에 대해 고민해왔다. 아래 『이건희 에세이 생각 좀 하며 세상을 보자』에서도 그런 이 회장의 미래 변화에 대한 고민이 그대로 묻어나고 있다.

"과거 5000년의 변화보다 최근 100년의 변화가 더욱 무쌍했고, 그 100

2007년 11월 29일 이건희 삼성 회장이 반도체 30년을 기념한 서명을 하고 있다.

년 보다는 지금부터 5년, 10년 동안의 변화가 더욱 심할 것이다. 반도체 혁명이 급격한 변화의 좋은 예라 할 수 있다.…(중략)… 중요한 것은 우리를 둘러싼 경영환경과 경쟁 상대자들은 이 변화를 느끼고 거기에 적응하기 위해 초음속으로 변하고 있다는 사실이다. 지금은 바야흐로 변화를 민감하게 느끼고, 철저히 대비해 나아가야 하는 시대다."

이런 이 회장의 예지력에 대해 송자 명지대 총장은 "이 회장의 미래를 바라보는 선견력은 놀랍도록 정확하다는 것을 자신 있게 말할 수 있다"고 전했다.

이 회장의 선견이 그대로 드러난 가장 최근 사례는 2010년 경영 복귀 후 미래 먹거리사업 육성이다.

위기론 속에 경영에 복귀한 이건희 회장은 "다른 글로벌 기업들이 머뭇거릴 때 과감하게 투자해서 기회를 선점하고 국가 경제에도 보탬이 되도록 해야 한다"면서 투자확대를 지시했다.

이런 이건희 회장의 지시에 따라 삼성은 일명 '비전 2020'을 내놨다.

그 내용은 삼성이 오는 2020년까지 태양전지, 자동차용 전지, 발광다이오드(LED), 바이오제약, 의료기기 등 친환경·건강증진 분야 5개 사업에 총 23조 3,000억 원을 투자하는 것이다.

또한 삼성은 이들 5개 신사업을 통해 오는 2020년까지 50조 원의 매출을 달성한다는 목표도 세웠다.

이 회장의 미래 먹을거리 창출을 위한 선견력은 지난 2005년에도 있었다. 당시 일명 '비전 2010'을 마련한 것이다. 이때 삼성은 이건희 회장의 주도 아래 8대 성장엔진을 선정했다. 이를 통해 세계 톱3로 올라선다는 비전도 제시했다.

2005년 11월 3일 서울 신라호텔에서 국내외 애널리스트 289명과 기관투자자, IT전문가 등 3,000여 명이 참가한 가운데 열린 '제1회 애널리스트데이' 행사에서 밝힌 삼성의 비전 2010의 내용은 이렇다.

삼성전자는 5년 뒤인 2010년까지 매출을 2004년의 2배인 115조 원 이상으로 늘려 전 세계 전자업계의 3위권 내로 진입하겠다는 야심찬 계획을 발표했다. 나중에 삼성전자는 2009년에 매출 139조 원을 거둬, '비전 2010'을 조기에 달성했다.

또한 삼성전자는 이를 위해 2007년까지 특허부문에서 세계 3위를 달성하고 세계시장점유율 1위 제품을 현재 8개에서 2010년까지 20개 이상으로 늘릴 방침이다.

이날 행사에는 삼성전자의 윤종용 부회장, 이윤우 부회장, 최지성 디지털미디어(DM)총괄 사장, 이기태 정보통신총괄 사장, 황창규 반도체총괄 사장, 이상완 LCD총괄 사장 등이 참석했다. 삼성전자의 경영진이 총출동한 것.

윤종용 부회장은 이날 행사에서 "2010년에는 세계 1위 제품을 현재 8개에서 20개 이상으로 확대하고 매출액은 사상 최대였던 지난해(57조 6,324억 원)의 2배 이상으로 늘려 양과 질적인 측면에서 명실상부한 세계 전자업계의 '톱 3'로 올라서겠다"고 공언했다.

특히 삼성전자는 2010년까지 매출액을 115조 원 이상으로 끌어올려, 명실상부한 글로벌 일류 기업으로 올라서겠다는 의지를 분명히 했다.

이를 위해 삼성전자가 세계 시장 점유율 1위를 차지하는 제품을 현재 8개에서 2010년까지 20개 이상으로 확대하겠다는 게 윤 부회장의 설명이었다.

그 일환으로, 삼성전자는 고용량 메모리와 차세대 디스플레이, 차세대 이동통신, 디지털TV, 차세대 프린터, 시스템LSI, 차세대 매스 스토리지, 에어 컨트롤 시스템 등을 8대 성장엔진으로 집중 육성한다는 구상을 내놨다.

아울러 제품과 기술, 마케팅, 프로세스, 글로벌 운영, 조직문화 등 6대 분야의 혁신작업도 추진키로 했다.

이날 이윤우 기술총괄 부회장은 "삼성전자가 지난해 특허등록건수로 세계 6위(1,604건)를 차지했지만, 2007년까지 3위권으로 도약하겠다"면서 "특허전담 인력도 현재 250명에서 2010년까지 450명으로 늘릴 예정" 이라고 공언했다.

이어 최지성 디지털미디어총괄 사장은 "4대 사업군인 디스플레이와 홈, 모바일, 프린터에 역량을 집중하겠다"면서 "2008년까지 매출 300억 달러를 달성해 '디지털 르네상스'를 이끌겠다"고 발표했다.

이기태 정보통신총괄 사장은 "휴대폰이 '올인원(All-in-One)' 단말기로 발전해 IT기기의 중심으로 자리 잡을 전망"이라며 "명품 디자인과 첨단기술로 프리미엄 브랜드를 유지하고 업계 최고 수준의 평균판매가격과 이익률을 유지해나가겠다"고 말했다.

황창규 반도체총괄 사장의 경우 "2012년까지 국내에 반도체 생산라인 24개와 연구라인 6개를 갖춘 세계 최대의 반도체 단지를 건설하겠다"며 "매출도 610억 달러를 달성할 계획"이라고 언급했다.

이외에 이상완 LCD총괄 사장은 "오는 2010년에는 LCD 시장이 1억대 수준으로 확대될 전망"이라며 "2010년 매출액을 현재의 2배인 200억 달러로 늘려 전 부문에서 세계 1위를 달성하겠다"고 전했다.

결국 이때 삼성이 마련한 '비전 2010'은 3년여 후 2008년부터 2009년까지 불어 닥친 글로벌 경기침체의 위기를 거뜬히 극복하는 원동력이 됐다. 삼성전자는 2009년 글로벌 경기침체의 위기 속에서도 사상 최대의 실적을 기록해 세계를 깜짝 놀라게 했다.

실제, 삼성전자가 연결기준으로 사상최대인 매출 136조 2,900억 원, 영업이익 10조 9,200억 원의 2009년도 연간 실적을 발표했다.

삼성전자의 2009년 실적은 연간 기준으로 전년 대비 매출액은 15.1%,

영업이익은 91.2%(영업이익률 8.01%로 3.2%포인트 상승)나 증가한 것이다.

놀라운 성과다. 그러나 삼성전자의 이런 실적도 이건희 회장의 성엔 차지 않는 모양이다. 그는 아직도 갈 길이 멀다는 생각을 감추지 않고 있다. 벌써부터 그의 눈빛은 또 다른 100년을 향해 있는 듯하다.

무엇보다, 지난 2008년에 경영 일선에서 물러났다가 2010년 복귀한 이건희 회장은 호암 탄생 100주년 시점인 2010년을 변곡점으로 100년 영속의 뉴삼성 창조를 위한 일생일대의 도전에 가속을 붙이고 있다.

늦었다고 생각할 때가 가장 빠른 시기라는 말이 있던가. 호암이 70대에 기흥반도체 공장을 짓고, 투병 중에 삼성종합기술원과 삼성경제연구소 건립을 추진하는 최후의 열정을 보였듯이 이건희 회장도 70세를 코앞에 둔 시점에 '제3의 신경영'을 진두지휘하기 시작했다.

어느새 이들 부자는 종심(從心)쯤에 도달하자 다른 듯, 닮아 있었다. 이들 부자는 공통적으로 복병을 만나 경영 일선에서 퇴진한 뒤 다시 복귀했고, 한때 암과 싸워 이기는 불굴의 의지를 보여줬다. 그리고 끊임없는 신사업 개척과 인재 발굴, 사회공헌, 고용창출 등도 이들 부자의 닮은 점이다.

어쩌면, 이건희 회장은 2010년 경영 복귀 직후 아래와 같은 호암의 유훈을 떠올리면서 '100년 영속 뉴삼성의 길'을 모색했을지 모른다.

"행하는 자 이루고 가는 자 닿는다. 그 동안 내가 일군 모든 사업들은 내 인생에 빛나는 기회를 만들어 주었다. 삼성은 나라의 기업이다. 삼성이 흔들리면 나라가 흔들린다. 나라를 먼저 생각하고 나라에 이로운 방

2010년 2월 8일 국제올림픽위원회(IOC) 위원에 복귀한 이건희 삼성 회장이(왼쪽) 8일 오후 아들 이재용 삼성전자 부사장(오른쪽) 등 관계자들과 함께 인천국제공항을 통해 밴쿠버로 출국하다가 "잘 다녀오라"는 시민들의 인사에 웃음으로 답하고 있다.

향으로 삼성을 이끌어야 한다."

  이 회장이 선택한 100년 영속 뉴삼성의 길은 임직원과 한국 경제에 이로운 대의를 행하는 것이다.

  이 회장은 100년 영속 뉴삼성을 위해 넘어야 할 산도 아직 남아 있지만 평소 걸음걸이처럼 뚜벅뚜벅 담담하게 가는 모양새다.

  물론 이 회장은 아직 3대 경영승계가 숙제로 남아 있다. 그래도, 10여 년간을 괴롭혀온 힘겨운 삼성 재판을 통해 이건희 회장에서 이재용 부사장으로의 경영권 편법승계의 굴레는 사실상 벗어나 부담은 적다. 이재용 부사장으로의 경영승계에 필요한 기본 요건은 갖춰진 셈이다. 다행히, 이재용 부사장은 대내외에서 '준비된 경영인'이란 평가를 받고 있어 삼성의 3세로의 경영승계에 커다란 변수는 적어 보인다.

실제, 최지성 삼성전자 사장은 2009년 9월 독일 베를린에서 열린 IFA2009 기념 기자간담회에서 "삼성은 복받은 기업"이라면서 "이재용 전무와 같은 훌륭한 경영후계자를 뒀기 때문"이라고 말했다. 최 사장은 이어 "혹자는 내가 가정교사라고 하는데, 오히려 내가 이재용 전무로부터 많은 것을 배운다"고 덧붙였다.

그러나 이재용 시대에 맞는 지배구조 개선이 아직 미지수다. 일단 '삼성에버랜드-삼성생명-삼성전자-삼성카드-에버랜드'로 연결되는 순환식 출자구조를 빈틈없이 손질해야 한다. 무엇보다 현행법의 테두리 안에서 지배구조를 개편하기 위해 지주회사를 설립하거나, 삼성생명의 지배구조를 손질하는 등 묘안을 찾아내야 한다.

이에 더해 삼성전자의 외국인 지분이 50%에 가까워 혹시 모를 외인 세력의 경영권 도전에 대한 방비도 필요하다.

살얼음 위를 걷듯 불안하게 무노조 상태를 유지해온 삼성의 노사문제도 언제 터질지 모르는 불안 요소다.

국내외 임직원 20만 이상의 비대해진 삼성도 위상에 걸맞는 품격 격상 노력이 필요하다.

그간 추종자였던 삼성이 '선도자'로 나서기 위해 경영진의 소통 강화, 조직의 개방화, 조직문화의 유연화, 사업구조의 다변화 등 혁신이 필요하다는 지적이 제기되고 있다.

이제 삼성은 매출을 많이 올리는 중후장대 기업형 '공룡기업'의 이미지를 벗어나 존경받는 '위대한 기업'으로 진화해야 하기 때문이다.

무엇보다 삼성은 주력 제품 매출 1위의 외형이 아닌, 글로벌 브랜드

가치 1위까지 갖춘 진정한 초일류 기업으로 격을 끌어올리는 또 다른 도전이 필요한 시점이다.

이뿐 아니다. 삼성이 애플에게 스마트폰에 타격을 입었던 것처럼 삼성이 한발 앞서 시장의 흐름과 소비자의 트렌트를 주도하는 주도적 스마트 경쟁력을 확보해야 한다.

삼성의 미래 생존과 영속의 관건이 '창조적 파괴'가 아닌 '파괴적 창조'에 있다는 얘기다. 시황에 휘둘리기보다는 시장을 만들어가는 선도 전략이 삼성에게 필요하다.

지난 1993년 이 회장이 외치던 '마누라와 자식 빼고는 모두 바꾸라'던 신경영의 정신을 업그레이드해 '마누라와 자식의 사고방식마저도 바꾸라'는 식의 파격과 혁신이 필요한 시점이다.

그나마 삼성은 한발 앞서 소통강화, 자율출퇴근제, 자율복장제, 사내 블로그, 사업장 개편, 상생강화 등을 통해 '조용한 변화'를 추구하고 있어 미래를 밝게 하고 있다.

또한 이 회장이 경영일선에 복귀하자마자 '위기론'을 앞세워 반도체와 LCD에 26조 원의 과감한 투자결정도 했다. 이 회장은 삼성의 미래 먹을거리를 위해 오는 2020년까지 태양전지와 자동차용 전지, 발광다이오드(LED), 바이오제약, 의료기기 등 5대 신수종 사업에 23조 3,000억 원을 투자키로 했다.

이렇듯, 삼성의 '밀렸던 숙제'를 처리하듯이 이 회장 복귀 후 100년 영속 삼성을 위해 '신발끈'을 고쳐 매고 있다.

이건희 회장과 삼성 임직원, 그리고 한국 국민이 꿈꾸는 100년 영속

초일류 삼성은 여전히 현재 진행형이다.

또 다른 100년 후 한국 경제사에 '삼성은 초일류를 처음으로 실현한 위대한 한국의 기업'이라고 기록될 수 있을지 지켜볼 일이다.

13. 뉴삼성의 주역 이재용

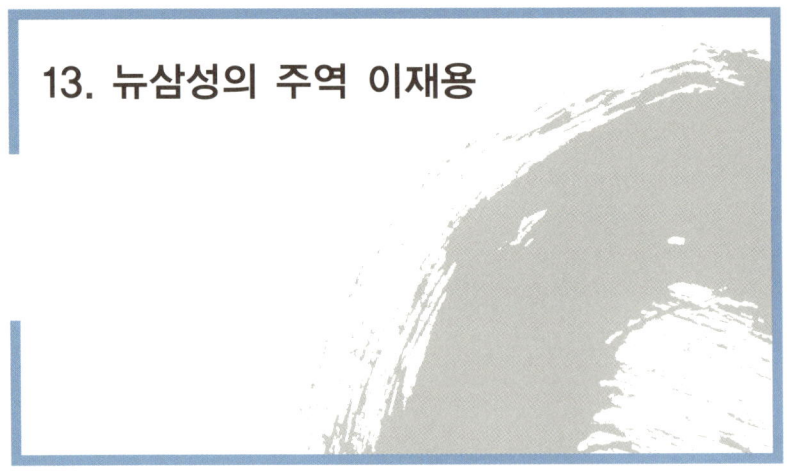

"제 사무실에 '경청(傾聽)' 이란 글귀가 담긴 액자가 걸려 있습니다."

지난 2007년 9월 독일 베를린에서 열린 'IFA 2007' 행사장에서 만난 이재용 삼성전자 부사장(당시 전무)이 들려준 '경청'에 대한 일성이다. 호암 이병철 삼성그룹 창업주의 손자인 이 부사장은 '경청'을 대를 물려 내려온 가훈으로 여긴다는 사실을 그대로 담아냈다. 이 부사장은 이날 'IFA 2007'에서 삼성전자 말단 직원에서 고위 임원의 설명 한 마디 한 마디에 귀 기울였다. 이 부사장은 빈틈없는 업무 일정 속에서도 1시간여 동안 쏟아진 낯선 기자의 질문도 헛되이 흘려보내지 않았다. 이 부사장은 얼굴에 싫은 기색조차 보이지 않았다. 빈틈없는 이 부사장의 응대에 질문한 기자가 당황할 정도였다.

3년이 흐른 2010년 1월, 이재용 부사장은 미국 라스베이거스에서 열

2009년 5월 12일 이건희 삼성 회장의 장남인 이재용 삼성전자 부사장이 러시아 극동 블라디보스토크 삼성전자 현지 제품 판매장을 둘러보고 있다.

린 '소비자가전쇼(CES) 2010'의 삼성전자 전시장을 최고운영책임자(COO)로서 찾았다. 이 부사장은 이날 'CES2010' 개막 시간인 오전 10시 전부터 삼성전자 전시부스에 머무르면서 최지성 삼성전자 사장, 윤부근 영상디스플레이사업부 사장 등 삼성전자 경영진과 현장 회의를 주도하면서 의견을 교환했다. 이 부사장은 많이 들었다. 불청객인 기자가 질문 공세를 쏟아내도 소홀함 없이 경청한 뒤 진지하게 응대했다.

이렇게 이 부사장이 보여준 두 번의 행보에서 호암이 가훈으로 물려준 '경청'이 무엇인가를 쉽게 엿볼 수 있다.

'경청'을 통한 소통은 호암의 핵심 경영철학이다. 호암은 아들 이건희

이건희 삼성 회장의 장남인 이재용 삼성전자 부사장이 웃는 얼굴로 포즈를 취하고 있다.

회장에게도 "사람을 얻으려면 사람의 마음을 읽어야 한다"는 지혜로운 유훈을 남겼다.

이런 호암의 '경청 리더십'은 아들 이건희 회장에게 여과 없이 대물림 됐다. 이건희 회장의 '진화된 경청 리더십'은 다시 삼성의 3세 경영인인 이재용 부사장에게로 대물림되고 있는 모습이다.

이재용 부사장의 이력을 살펴보자. 이재용 부사장은 1968년에 태어났다. 어린 시절을 평범하고, 모범적으로 보낸 그는 경기초등학교와 청운

중학교를 나왔다. 이어 그는 경복고등학교를 거쳐 서울대학교 동양사학과를 졸업했다. 그는 학창시절 밝은 성격에 성적까지 우수해 주위의 모범이 되는 학생이었던 것으로 알려졌다.

그는 서울대 졸업 후에는 부친의 권유에 따라 일본 유학을 떠났다. 그는 일본 게이오대학 경영대학원에서 경영에 필요한 기초학문을 체득했다. 호암과 이건희 회장이 그랬듯, 이재용 부사장도 일본에서 배웠다.

이어 이 부사장은 미국으로 넘어가 하버드대학 케네디스쿨에서 유학을 했다. 그곳에서 박사과정까지 수료했다.

그는 1998년 미국 유학시절에 대상그룹 임창욱 회장의 장녀인 임세령 씨와 결혼을 했다.

이 부사장이 삼성에 입사한 시기는 1991년이다. 삼성전자 총무그룹에 입사한 게 사회생활의 첫발이었다. 그 해 그는 삼성전자 경영기획팀 상무보로 승진했다. 그는 2001년에 삼성전자 경영기획팀 상무로 승진했다. 그는 2003년엔 에스엘시디(S-LCD)의 등기이사까지 맡으면서 경영보폭을 넓혔다.

에스엘시디는 삼성전자와 소니의 LCD분야 합작회사로 삼성에게 있어 중요한 기업이다. 그는 2004년에 전무로 승진한 뒤, 2007년에 부사장이자, 최고운영책임자(COO)로 올라섰다. 그는 다시 2010년에 COO역할을 맡아 국내외 경영현장에서 보폭을 넓히고 있다.

본래, 그는 승마 국가대표를 지낼 만큼 승마에 재능을 보였다. 그의 또 다른 취미는 영화감상과 골프다. 영화감상은 부친의 영향을 많이 받은 취미로 보인다.

특히 그의 골프실력은 수준급으로 전해졌다. 그는 유학시절 골프를 즐겼다는 전언이다. 그는 골프경기 시 에티켓과 룰을 철저히 지키는 것으로 알려져 있다.

삼성의 한 임원은 아래와 같이 이재용과 골프경기를 함께 했던 경험을 들려줬다.

"JY(이재용)와 골프를 친 적이 있다. JY가 나무 근처에서 샷을 했는데, 골프채가 나무 잎에 살짝 부딪쳤다. 이때 JY는 벌타를 받겠다고 스스로 얘기했다. 보통 사람 같으면 그냥 넘어갈 일인데, JY는 규칙을 철저히 지켰다. 퍼팅을 할 때도 오케이(콘시드)가 없었다. 철저히 홀에 공을 넣는 규칙을 지켰다. 다른 사람이 샷을 할 때는 숨소리조차 크게 내지 않았고, 상대를 세심하게 배려했다. 그리고 골프경기 내내 다양한 상황에서도 미소를 잃지 않았고, 크게 흐트러짐이 없었다."

14. 담담여수와 미감유창

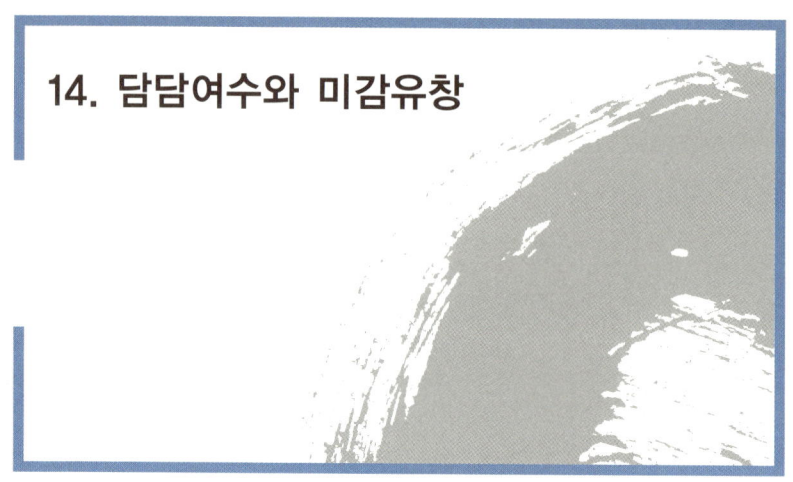

　서울에서 자동차로 1시간여를 달려 도착한 경기 용인 포곡읍 가실리 소재 호암미술관. 호암 이병철 삼성그룹 창업주가 30대부터 수집한 국보급 문화재들이 전시된 곳이다. 전시품 하나하나에 호암의 애정이 짙게 배어났다.

　호암 미술관 내부 관람을 끝낸 뒤, 호암 미술관 내 희원(熙園) 꽃담길을 따라 걸었다. 길을 따라 조각품들이 반갑게 맞이했다. 호암 미술관 뒤편 조그만 문을 통과하자, 멀리 구릿빛 동상 하나가 시선을 사로잡았다. 다가선 동상은 흐르는 물처럼 인생을 살던 호암이다.

　말쑥한 양복에 안경, 잘 빗어 넘긴 머리, 꽃문양 넥타이핀 등이 호암의 생전 모습 그대로다.

　호암이 생전에 시대를 앞서는 선견을 보여줬듯, 동상의 시선도 먼 곳을 향해 있다.

이 동상 옆 대리석판엔 이런 글귀가 새겨져 있다.

'인재제일, 기업은 사람이다. …(중략)… 나는 내 일생을 통해서 한 80%는 인재를 모으고 기르고 육성시키는 데 시간을 보냈다. 삼성이 발전한 것도 유능한 인재를 많이 기용한 결과인 것이다.'

-1980. 7. 3. 전경련 회의에서

다시 좁은 비탈길을 따라 발을 옮긴다. 얼마 안 가 묘비 하나가 보인다.

'삼성창업주 호암 경주 이공 병철지묘.'

묘비엔 그 어떤 수식어도 없다. 한국 경제를 호령하던 거인의 묘비 치고는 너무 소박했다.

묘비 뒤 길을 따라 가자 낮은 언덕에 호암의 묘가 눈에 들어온다. 둥그런 모양의 묘는 잡초 하나 없다. 생전 호암의 빈틈없는 성격과 궤를 같이 하는 단면이다.

봉분 아랫부분은 십이지신상으로 보이는 부조가 호위하고 있다. 발아래로 호암이 생전에 열정을 쏟아 가꾼 에버랜드 전경이 한눈에 들어온다. 봉분 앞 불 꺼진 향로엔 축축하게 젖은 재만이 수북이 쌓여 있다. 한국 경제를 이끌었던 고인의 묘 주변엔 몇 마리 화려한 공작새들이 한가롭게 잔디를 쪼아댄다.

쓸쓸한 묘를 돌아 내려오니 숲 아래쪽에 청기와를 얹은 한옥 저택이 눈에 들어온다. 저택 정면 위편엔 '호암장'이란 현판이 붙어 있다. 이곳은 호암이 새로운 사업을 구상할 때 즐겨 찾았던 곳이다.

호암은 생애 최대 승부수였던 반도체 사업에 뛰어들 때도 이곳을 찾

故이병철 삼성 창업주(왼쪽)와 이건희 삼성 회장(오른쪽)

아 장고를 거듭했을 것이다.

　이건희 회장도 생각을 정리할 때 호암어록을 읽거나, 이곳을 찾아 생전의 스승이자, 우상이었던 호암을 떠올린다고 한다. 이건희 회장은 이곳에서 천상의 호암을 만나 어떤 대화를 나눌까. 아마도 아래와 같은 천상대담을 통해 지혜를 얻는 게 아닐까 싶다. 가상으로 이뤄진 호암과 이건희 회장과의 천상대담은 아래와 같이 이뤄졌다.

　이건희 왜 국가에 있어 기업이 중요합니까?
　호암 기업은 국력이다. 국력이 큰 나라일수록 대기업이 많다. 우리나라에서는 대기업이라고 해도 외국에 비하면 아직 중소기업에 불과하다. 마치 우물안 개구리와 같이 이 좁은 국내에서 첫째, 둘째를 겨룬다는 것은 우스운 일이다. 나는 기업을 건실하게 발전시켜 국부 형성에 이바지하고 나아가 세계 기업들과 어깨를 나란히 하는 것이 꿈이다. 기업이 국가발전에 이바지하기 위해서는 무엇보다 견실하게 운영되어야 할 것이다. 적자를 내 국민에게 부담을 준다면 기업가가 사회에 대해 큰 죄를 범하는 것이나 마찬가지다. 그러므로 기업이 이익을 올리는 것은 경영자로서 당연한 사회적 책임이요, 의무이며, 이것이 바로 기업인으로서의 애국하는 길이라고 확신하고 있다.

-1980. 7. 3. 전경련 강연에서

　이건희 대기업과 중소기업은 어떤 관계입니까?
　호암 대기업과 중소기업은 서로 공존공영 해야 한다. 이것은 우리나라 경제 전체의 앞날을 위해서도 꼭 지켜야 할 문제이다. 중소기업이 있어야 대기업도 발전하고, 대기업이 있어야 중소기업을 끌어주고 키워줄 수 있는 것이다. 그런데도 어느 한쪽만의 이익을 고집하거나 상호신뢰가 부족하기 때문에 말썽이 나는 것이다. 나는 평소에 삼성 임원들에게 중소기업의 기술지도와 지속적인 지원을 강조해왔다. 우리와 관계있는 중소기업의 기술이나 자본의 부족으로 인해 차질을 빚는다면 이것은 곧 대기업에도 막대한 손해가 되며 더 넓게는 국가적 손실이다. 우리나라와 같이 부존자원이 부족한 나라에서는 기술개발과 수출확대만이 살 길이다. 기술발전과 수출확대는 대기업만의 힘으로는 안된다. 대기업은 앞에서 끌고 중소기업은 뒤에서 미는 투철한 공존공영의 정신이 없어서는 더 이상의 경제발전을 이룩할 수 없는 것이다.

-1980. 10. 12. 전경련 역대회장 좌담회에서

이건희 삼성이 원하는 인재상은 무엇입니까?

호암 관상을 보는 것은 아니지만, 나는 사람을 뽑을 때 학과성적뿐 아니라 인품을 중시한다. 학과성적이 좋다고 해서 꼭 훌륭한 인재라고 할 수는 없기 때문이다. 1차 시험에서 합격할 정도라면 어느 수준 이상은 됐다고 보고 그 다음에는 1차 성적에 개의치 않고 인품을 보아 채용여부를 결정한다. 내가 면접시험에서 주로 관찰하는 것은 건강, 외모, 쾌활성, 몸가짐 등이다. 언뜻 보아 평범한 얼굴이면 대개 안심할 수 있다.

-1985. 4. 22. KBS 방송대담에서

이건희 왜, 기업에 인재가 중요합니까?

호암 기업은 사람이다. 나는 사업을 통해서 '기업은 사람'이라는 원리를 잠시도 잊지 않고 실천해왔다. 국가의 발전이 탁월한 정치가에 달렸다면 기업의 발전은 유능한 경영자에 달려 있다. 삼성이 발전한 것도 결국 남보다 유능한 인재를 많이 기용한 결과라고 하겠다. …(중략)

-1980. 7. 3. 전경련 강연에서

이건희 책임경영이란 무엇입니까?

호암 책임이란 자기에게 할당된 일을 완성할 임무를 말한다. 따라서 일을 완성한 결과로 발생한 손실 책임은 마땅히 자기가 스스로 져야 한다. 그리고 권한이란 자기의 책임을 조직 안에서 공적으로 수행할 수 있는 힘을 말하며 조직 안의 다른 사람을 당연한 권리로서 공식적으로 지배하고 강제할 수 있는 관리 권한을 뜻한다. 그러므로 책임 권한의 원칙은 표리 관계에 있으며 체계화된 조직과 상명하복의 질서를 전제로 하는 것이다. 책임경영에 있어서 언제나 문제되는 것은 책임 불변의 원칙이다. 이를테면 권한의 위양 후에도 위양한 자에게도 책임은 그대로 남는다는 것이다. 위양을 빙자한 책임 회피처럼 무책임한 것은 없다.

-1970. 7. 삼성전자의 진작을 위한 특별훈시에서

이건희 한국 경제가 올해 경제위기에서 벗어났지만 미래를 장담하기 어렵습니다. 이럴 때 기업은 어떻게 대응해야 합니까?

호암 경제라고 하는 것은 계절에 춘하추동이 있는 것처럼 반드시 그

기복이 있다. 선진제국도 다 그랬듯이 부가 축적되면 인간은 상대적으로 나태해지는 것이다. …(중략)… 어쨌든 모든 분야에 생산원가를 낮추고 타 경쟁기업보다 1원이라도 저가 생산을 할 수 있다면 극심한 불황으로 경쟁기업이 모두 도산을 하더라도 우리 그룹은 살아남을 것이 아닌가. 생산 코스트를 낮추고 품질을 향상시키는 것이 기업경쟁에서 살아남을 수 있는 기본 원칙이다.

－1983. 9. 22. 사장단 회의에서

이건희 진정한 '기업가정신'은 무엇입니까?

호암 사람이 기업을 하는 동기에는 여러 가지가 있다. 그 중에는 금전욕을 뛰어넘는 창조적 의욕에 의한 것이 가장 바람직하다. 이런 의욕과 사회적 책임감이 잘 화합될 때 진정한 의미의 기업가정신이 우러나오는 것이다. 제일제당의 성공은 나에게 창업의 기쁨과 함께 기업의 사회적 책무를 실감하게 해주었다. …(중략)

－1976. 4. 재계회고에서

이건희 '잉여재산이란 신성한 위탁물'이란 지론을 폈던 이유가 궁금합니다.

호암 사업가는 누구나 돈 버는 데 우선 목표를 둔다. 돈은 안락한 생활은 물론이요, 명성까지도 가져다주기 때문이다. 그러나 그뿐이다. 명성도 사람과 함께 사라지고 만다. …(중략)… 사실 돈이란 쓸 만큼 있으면 되는 것이다. 그 이상은 오히려 짐이 될 뿐이다. 따라서 남은 돈은 언제나 사회에 돌려보낸다는 생각으로 사업을 해야 한다.

-1978. 『재계의 거목 이병철』에서

이건희 어떻게 해야 한국이 확실한 선진국이 될 수 있습니까?

호암 선진국 대열에 참여하는 데 세 가지 방법뿐이라고 한다. 첫째, 남이 다 만드는 물건을 누가 싸게 만드느냐. 둘째, 값은 같되 얼마나 품질을 좋게 만드느냐. 셋째, 좋은 품질을 누가 남보다 앞서 만들어내느냐에 달려 있다.

-1983. 2. 26. 전자반도체회의에서

이건희 자유무역이 한국 경제에 필요합니까?

호암 한 나라가 자기 혼자서만 영원히 번영을 누릴 수 있다고 생각하면 그것은 큰 오산이다. '남을 살려야 비로소 자기도 누릴 수 있다'는 것은 역사 이래의 철학이다. 한국과 일본은 각기 서로가 얼마나 중요한 존재인가 하는 점을 똑똑히 인식해야 한다.

-1984. 8. 26. 일본 요미우리신문 기고문에서

이건희 2세 경영자들에게 조언을 들려주시겠습니까?

호암 우리나라 경제를 두 어깨에 메고 가야 할 2세 경영자들에게 조언을 한다면 사업은 완전무결하게 해야겠고 항상 공존공영의 원칙에 입각해야겠다는 것이다. 그러나 그것도 사업의 구체적인 방법론에 지나지 않겠고, 그보다도 정신면에서 국가를 생각하고 정직하게 사업하는 자세가 더 중요하고 본다.

-1980. 7. 3. 전경련 강연에서

이건희 효율적인 신수종사업 준비 방안은 무엇일까요?

호암 특정 상품이나 사업이 정상에 올랐을 때 다른 상품이나 다른 분야를 개척해야 한다. 전자의 경우 신종 상품 개척에서 한발 늦었다. 모든 상품과 사업은 그 수명이 있고 한계가 있다. 이를 미리 하는 지혜가 아쉽다. 그 지혜를 포착하기 위해 사전 준비가 되어 있어야 한다.

-1982. 3. 28. 워싱턴에서

모든 설비투자계획에 있어서 5년 정도를 내다본 단기 안목 위에서 세우지 말고 10년 이상 50년 정도의 장기 안목 위에서 세워야 한다.…(중략)

-1977. 6. 17. 삼성조선 건설현장에서

이건희 한국 경제 발전을 위한 재계의 역할은 무엇이라 생각합니까?

호암 재계가 서로 불목(不睦)하는 것은 좋은 일이 아니다. 사소한 오해가 있어서 그것이 확대되어 가는 것 같다. 총수끼리 만나 화해하고 잘 지내는 것이 경제발전과 나아가 국가발전을 위해서 좋은 일이 아니겠는가.

-1980. 7. 3. 간담회에서

이건희 조직 관리는 어떻게 해야 합니까?

호암 회장이 해야 할 일, 사장이 해야 할 일, 각사 임원이 해야 할 일, 비서실이 해야 할 일들이 분명하게 나눠지고 효율적으로 운영되어야 그룹 전체가 발전한다. 회장은 큰일을 챙기고 비서실은 각사 관리에 신경을 써야 한다. 각사 사장은 책임경영체제이니 만큼 각자가 책임지고 경영을 해나가야 한다.

−1980. 3. 30. 간담회에서

조직은 항상 바꿀 수 있어야 하고 또한 바꾸어야 한다. 그러나 조령모개식으로 이유도 없이 바꾸어서는 안될 것이며 경영목표를 원활히 달성시킬 수 있도록 원칙을 갖고 바꾸어야 한다.

−1983. 9. 1. 중공업회의에서

이건희 왜 기술이 중요합니까?

호암 기술은 국력이며 기술을 지배하는 자가 세계를 지배하는 시대에 우리는 살고 있다. 따라서 경제발전과 기업성장의 기반이 되는 핵심기술과 첨단 제품을 우리 스스로 개발해 경쟁력을 높여나가는 일이 우리에게 주어진 시대적 사명이다. 삼성종합기술원은 이러한 신념의 표상으로서 삼성의 미래를 주도해 나갈 첨단기술의 산실이 될 것이며 또한 국가경제 발전에도 크게 공헌할 것을 확신한다.

−1986. 6. 27. 삼성종합기술원 기공식에서

삼성 넘버원에서 온리원으로

초판 1쇄 펴낸 날 | 2012년 7월 15일

지은이 | 윤휘종 · 양형욱
펴낸이 | 이금석
기획 · 편집 | 박수진
디자인 | 김현진
마케팅 | 곽순식, 김선곤
물류지원 | 현란
펴낸곳 | 도서출판 무한
등록일 | 1993년 4월 2일
등록번호 | 제3-468호
주소 | 서울 마포구 서교동 469-19
전화 | 02)322-6144
팩스 | 02)325-6143
홈페이지 | www.muhan-book.co.kr
e-mail | muhanbook7@naver.com

가격 13,000원
ISBN 978-89-5601-302-2 (13320)

잘못된 책은 교환해 드립니다.